城市道路桥梁工程与交通建设研究

秦 俭 简平勇 涂锦圣◎著

吉林科学技术出版社

图书在版编目（CIP）数据

城市道路桥梁工程与交通建设研究／秦俭，简平勇，
涂锦圣著. -- 长春：吉林科学技术出版社，2024. 6.
ISBN 978-7-5744-1441-9

Ⅰ. U415；U448.155；U491.2

中国国家版本馆 CIP 数据核字第 2024CR2085 号

城市道路桥梁工程与交通建设研究

作　　者　秦　俭　简平勇　涂锦圣
出 版 人　宛　霞
责任编辑　王运哲
封面设计　金熙腾达
制　　版　金熙腾达
幅面尺寸　185mm×260mm
开　　本　16
字　　数　389 千字
印　　张　19.5
版　　次　2024 年 6 月第 1 版
印　　次　2024 年 12 月第 1 次印刷

出　　版　吉林科学技术出版社
发　　行　吉林科学技术出版社
地　　址　长春市净月区福祉大路 5788 号
邮　　编　130118
发行部电话/传真　0431-81629529　81629530　81629531
　　　　　　　　　　81629532　81629533　81629534
储运部电话　0431-86059116
编辑部电话　0431-81629518
印　　刷　三河市嵩川印刷有限公司

书　　号　ISBN 978-7-5744-1441-9
定　　价　114.00 元

前　言

在经济技术高度发展的今天，道路桥梁建设管理部门逐渐兴起，道路桥梁的管理已经成为国内外道路桥梁工程领域研究和关注的热点。特别是一些结构体系复杂、建造年代久远的道路桥梁，为了保证其安全通行，对其进行科学合理的管理至关重要。随着城市交通流量和车辆荷载的增大，以及新型特殊组合结构道路桥梁的出现，道路桥梁管理的复杂性和技术要求日益上升。另外，我国正处于城镇化建设的进程当中，而城镇化建设离不开城市道路的建设。同时，城市道路作为城市的构架，支撑着城市的庞大躯体。因此，城市道路建设至关重要。而如何高质量和高效率地搞好城市道路建设，是工程界关注和重视的话题之一。唯有对城市道路搞好质量控制、成本控制和进度控制，才能使得城市道路成为精品工程而有利于民。

本书是一本关于城市道路桥梁工程与交通建设方面研究的书籍，主要包含以下内容：首先，对道路工程进行简要概述，介绍高速公路与城市道路；其次，对桥梁工程进行简要概述；再次，对道路桥梁工程的相关问题进行梳理和分析，包括道路桥梁建设、道路桥梁工程检测、桥梁工程施工、路桥工程施工、道路工程施工项目管理、道路桥梁养护维修；最后，在城市交通规划、城市交通网络建设方面进行探讨。本书论述严谨、结构合理、条理清晰，内容丰富新颖，具有前瞻性，其不仅能够为城市道路桥梁工程建设提供翔实的理论知识，同时能为城市交通建设相关理论的深入研究提供借鉴。

另外，作者在写作本书时参考了国内外同行的许多著作和文献，在此一并向涉及的作者表示衷心的感谢。由于作者水平有限，书中难免存在不足之处，恳请读者批评指正。

目　　录

第一章　道路工程

第一节　城市道路工程概述

一、城市道路工程的定义和特点

（一）城市道路工程概论

1. 城市道路的定义

城市道路是指通往城市的各地区，供城市内交通运输及行人使用，便于居民生活、工作及文化娱乐活动，并与市外道路连接，担负着对外交通的道路。

2. 城市道路的要求

现代的城市道路是城市总体规划的主要组成部分，它关系到整个城市的有机活动。为了保证城市的人流、车流顺利运行，城市道路应具备以下要求：适当的路幅以容纳繁重的交通，坚固耐久、平整抗滑的路面以利车辆安全、舒适、迅捷地行驶，少扬尘、少噪声以利于环境卫生，便利的排水设施以便将雨雪水及时排除，充分的照明设施以利居民晚间活动和车辆运行，道路两侧要设置足够宽的人行道、绿化带、地上杆线、地下管线。

此外，城市道路还为城市地震、火灾等灾害提供隔离地带、避难场所和抢救通道（地下部分可做人防之用）；为城市绿化、美化提供场地，配合城市重要公共建筑物前庭布置；为城市环境需要的光照通风提供空间；为市民散步、休息和体育锻炼提供方便。

（二）城市道路工程的特点

1. 准备期短，开工急

城市道路工程通常由政府出资建设，出于减少工程建设对城市日常生活的干扰这一目的，对施工周期的要求又十分严格，工程只能提前，不准拖后，施工单位往往根据工期，倒排进度计划，难免缺乏周密性。

2. 施工场地狭窄，动迁量大

由于城市道路工程一般是在市内的大街小巷进行施工，旧房拆迁量大，场地狭窄，常常影响施工路段的环境和交通，给市民的生活和生产带来了不便，也增加了对道路工程进度控制、质量控制的难度。

3. 地下管线复杂

城市道路工程建设实施当中，经常遇到供热、给水、煤气、电力、电信等管线位置不明的情况，若盲目施工极有可能挖断管线，造成重大的经济损失和严重的社会影响。同时，也对道路工程进度带来负面影响，增加额外的投资费用。

4. 原材料投资大

城市道路工程原材料使用量极大。在工程造价中，原材料所占比例达到50%左右，如何合理选材，是工程监理工作质量控制的重要环节。施工现场的分布、运距的远近都是材料选择的重要依据。

5. 质量控制难度大

在城市道路的施工过程中，往往会出现片面追求施工进度，不求质量，只讲施工方效益的情况，给施工监理工作带来很大困难。

6. 地质条件影响大

城市道路工程中的雨水、污水排水工程，往往受施工现场地质条件的影响，如遇现场地下水位高、土质差，就需要采取井点或深井降水措施，待水位降至符合施工条件，才能组织沟槽的开挖，如管道埋设深、土质差，还需要沟槽边坡支护，方能保证正常施工。

二、城市道路的功能、组成和特点

(一) 城市道路的功能

道路是供各种车辆和行人等通行的工程设施。按其所处位置、交通性质、使用特点分为公路、城市道路、厂矿道路、林区道路及乡村道路等。它主要承受车辆荷载的重复作用和经受各种自然因素的长期影响。根据道路的不同组成和功能特点，道路分为两大类：公路与城市道路。位于城市郊区及城市以外、连接城市与乡村，主要供汽车行驶的具备一定技术条件和设施的道路，称为公路。而在城市范围内，供车辆及行人通行的具备一定技术条件和设施的道路，称为城市道路。作为文化、政治和经济中心的城市，是在与它周围地区（空间）进行不断密切的联系中存在的。因此，一个城市的对外交通运输是促使这个城市产生、发展的重要条件，也是构成城市的主要物质要素。城市对外交通的方式是多种多样的，例如航空、水运、铁路、道路等交通运输。而道路是"面"的交通运输，它比"点"和"线"的交通运输方式具有更大的机动性和灵活性，能够深入各个领域。在城市里，道路交通的运输功能更加明显。以汽车为主要工具的道路运输，无论在时间上或地区上都能随意运行。一方面，在货物品种、运输地段、运距以及包装形式等方面有较高的机动、迅速、准确、直接到位的技能；另一方面，随着人们生活方式的变化，有快捷、舒适、直达家门、机动评价高、尊重私人生活等优点。

道路按空间分，有四种功能：一是把城市的各个不同功能组成部分，例如市中心区、工业区、居住区、机场、码头、车站、货物、公园、体育场（馆）等，通过城市道路加以连接起来的联系功能；二是把不同的区域，按用地分区，使其形成具有不同使用要求区域的区划功能；三是敷设各种设施的容纳功能；四是由城市道路网构成的城市美化功能。把这些功能有机地组合，道路空间便有了种种作用。按道路空间的作用可分为四种空间：交通空间、环境空间、服务设施的容纳空间和防灾空间。

城市的各个功能组成部分，通过道路的连接，形成城市道路网（包括快速路、主干路、次干路和支路），构成统一的有机体系。表现城市建筑各个方位的立面，以及建筑群体之间组合的艺术。把建筑这种"凝固的诗"通过在道路上律动的视点，变为"有节奏的乐章"，可以使人获得丰富而生动的环境感受。因此，城市道路在承担最基本的交通运输任务以外，同时成为反映城市面貌与建筑风格的手段之一。

（二）城市道路分类

城市道路的功能是综合性的，为发挥其不同功能，保证城市中的生产、生活正常进行，交通运输经济合理，应对道路进行科学的分类。分类方法有多种形式：根据道路在城市规划道路系统中所处的位置划分为快速路、主干路、次干路及支路，根据道路对交通运输所起的作用分为全市性道路、区域性道路、环路、放射路、过境道路等，根据承担的主要运输性质分为客运道路、货运道路、客货运道路等，根据道路所处环境划分为中心区道路、工业区道路、仓库区道路、文教区道路、行政区道路、住宅区道路、风景游览区道路、文化娱乐性道路、科技卫生性道路、生活性道路、火车站道路、游览性道路、林荫路等。

1. 快速路

快速路完全为交通功能服务，是解决城市大容量、长距离、快速交通的主要道路。快速路要有平顺的线形，与一般道路分开，使汽车交通安全、通畅和舒适。与交通量大的干路相交时应采用立体交叉，与交通量小的支路相交时可采用平面交叉，但要有控制交通的措施。两侧有非机动车时，必须设置完整的分隔带。横过车行道时，须经由控制的交叉路口或地道、天桥。

2. 主干路

主干路为连接城市各主要分区的干路，是城市道路网的主要骨架，以交通功能为主。主干路上的交通要保证一定的行车速度，故应根据交通量的大小设置相应宽度的车行道，以供车辆通畅地行驶。线形应顺捷，交叉口应尽可能少，以减少相交道路上车辆进出的干扰，平面交叉要有控制交通的措施，交通量超过平面交叉口的通行能力时，可根据规划采用立体交叉。机动车道与非机动车道应用隔离带分开。交通量大的主干路上快速机动车如小客车等也应与速度较慢的卡车、公共汽车等分道行驶。主干路两侧应有适当宽度的人行道。应严格控制行人横穿主干路。主干路两侧不宜建设吸引大量人流、车流的公共建筑物，如剧院、体育馆、大商场等。

3. 次干路

次干路是城市区域性的交通干道，为区域交通集散服务，兼有服务功能，配合主干路组成道路网。次干路是一个区域内的主要道路，是一般交通道路兼有服务功能，配合主干路共同组成干路网，起广泛联系城市各部分与集散交通的作用，一般情况下快慢车混合行驶。条件许可时也可另设非机动车道。道路两侧应设人行道，并可设置吸引人流的公共建筑物。

4. 支路

支路为次干路通往各居住小区的连接线路，解决局部地区交通，直接与两侧建筑物出入口相接，以服务功能为主，也起集散交通的作用，两旁可有人行道，也可有商业性建筑。

（三）城市道路分级

大、中、小城市现有道路行车速度、路面宽度、路面结构厚度、交叉口形式等都有区别，为了使道路既能满足使用要求，又节约投资及土地，除快速路外，其他道路按照所占城市的规模、设计交通量、地形等分为Ⅰ、Ⅱ、Ⅲ级。大城市应采用各类道路中的Ⅰ级标准，中等城市应采用Ⅱ级标准，小城市应采用Ⅲ级标准。有特殊情况须变更级别时，应做技术经济论证，报规划审批部门批准。

第二节　城市道路建设质量管理

一、概述

（一）概念界定

1. 质量及城市道路建设质量的含义

质量广义地讲包括产品质量、某项活动或过程的工作质量，以及质量管理体系运行的质量。固有属性指的是事物本身所具有的永久特性，它所满足的要求包含各种明示的，如合同、规范、标准、技术、文件、图纸中明确规定的，及通常隐含的，如组织的惯例、一般习惯，还有法律法规、行业规则等必须履行的需要和期望。顾客和其他相关方对质量的要求是动态发展的，随着时间、地点、环境的变化而变化，因此需要在工作中持续地改进质量。

建设质量是指国家现行法律、法规、技术标准、设计文件及工程合同中对工程的安全、适用、经济、美观等特性的综合要求，它包括施工质量、工序质量和工作质量三个层面。施工质量即狭义的工程质量，是指所承建的施工工程的适用性。质量是为适用一定目的而具备的工程适用性，并不是达到最佳的意思。施工企业应按照质量标准及建设单位的质量要求，综合考虑技术可能性和经济合理性，考虑工程实际用途和社会生产条件的平衡，进行最经济的施工，降低工程造价，提高工程质量。工序质量也称施工过程质量，是施工过程中五大要素：劳动力、材料、机械、操作过程和操作环境的综合质量。这五大要素质量的变化直接影响着工程质量的变化，因此需要把握其变化的内在关系和规律，从而对五大要素的质量进行有效的控制和管理，这对工程质量达到质量标准有至关重要的意义。工作质量是指工程建设的参与者为保证工程项目质量所从事工作的水平和完善程度。工作质量体现在整个工程的管理和技术活动中，最后通过工作效率、工作成果、经济效益和工程质量综合体现出来。工程质量的好坏是工程形成过程的各方面、各环节工作质量的综合反映。为保证工程质量，所有参与方应提高工作质量，对决定及影响工程质量的各要素进行严格控制，从而提高工程质量。

2. 建设质量管理及城市道路建设质量管理的含义

质量管理是指导和控制某组织与质量有关的彼此协调的活动，是组织围绕使产品质量满足不断更新的质量要求而开展的策划、组织、计划、实施、检查和监督审核等所有管理活动的总和。质量方针是组织的最高管理者正式颁布的有关该组织总的质量宗旨和方向，它是组织的质量政策，反映了企业领导的质量意识和决策。质量目标是与质量有关的、所追求或作为目的的事物，与质量方针，与持续改进的承诺一致。建立质量目标应该以用户需要为宗旨，质量目标制定后，应进行目标分解，分配到各级有关部门及个人，使他们有各自具体的目标，因此总体质量目标的实现依赖于各级子目标的实现。质量目标确定后，应据此进行质量策划，质量策划是质量管理中致力于设定质量目标，并规定必要的作业过程和相关资源以实现其质量目标的部分，是质量管理中的筹划活动。质量策划的输出须文件化，称为质量计划。有了质量计划后，应保证计划的实施，也就是质量保证。质量保证是质量管理中致力于对达到质量要求提供信任的部分，它不是一般意义上的保证质量，是通过开展有计划的、系统的活动证明组织有能力满足相应的质量要求，并能提供充分的证据包括质量测定证据和管理证据等。除了质量保证证实计划能够实施，质量控制是保证计划实施的根本措施。质量控制是质量管理中致力于达到质量要求的部分。为了确保质量能够满足用户的要求，需要对产品质量的产生、形成的过程中所有环节实施监控，及时发现并解决这些环节中有关技术活动偏离规定要求的问题，使影响产品质量的技术因素、管理因素及人的因素始终处于受控状态。由于质量要求随着时间的进展而在不断变化，应对质量进行持续改进，以满足动态变化的质量要求。质量改进是质量管理中致力于提高有效性和效率的部分，是通过整个组织范围内的活动和过程的效果以及效率的提高来实现的，是一种基于过程的持续改进。综上，组织可以通过建立质量管理体系来实施质量管理，落实质量管理所有的具体活动，对质量形成的全过程实施控制。

（二）城市道路建设质量管理的基本原理

1. PDCA 循环原理

PDCA 循环是计划、实施、检查、处置，是质量管理的基本原理之一。PDCA 以计划和目标控制为基础，通过不断循环，质量得到持续改进，质量水平得到不断提高。同时，在 PDCA 任意一个小循环内又可套用 PDCA 循环，形成循环套循环。P 即英文单词 Plan 的缩写，表示计划，指在质量计划阶段，明确目标并制定实现目标的方案。具体而言，就是相关主体根据其任务目标和责任范围，确定质量控制的组织制度、工作程序、技术方法、业务流程、资源配置、检验试验要求、质量记录方式、不合格处理、管理措施等具体内容和做法的文件。同时，计划还须对其实现预期目标的可行性、有效性、经济合理性进行技术分析论证。D 即 Do，表示实施，包括计划表示行动方案的交底和按计划规定的方法与要求展开工程作业技术活动。C 即 Check，检查，是对计划实施过程进行各种检查，包括作业者的自检、互检和专职管理者专检。A 即 Action，行动或处置，是对于质量检验中所发生的问题进行原因分析和及时改进与纠正，包括事后采取应急措施和质量预控措施等。

2. 三阶段控制原理

三阶段控制原理即事前、事中和事后控制原理。例如，在城市道路建设施工阶段的质量控制可划分为施工准备阶段的质量控制、施工过程的质量控制和竣工验收阶段的质量控制。事前控制包括质量目标的计划预控和按质量计划进行质量活动前的准备工作的控制。尤其是在城市道路建设施工阶段，制订周密的质量计划或编制施工组织设计或施工项目管理实施规划是进行系统的质量管理的前提。事中控制包括自控和监控两大部分，其中自控是关键，增强质量意识，在质量产生过程中各项技术作业活动操作者在相关制度的管理下进行自我行为约束的基础上，充分发挥技术能力去完成预定质量目标的作业任务，发挥操作者自我约束和自我控制能力，坚持质量标准是根本原则。监控是自控的必要补充，企业在进行质量管理活动中应通过监督机制和激励机制相结合的管理方法，通过建立和实施质量管理体系来达到质量控制的目标。事后控制是对质量活动结果的评价认定和对质量偏差的纠正。由于城市道路建设在客观上必然受到各种影响因素的干扰，导致各项作业活动"一次成功"难以实现，因此当出现质量实际值与目标值之间超出允许偏差时，必须分析原因，纠正偏差，保持质量处于受控状态。

3. 全面质量管理

全面质量管理，简单地说，就是全面、全过程和全员参与的质量管理。全面具体指对工程产品和各参与方工作质量的全面控制和管理。工作质量是产品质量的保证，直接影响产品质量的形成，工作质量又受到各种工作要素的影响，包括劳动力、原材料、机械设备、施工工序和环境，因此进行全面的质量控制应把握形成质量的全要素以及使用这些要素的工作。全过程即对质量控制从源头抓起，在全过程中推进。掌握识别过程和应用"过程方法"进行全过程质量控制、全员参与的质量管理，即形成质量责任制，将质量总目标分解成更为具体的子目标，并由各部门和个人承担。组织和动员全体员工参与到实施质量方针的系统活动之中，每个人都充分发挥自己的角色作用，其中不可或缺的手段就是目标管理。

（三）城市道路建设质量管理技术方法

1. 调查表法

调查表法是用来调查、收集、整理数据，并给其他数理统计方法提供依据和粗略分析质量问题的一种工具。工程施工中监控质量常用的调查表包括：工序质量分布调查表、不良项目调查表、缺陷位置调查表、不良因素调查表、检查评定施工质量调查表等。

2. 分层分析法

分层分析法是将施工记录的原始质量数据按不同的目的加以分类，以分析质量问题及其影响因素，然后再利用其他问题将分类后的数据加工成图表，以便挖掘质量问题的根源，从而对症解决。

3. 排列图法

排列图法是对产生质量问题的原因及发生的数量、分类加以统计，然后按原因及其发生的数量的多少，顺序排列在横坐标轴上，同时将相应发生的数量及所占百分比画在纵坐标轴上，以此作出的频数直方图称为排列图。通过质量问题出现的频数，按次序排列，找出造成质量问题的主要原因，然后针对事实采取相应措施加以解决，以便最准确地改进工作质量。

4. 因果分析图法

因果分析图法将造成质量问题的原因分门别类地归纳起来，如工程中的原因一般离不开人工、材料、机械设备、施工技术、施工组织和环境六个因素，每个因素又有其相应的子因素，将这些因素的从属关系整理绘成一个树枝状或鱼刺状的因果分析图，从而找出主要原因或主导因素。

5. 控制图法

控制图法是在施工正常的情况下取样，经计算求得质量控制上下界限之后，绘制控制图，其基本形式为：在以时间或取样号做横坐标、以质量特性做纵坐标的坐标系内画三条线，最上面的为质量控制上界限，最下面的为下界限，中间还有一条中心界限。通过该图实现对质量的动态控制，判断施工质量的稳定性，及时发现并消除施工过程中的失调现象。

二、城市道路建设质量策划

(一) 城市道路建设质量策划编制内容

1. 质量目标

质量目标是，使用功能符合设计图纸要求，达到既定的施工质量验收统一标准。

2. 管理职责

项目经理是工程最高负责人，委托项目质量经理负责工程质量计划和质量文件的实施及日常质量管理工作。

3. 资源提供

规定相关管理人员和技术操作人员的任职标准及考核认定方式，规定新技术、新结构、新材料、新设备修订的操作方法和对操作人员进行培训记录等，规定所需的临时设施、施工设备和通信设备等。

4. 项目实现过程策划

规定施工组织设计或专项项目质量的编制要点及接口关系，规定重要施工过程的技术交底和质量策划要求，规定新技术、新材料、新结构、新设备的策划要求。

5. 施工工艺过程的控制

对工程从合同签订到交付全过程的控制方法做出规定，对工程的总进度计划、分段进度计划、分包工程进度计划、特殊部位进度计划、中间交付产品进度计划等做出过程识别和管理规定。

(二) 城市道路建设质量管理体系

质量管理体系是指"在质量方面指挥和控制组织的管理体系"。所谓体系，就是指"相互关联或相互作用的一组要素"，管理体系是指"建立方针和目标并实现这些目标的体系"。管理体系的建立首先致力于建立相应的方针和目标，然后为实现该方针和目标而设计一组相互关联或相互作用的要素（基本单元）。这些要素或单元须由一定的组织结构来承担，因此需要在组织内部明确组织结构和职责，提供必要的资源和规定，开展各项活动的方法和途径。

质量管理体系是组织若干管理体系中的一个组成部分，致力于建立质量方针和质量目标，并为实现质量方针和质量目标确定相关的过程、活动和资源。质量管理的原则是建立质量管理体系的基本理论，建立质量管理体系是完成质量目标的有效保证，是质量策划的重要内容。国际标准化组织（ISO）根据当代成功的质量管理经验，总结归纳了质量管理八项原则是质量管理体系建立和开展的理论基础，这八项基本原则是以顾客关注为焦点、领导作用、全员参与、过程方法、管理的系统方法、持续改进、基于事实的决策方法、与供方互利的关系。

（三）城市道路建设质量控制

1. 城市道路建设勘察设计阶段的质量控制

城市道路建设过程中，勘察设计是关键环节。勘察设计质量不好，将导致整体工程质量先天不足，并且在后期很难弥补，因此对勘察设计质量进行控制十分必要。勘察设计质量是在严格遵守技术标准、法规的基础上，对工程地质条件做出及时、准确的评价。城市道路建设勘察设计的质量控制工作要从整个社会发展和环境建设的实际需要出发，对勘察、设计的整个过程进行控制，并依据和参考有关工程建设及质量管理方面的法律、法规、城市规划，国家规定的建设工程勘察、设计深度要求，城市道路建设专业规划要求，有关技术标准（强制性标准规范及规程、设计参数、定额、指标等），项目批准文件，体现建设单位设计意图的勘察、设计规划大纲，以及反映项目建设过程中和建成后所需要的有关技术、资源、经济、社会协作等方面的协议、数据和资料。

城市道路建设勘察的主要任务是按照勘察阶段的要求，正确反映工程地质条件，提出岩土工程评价，为设计、施工提供依据。一般可分为可行性研究勘察、初步勘察、详细勘察；可行性勘察主要是通过收集、分析已有资料，进行现场踏勘，有时需要进行工程地质测绘及少量的勘察工作，对拟选场址的稳定性做出岩土工程评价，进行技术经济论证和方案比较；初步勘察则是在可行性研究勘察的基础上，对场地内建筑地段的稳定性做出岩土工程评价，并为确定建筑总平面布置、主要建筑物地基基础方案及对不良地质现象的防治工作方案进行论证，满足初步设计或扩大初步设计的要求；详细勘察应对地基基础处理与加固、不良地质现象的防治工程进行岩土工程计算与评价，以满足施工图设计的要求。

2. 城市道路建设施工过程阶段质量控制

（1）路基

路基的质量要求一般体现在结构稳定性、强度和水温稳定性三个方面；结构稳定性是为防止路基结构在行车荷载及自然因素作用下发生整体失稳，并且发生不允许的变形或破坏；路基的强度保证了路基在外力作用下不会产生超过容许范围的变形；水温稳定性即要保证路基在最不利的水温状况下强度不会显著降低，比如在季节性冰冻地区可能造成周期性冻融作用而形成冻胀或翻浆，使路基强度急剧下降。路基施工过程中的质量控制关键在于合理选择施工方法以及严格执行施工程序，所采用的机械设备须满足路基施工的要求，尤其是压实设备的合理配备是保证路基强度的关键。路基施工通常还会与一些小型构筑物同步进行，为保证施工整体进度和质量控制，应严格按照施工组织设计要求精心开展工作。

路基施工质量控制的关键程序主要是施工测量和路基土方施工。施工测量的控制要点主要是认真熟悉图纸，复测检查设计是否有误。每道工序施工测量放线时，测量误差都须满足规范要求。同时，需要注意道路下方覆盖的管网路线，以免造成损失。

（2）路面

路面的质量控制主要包括路面的垫层、基层和面层三个部分。垫层是在路基施工的基础上用自卸车将粗碎石按一定的距离卸置于下承面，再使用推土机将粗碎石摊铺以满足要求的宽度并形成路拱。然后，采用人工配合机械的方式将粗碎石整平。一般可以用 6~8t 的两轮压路机以 25~30m/min 的速度碾压 3~4 遍使粗碎石稳定，再用人工将填隙料均匀撒布于粗碎石上。为使填隙料充分进入粗碎石孔隙，可以使用 12t 以上振动压路机再次慢速碾压，碾压时均匀洒水以保持表面平整和稳定。垫层完成后注意成品保护，防止车辆通行，并保持在湿润情况下保养。

路面基层首先要注意材料的集中拌和，控制灰剂量不小于设计值的−1%，含水量在 1%~2%。用自卸车运输材料，运输过程中须进行遮盖。人工配合摊铺机进行摊铺，在路面作业宽度狭窄区域可配合挖掘机、推土机整平摊铺，并以人工辅助成形的方法施工。摊铺机根据水平基准线及松铺厚度就位并调整好，由自卸车向摊铺机送料，摊铺机匀速行进，人工在摊铺机后面，及时铲除粗集料聚集等离析现象，补以新拌的均匀混合料，并根据要求的坡度和路拱人工予以整形，坡面拍实。整形后用压路机进行全面碾压，压至表面平整并无明显轮迹。每一段碾压完成后立即进行养生和成品保护。

3. 城市道路建设竣工验收阶段质量控制

城市道路建设竣工验收是施工成果转入生产使用的标志，该阶段的质量控制是对整个建设成果的综合考核。为了保证质量验收的高效性，合理地划分城市道路建设质量验收层次十分重要。一般来说，按照施工工序划分为路基、基层、路面、附属构筑物等，也可按照长度划分施工范围，或者将市政道路工程中的独立核算项目作为一个单位工程进行质量验收。

城市道路建设竣工验收程序一般是在项目完成后，承包商在检查评定合格的基础上，向建设单位发出预约竣工验收的通知书，提交竣工报告，然后进入正式验收阶段，包括单项工程验收以及全部工程项目验收。项目成立验收小组或验收委员会，根据设计图纸和设计文件的要求，以及国家规定的工程质量检查标准，提出验收意见，在确认工程符合竣工标准和合同条款规定之后，应向施工单位签发《竣工验收证明书》。工程竣工后，应立即将全部工程档案资料整理归类，以备查对。当参加质量验收的各方对工程质量验收意见不一致时，一般可采用协商、协调、仲裁和诉讼四种方式解决。工程验收完毕后，施工单位向建设单位逐项办理工程和固定资产移交手续，并签署验收证书和工程保修书。

三、城市道路建设质量监管

（一）城市道路建设质量监管概述

1. 城市道路建设质量监管的特点

（1）影响因素较多

城市道路建设的质量受到多种因素的直接或间接影响，包括机械设备的优劣、材料的质量、施工人员的专业素质、设计和施工工艺的合理性等因素。

（2）质量波动性较大

城市道路建设的施工具有一定的流动性，这表现在没有固定的生产环境和稳定的生产流水线，往往是什么地方需要重新修筑或改扩建，就在什么地方开始施工，这样极容易产生一定的质量波动性。在城市道路的施工过程中，错挖管线、施工方法不当、机械设备故障、操作失误等都将对施工的质量产生影响，出现较大的波动性。

（3）具有较强的隐蔽性

在城市道路的工程质量检测时，往往无法像对工业产品那样进行拆卸和解体，并且施工的工序也比较多，在对第一道工序进行检测时，很容易对质量进行评估，但当施工进入第二、第三道工序时，往往就无法继续检测了。在后一道工序的施工过程中隐藏着前一道工序的质量问题，所以具有较强的隐蔽性，因而需要对质量形成过程加大监管力度。

2. 城市道路建设质量监管的原则

（1）质量第一

在城市道路的建设过程中，投资、进度、质量这三个目标都要实现，其中作为主导的是质量。建筑产品往往由于使用年限较长，作为一种特殊的商品，通常存在较大的安全隐患，严重威胁着居民群众的切身利益和生命财产安全。因此，在工程监管过程中必须坚持以质量为核心的原则。

（2）以人为本

人是城市道路建设的基本因素，人贯穿于整个工程项目的全部过程，其工作能力、专业素质和工作态度都会对工程质量产生直接或间接的影响。因此，必须坚持以人为本的理念，并充分发挥和调动人的主观能动性，以此来提高工程建设的质量水平。

（3）预防为主

城市道路工程建设的返修成本比较高，因此应该坚持以预防为主的原则。城市道路建设的监管重点是事前和事中监管。在施工过程中，施工单位应该将被动变为主动，积极对施工人员进行监管和控制，不但要重视最终产品质量，还应该加大中间产品质量、工作质量、工序质量的检测力度，如果发现存在质量隐患，则应及时整改，这是保障城市道路建设工程质量的有效措施之一。

3. 城市道路建设质量各阶段的监管内容

（1）城市道路工程勘察设计阶段的质量监管

城市道路的建设勘察设计阶段是工程项目实施的前期基础阶段，其结果是对工程项目的运作质量和效果产生了直接的决定性作用，因而成为城市道路工程是否能够按工期而且高质量完成任务的关键因素。城市道路建设的勘察设计工作是技术性和专业性很强的工作，它具体分为可行性勘察、初步勘察和详细勘察。在这一阶段，相关的建设工程勘察与设计单位应该按法规取得相应的等级资质证书，并且在资质登记的许可范围之内承揽工程，需要按照工程的强制性标准来勘察和设计，且对勘察和设计的质量负责。相关的勘察单位所提供的测量、地质、水文等勘察的成果务必真实准确。相关设计单位应该依据勘察成果的文件进行工程设计，设计的文件应该符合国家所规定的设计深度，注明工程项目的合理使用年限。创除特殊要求的专用设备、建筑材料、工艺生产线等，相关设计单位不能指定生产厂商和供应商。勘察设计单位应该参加道路建设的地基与基础部分验收、验槽、主体分部验收、工程竣工验收等。项目的施工过程中，相关设计人员应该参加部分隐蔽施工的过程验收。勘察设计阶段的质量监管是整个项目质量监管的出发点，影响并决定着城市道路建设项目是否能够达到预期的成效。

（2）城市道路建设施工阶段的质量监管

城市道路建设施工阶段是工程实体形成的最关键阶段，它是城市道路建设质量监管的重中之重，其主要针对影响城市道路质量的主导因素进行积极有效的控制，从而达到减少、预防或消除质量缺陷的目的。在本阶段的质量监管过程中，是依据国家相关质量控制与检验的技术法规和合同要求来对运用新方法、新技术、新工艺的工程进行事先的试验，进而由权威技术部门出具技术鉴定书。如果施工期进入紧迫阶段，需要排除外界的一切干扰，严格地进行工序管理，不放松工序的质量检验，从而做好隐蔽工程的质量记录和检查。

（3）城市道路工程竣工验收阶段的质量监管

城市道路工程竣工验收阶段是整个工程的最后阶段，它的质量监管主要目标是检验工程是否达到预定的质量标准，从而据此决定是否能够清算和移交。包含各种用于生产的机械设备的验收，原材料以及成品和半成品的检查验收，外观、外形尺寸、施工工艺的检查，隐蔽工程的验收，质量保证资料的检查，以及工程实体的质量检查等。还应该注意的是，城市道路建设质量验收层次的合理划分，这对于提高质量验收的效率非常重要。

（二）城市道路建设质量监管的难点

第一，由于城市道路施工的现场环境比较复杂，并且很难完全地封闭交通，所以施工过程往往较零散、连续性差、量大成为其质量监管的特点。此外，电力、电信、有线电视、供热、煤气、给水、排污管道等各类网络管线相互交叉、彼此干扰，使施工现场显得更加拥挤。当施工时无法确定各类管道的位置，就会将其挖断，这样将造成重大社会影响和经济损失，并且将额外增加投资的费用，阻碍正常的施工，进一步加强了城市道路建设质量监管的难度。

第二，高空作业的难度较大。在城市中，随着车流量的不断加大，市政高架桥的建设也逐渐加强，市政高架桥的施工是高空作业，并且桥下两侧的道路作为行人和车辆的临时通道，通行并不间断，这对高空吊装和脚手架安全等产生了较大的影响。如果在施工中发生了安全事故，那么就会伤及过往的车辆和行人，对社会产生较大影响，事故的性质也相对严重。

第三，城市道路工程容易被施工现场的地质条件所影响。基于地理条件、地质情况、施工现场条件等因素都不尽相同，即便是在同一施工路段上进行同一施工作业，所用的施工作业方法也有可能不同，安全管理有可能存在方法差异。也就是说，对不同的施工机械和不同的施工工艺将采取不同的安全管理措施。城市道路工程大多是露天作业，这将受到天气和温度的影响，气候的变化也将对生产安全产生严重的影响。

第四，城市道路工程的施工现场往往位于城市的内部，施工现场通常比较狭窄，大多进行的是围挡施工，这对交通和环境产生较大影响。此外，灰尘和噪声也影响居民的正常生活。为了尽可能地减少这些不良影响，城市道路的建设进度大多要求较为严格，建设周期不准推后只能提前。相关部门为了抢工期，城市道路的质量监管和控制就容易缺乏周密性，其后果就是加大了城市道路建设质量监管的难度。

（三）政府监管与社会监管的一致性和差异性

1. 目标一致性

社会监管与政府监管主要监管那些工程质量不合格和不达标的企业，并要求这些企业限期进行整改。二者在市政道路工程的质量监管中发挥着相辅相成的作用，其目标具有一致性，均属于质量的检查和监督体系。

2. 差异性

（1）监管性质的差异

政府监管是依照相关的法律法规，将全部的建设工程和相关的建设单位都纳入政府监管的管辖范围之中。社会监理大多是指社会服务与咨询，建设项目的责任人和监理单位在经济法律关系中是相互委托和协作的关系，它是以合同形式来确立双方关系、义务和权利。政府监管是具有法律强制性的，而社会监理则不具备法定要求上的强制性。

（2）监管方式的差异

政府监管的相关部门是通过抽查与巡查的方式进行工程项目的监督与管理，而监理单位则是按照相关的监督规范来进行旁站式监督和巡视监督以及平行监督。此外，还依照工程的实际建设情况，全方位的现场监督施工单位的相关建设活动。

（3）工作依据的差异

政府监管是依据国家的相关法律法规来开展相应的工程质量监管。国家的法律法规规定了政府监管的权力范围，社会监理是按照一定的规范和技术标准来行使质量监管的职能，一般在监理合同内对其责任、权利以及义务做出明确的规定。

（四）提高城市道路建设质量监管的措施

1. 健全市政道路工程质量监管的制度与机制

建立并逐步完善城市道路建设质量制度可以使城市道路在施工的过程中做到质量监管的有理可查与有据可依。一方面，建立相关的城市道路建设质量机制能够使监管工作更加透明化，做到公平、公正与公开，在建立健全城市道路建设质量监管制度与机制的过程中，应该将所有在施工中可能遇到的各类问题均考虑在内，包括用制度与机制约束贪污舞弊现象的发生。另一方面，在城市道路建设质量控制中还要注重政府监管的改革与完善，并构建相应的举报和处理机制。总之，建立健全城市道路工程质量监管的制度和机构，能够使建设质量监管在相关的法律制度保障和机制约束中得到有效开展。

2. 改革政府监管的模式及机构

（1）政府监管模式改革

①增强政府监管的市场化

市场化和社会化是政府监管模式不断完善和改进的必然趋势，这需要城市道路建设质量政府监管机构引入现代企业的监管制度，设立独立法人来承担监管的责任和义务，并最大限度地发挥有限资源的使用效用。我国可以通过提高市场准入门槛，统一规划和管理政府监管市场化等措施来实现上述目标。当前，国家各部门都在精简机构，在城市道路建设质量的政府监管方面应建立专业化较强的机构进行统一管理。这一机构必须公开、公平地对城市道路建设进行监督管理，并且能够妥善处理好多个利益集团的关系，从而逐渐提升建设质量监管的水平。

②政府对城市道路建设质量委托行为应逐步规范

由于政府监管机构在保障和增强城市道路建设质量法规中具有重要作用，因此其受到了政府的极大重视，其地位日益凸显。然而，监管机构的市场化也日益加速，悄然出现了授权寻租等行为，这极大地扰乱了市场的正常竞争秩序，进而出现各种腐败现象。这使得相关的建设行政主管机构和部门的授权合法性与公正性受到了广泛的质疑。基于此，要解决上述问题，就需要建立专门的管理部门来管理这些质量监管机构，使之透明公开竞争。

③进一步提高政府质量监管机构的有效性与人员专业素质

城市道路建设的质量监管必然会接触大量的测量、勘察、路基路面建设以及管线网络布置等相关的专业技术知识，政府监管机构中的工作人员若不具备相关专业背景，就无法顺利完成监管工作。所以，技术指导、专业培训、定期考核就显得尤为重要。首先，应该通过对监管企业的资质登记注册、提高市场准入门槛、监管机构人员参加技术培训等措施来适应科技和形势发展的需要；其次，还需要激发监管人员的责任心和进取心，建立公平公正的考核体系，规范相关人员的监管行为，这样才能更好地发挥监管机构的职能。

（2）政府监管机构改革

城市道路的建设规模日益扩大，这对城市道路建设的质量监管部门提出了统一管理、监督与管理分离机制、监管机构专业化等一系列新的要求。只有这样，才能有效地进行政府监管，进而促进城市道路建设质量政府监管部门的专业化和社会化。此外，还需要不断地提升质量监管机构的人员监管能力。根据相关法律法规，围绕着城市道路建设的施工管理和质量监管，协调各监管机构和建设主体间的关系，改革城市道路建设质量监管的机构设置，以便更好发挥自身职能和作用。逐步建立监管信息体系，完善市场竞争机制，综合监管工程的质量。这些都需要以国家的法律体系作为依托和保障来确保城市道路建设政府监管的有效进行。

四、城市道路建设工程质量管理的措施

（一）做好前期准备工作

认真做好城市道路建设前期的准备工作，吸取西方国家城市道路的建设理念，加强和适度放宽设计方案，做到设计先进并尽快与国际城市道路建设接轨，多考虑配套设施建设的先进性、多变性。城市道路作为城市交通的纽带，所建道路必须按照道路建设规范并高于规范进行设计。根据城市总体建设确定的道路类别、级别和红线宽度、横断面类型、地面控制标高、地上杆线与地下管线布置，以及交通量大小、交通特性、主要构筑物的技术要求等进行道路设计。设计单位要认真执行设计规范，此外，还要综合考虑城市供热、给水、雨水、污水、燃气、电力、通信、绿化、社会和谐等因素影响，搞好设计。任何人不得擅自更改设计标准，降低设计标准。

（二）建立健全城市道路建设招投标制度

打破地域和行业垄断，实行城市道路建设招标，首先应审查代理机构的资质，规范招标代理机构行为，招标代理机构是否与行政主管部门脱钩、是否存在隶属关系或其他利益关系、是否存在违反《招标投标法》和《行政许可法》规定；其次要加强招投标过程的监督和管理，坚决杜绝招投标过程的违法行为，做到招投标过程公开、公平、公正。通过招投标择优选择建设单位，实施项目总承包或项目管理，明确建设企业与管理单位的关系，厘清施工和管理职责，充分发挥好管理单位的监督管理职能，以使其能够科学、公正、自主地做好城市道路建设工作。

（三）实行工程监理制度

项目的建设过程执行工程监理制，是建设市场走向规范化管理的一项重要制度，并与国际上通行的项目建设管理方法接轨。城市道路建设工程项目监理的主要内容之一就是对道路建设进行质量控制。实行城市道路工程项目监理制，并对工程质量监理实行项目法人

责任制，代替目前仍以行政手段组建的工程指挥管理为主的模式，由于责、权、利不清致使职能上包揽一切，行政命令多，形式上代表政府，出了问题却无人负责。为了能够保证项目的顺利实施和有效地对实施过程进行质量控制，业主应委托具有相应资质等级的监理单位进行监理，签订监理合同、明确质量责任，将监理工作内容具体化，并赋予监理相应权力。监理单位必须严格执行有关道路工程建设的法律、法规、规章、技术标准和规范。严格履行监理合同，落实各级质量负责人，监督工程施工承包合同的实施。监理单位应认真审查施工组织设计和技术措施；审查试验路段施工方案和工艺；批准特殊技术措施和特殊工艺；监督合同中有关质量标准、要求的实施；纠正不符合工程设计要求、施工技术标准和承包合同的工程与施工行为；提出或审查设计变更；核对工程数量，科学公正地对工程质量进行评定，并组织工程质量验收。

（四）严格验收标准

城市道路工程竣工验收必须按照城市道路验收规范严格进行验收，且有城市建设行政主管部门委托的相关机构参加，经验收合格后，方可交付使用；对于未经验收或者验收不合格的，则不得交付使用。城市道路实行工程质量保修制度。城市道路的保修期为一年，自交付使用之日起计算。保修期内出现工程质量问题，由有关施工单位负责保修，并重新验收，合格后方可交付使用。

（五）做好城市道路的后期养护

城市道路的行政主管部门对其组织建设和管理的城市道路，要按照城市道路的等级、数量及养护和维修的定额，逐年核定养护、维修经费，统一安排养护、维修资金。承担城市道路养护、维修的单位，应当严格执行城市道路养护、维修的技术规范，定期对城市道路进行养护、维修，确保养护、维修工程的质量。城市道路行政主管部门负责对养护、维修工程的质量进行监督检查，保障城市道路完好。设在城市道路上的各类管线的检查井、箱盖或者城市道路附属设施，应当符合城市道路养护规范。因缺损影响交通和安全时，有关产权单位应当及时补缺或者修复。城市道路的养护、维修工程应当按照规定的期限修复竣工，并在养护、维修工程施工现场设置明显的标志和安全防护设施，保障行人和交通车辆安全。经批准临时占用城市道路的，不得损坏城市道路；占用期满后，应当及时清理占用现场，恢复城市道路原状；损坏城市道路的，应当修复或者给予赔偿。

第三节　城市道路建设可持续发展

一、概述

(一) 可持续发展定义、内涵及原则

1. 可持续发展的思想内涵

可持续发展的思想基础是生态文明与人地和谐，行动准则是整体观念和未来取向，根本战略是控制人口、节约资源、保护环境，操作系统是政府行为、科技导向和公众参与。

在未来的发展战略中，其内涵概括起来有下述三个方面，即持续性、持续发展及持续利用。持续性指一种可以长久维持的过程或状态，这种长久维持的过程或状态是以不破坏其原有系统结构和运动机能为最低限度，它是由生态持续性、经济持续性、社会持续性三个部分组成。持续发展为既满足当代的需求，又不对后代满足其需求能力构成危害的发展战略，是不以破坏自然生态为代价有效使用资源，以此满足人们日益更新其需求的发展战略。持续利用指人们在开发利用资源时，对于可更新资源即有限自然资源中可再生资源的开发速度不能大于其再生速度，否则将切断可再生资源的再生和生态平衡连续性的恢复，使其向着不可逆转的方向衰落、消亡。

2. 可持续发展的原则

(1) 以发展为主题

发展是人类共同的权利与需求，是国家实力和社会财富的体现。对于发展中国家而言，只有发展才能缩小贫富差距，为人口骤增和生态危机提供必要的技术和资金。发展是可持续发展的前提，离开发展这个基础，可持续发展就无从谈起。

(2) 体现公平

在可持续发展中，它要求现有的发展主体对自己的发展行动采取某种程度的自律。首先，体现未来取向的代际平等，它强调当代人在寻求自身发展的同时，承认子孙后代有同等的发展机会，不损害后人的生存发展和拥有的资源财富；其次，体现整体观念的代内平等，任何地区的发展不能以损害别的地区的发展为代价，特别是要充分地维护弱发展地区的需求，要求在区域内部和不同区域之间，从成本效益角度实现资源利用与保护两者的公

平负担与分配。

（3）环境保护与资源限制利用

发展要以环境资源的支撑为前提，以环境容量为限度，与资源和环境的承载力相协调。发展的同时必须保护和改善地球生态环境，保证以持续的方式使用可再生资源，使人类的发展控制在地球承载能力之内。

（二）城市建设中的可持续发展观念

1. 城市建设中必须贯彻可持续发展观念

城市是国民经济的命脉。城市可看作是一个有机的生命体，从功能上说，道路是它的血管，绿地是它的肺，政府是它的大脑，通信设施是它的神经，给排水是它的排泄渠道，等等。某一部分出了问题，整个城市也就会出问题。城市包括建成区、城乡边缘带、郊区三个部分，而城乡边缘带是实现可持续发展最关键的部位。目前在我国，城市建设中投入最大、发展最快的往往就是城乡边缘带，因为城市的扩展主要体现为城乡边缘带通过开发建设逐步变为新的建成区。城市建设中的偏差也往往出现在城乡边缘带的建设过程中。由于城乡管理机构、管理体制、管理方式的不同，城市建设管理的难点通常也集中于这个过程。当然，建成区也有旧城改造和公共基础设施更新改造、扩建、新建的管理问题，郊区也有农村建设、村镇建设和向城乡边缘带转变的管理、指导、控制问题。但是，在目前我国城市化进程加速的情况下，如何在城市建设中以能力建设为动力和保障，实现以人为本的自然—经济—社会复合系统的相互协调发展，即如何在建设中实现城市经济社会的可持续发展，是在新城区建设中最集中、最突出、最迫切需要解决的问题。

2. 城市建设中可持续发展观念的内容

（1）自觉控制城市建设规模、速度、方向、结构的观念

城市建设是人类一种有意识的经济活动，它受到一系列主客观因素的制约，不能无限扩大、随意进行。可持续发展要控制三个变量，即"能源""生物多样性""空间"。在空间控制上要着重控制城市空间，因为人类生存的空间必须与能源（以及清洁的水源和其他资源）的可持续供应能力相适应，与生物多样性和谐共存所需要的空间相协调。城市是人类活动高度密集的空间，实际上是用空间换取时间，即通过高密度的空间聚集实现城市生活节奏的加快来节省高度稀缺的时间。但城市的快节奏生活又以能源、水资源和其他资源的高消耗为代价，以挤压占领自然界各种生物的生存空间和生物多样性的恶化为代价，这样的城市空间扩展和作为其先行措施、基础活动的城市建设是缺乏可持续性的。从长远

看、从人与其他生物共有的唯一家园即地球的整体来看，也是得不偿失、弊大于利的。

（2）城市建设与环境、社会、经济动态协调的观念

城市建设中的经济、环境、社会"三位一体"协调发展，要求城市建设不仅承担起为城市经济、周边区域经济以及国民经济可持续发展提供基础条件和先行结构的功能，而且承担起保护环境、美化环境、改善环境（包括维护生态、节省资源）的功能，以及服务社会、便利社会、安定社会、凝聚社会（包括稳定人口、改良人口）的功能。城市建设过程中必须重视这三种功能的动态协调和全面兼顾，使城市经济、社会、环境在动态协调状态下实现可持续发展。

城市建设的经济功能主要是为人类在空间上高度聚集的经济活动提供完善的基础设施、服务设施和充分有效的集中空间。从可持续发展战略角度来看，城市建设必须在为人类的城市经济活动提供日益改善的适宜空间的同时，也为人类其他方面、其他类型的经济活动保留足够的、未被城市建设活动破坏的完好空间，并为人类世世代代可持续的经济活动保留进一步开拓城市空间的余地。这就要求在城市建设中必须兼顾城市与非城市，兼顾目前和未来，兼顾建设和保护，兼顾城市建设的局部直接经济效益和整体长期经济效益。

城市道路建设的环境功能主要是实现城市建设活动与环境（包括自然环境、人文环境、生态系统、自然资源以及历史文化资源等）的良性适应。应该从可持续发展的视角，把城市道路看作一种兼具自然特征与人文特征的复合生态系统，并保持这个系统的动态平衡和自我完善。在城市道路建设中，从建设规划阶段就要充分重视建设形成的人造环境与自然环境的协调，重视建设形成的人类聚集空间与大自然生态空间的协调。在城市道路建设的施工阶段，要特别强调采用"绿色"设计、"绿色"技术、"绿色"工艺和"绿色"材料，强调对环境、生态的保护和对资源的节约。

（3）城市道路建设与伦理道德文明建设综合配套的观念

城市道路建设属于物质文明建设活动，它必须与精神文明建设、政治文明建设配套进行。"以人为本"的发展观就是一种关心每一个人自由而全面的发展的崇高的伦理道德观念，是现代精神文明的体现。从可持续发展的角度看，"以人为本"就要让每一个人都共同享受发展带来的成果，而不论这个人是有钱人还是穷人，是城里人还是乡下人，是发达国家的人还是发展中国家甚至最不发达国家的人，是目前正在从事经济、政治、文化等活动的人还是下一代人乃至许多代以后的人。城市道路建设的"文明施工"，不仅是对施工现场的建设人员而言的，而且是对城市道路建设的指导思想、规划设计、建设施工、监督管理等整个系统、整个过程、整个活动和所有参与者而言的。

二、城市道路建设可持续发展的策略

（一）正确做出城市道路交通现状调查

从影响路网容量的因素看，道路基础设施作为机动车交通的载体只是反映了硬件条件。除此之外，路网的承受能力与城市交通宏观政策和管理也具有密切关系。这方面牵涉到对私人机动车的使用和管理政策、对出租车发展的政策和对外来车辆的管理政策等。应调查、收集的资料包括：交通网络结构及道路几何要素资料、历史道路交通量及流向资料、现有交通管理设施及效果资料等。路网究竟能承受多少机动车保有量，这是城市决策者需要掌握的问题。要对交通发展的进度做出正确评估，从而合理地分配和使用道路资源。

（二）制定交通发展策略，为城市交通提供必要的管制和调控

交通系统的规划是城市规划的有机组成部分，在国家规划的框架之下，交通系统发展的基本目标应是建立整合、高效、经济的道路交通网络，并使之持续满足国家、人民的需要。在确保环境质量的前提下，优化利用现有交通资源和保证公共交通的通畅。如今中国的大中城市，随着人流量、车辆的骤增，交通堵塞、拥挤现象愈来愈严重，而城市的地理条件也决定了其不可能通过扩充来适应不断增长的交通需求。那么就只有通过充分发挥现有土地与交通资源的潜力，合理控制交通需求的增长，才有可能用有限的资源保证道路交通战略基本目标的实现。

（三）制订高水平的设计方案

市政道路多为政府财政筹集资金，在确定质量、进度、投资目标时有可能产生较大的随意性。另外，市政道路设计时要结合本城市的近期规划和长远期规划，综合考虑与给排水、电力、燃气及通信等管线的平面布置和交叉，避免发生大幅调整路线和管线布置冲突等现象。因此，建设单位在整个设计过程中要与设计单位保持良好沟通和联系，协调好各个管线单位间的关系，尽可能让设计单位交出高水平的设计方案。

（四）制定科学的城市交通发展模式

宏观交通发展战略规划的目的是制定城市交通发展政策，影响、优化交通结构。优化城市交通结构的本质是优化城市道路资源的利用。它通过交通政策的引导来实现，而政策

的实施需要强有力的保证体系。在制定城市交通发展模式的过程中，应重视发展的观念。只有通过发展，逐步实现城市和国家的现代化，问题方能解决。机动化汽车技术要发展，城市也要发展，要通过城市的发展，适应城市机动化进程和汽车技术的合理发展。对城市建设用地的发展和道路交通设施的建设给予必要的资金保证。要有可持续发展的观念，近期的发展建设不要为远期的发展制造障碍，不能只顾经济效益而忽视社会效益和环境效益，要为远期的发展留有余地。

（五）加大立法执法力度并大力宣传交通法规

发达国家和地区的交通管理经验告诉我们，要管理好城市道路交通，既要建立切实可行的法规体系，并严格执行，又要使市民自觉遵守交通法规，让人人都参与交通管理，才能把城市交通管理好。首先，成立城市交通对策委员会。研究协调解决城市交通问题，从供求方面采取措施，科学制定交通法规进行综合治理。其次，严加治理交通污染。集中科技力量攻关，消减汽车尾气。严禁汽车喇叭鸣放的规定要继续执行，尽力制止和避免对城市交通规划管理的人为干扰，维护管理法规的严肃性。

三、城市道路可持续发展的保障体系建设

（一）打造城市道路可持续发展的保障体系

1. 建立城市道路综合管理长效机制

城市道路的规划、设计、建设和管养，这四个环节是一个有机整体，密不可分，但目前我国却将这四个环节分别归属不同的部门管理。成立包括上述各部分的政府综合协调机构，建立城市道路从政策研究制定到实施推进、从规划建设到管理、从技术标准规范制定到专业技术培训执行的一体化协调管理机制，可有效提高城市道路建设管理的效能和效益。对城市道路设施实行以政府决策为主导、专家和市民多元主体参与和监督的建设路线，能促进对城市资源的高效配置和使用，是实现城市道路可持续发展的重要保障。

2. 健全城市道路管理法规规章体系

城市道路法治化、规范化建设管理是城市道路可持续发展管理的法治保障。为解决城市道路可持续发展问题和各地执法依据及管理办法不足的矛盾，可以采取以下几点措施：一是尽快完善已颁布法规和管理文件中对城市道路管理的空白之处；二是可以结合发展需求出台新的行政规章和规范性、政策性文件并在实施中完善，逐步完善法规规章政策体

系，这样可以在很大程度上缓解当前依法行政与管理滞后的矛盾。

3. 形成城市道路发展资金保障制度

资金问题是制约城市道路发展的"瓶颈"之一。为保证城市道路的可持续发展，应采取多种投资渠道，加大道路资金投入，加快形成城市道路建设、管理和养护维修资金稳定、规范的财政投入机制和资金管理制度。根据我国实际情况，借鉴国外经验，可选用的城市道路建设投资渠道有：将车辆购置税费燃油税的一部分作为城市道路建设资金，鼓励城市开辟多种渠道筹集建设资金并制定资金筹集管理办法，鼓励银行等金融机构参与城市道路建设投资，鼓励民间资本参与城市道路建设投资并制定相应政策。

（二）实现城市道路可持续发展的配套措施

1. 城市道路可持续发展的规划

（1）实施适度超前战略，促进经济社会发展

以往的城市道路规划前瞻性不足，规模标准不尽合理，难以实现预想目标。不少城市道路在红线规划时，往往仅注重道路路幅宽度，并未考虑快慢车道的合理分配及断面形式的远近期结合，对道路两旁的建筑用地控制也不充分，难以立足未来渐进发展。基础设施建设对促进城市经济发展有重要作用。为跟上经济增长和生态文明建设步伐，发挥城市道路全局性、先导性及基础性作用，必须实施道路规划建设投资适度超前战略，以满足设计寿命和相当时期的交通发展需要。

（2）提倡路网系统规划，做到近远期结合

为适应城市交通的机动化挑战，道路规划必须体现可持续发展思想，通过道路功能的合理定位，促进城市经济发展。必须进行城市机动车、非机动车、行人通行系统设计，实现交通空间分流。对于分期实施道路，在道路断面分配时可适当考虑较宽的人行道、分隔带，而不必将远期所需机动车道宽度一次建成，待需要时再进行道路拓宽改造。

（3）贯彻"以人为本"原则，凸显城市人文积淀

城市道路交通的核心是为人服务，在道路规划时，必须重视街道景观及居民步行空间等要素，进而改善市民出行环境，营造良好宜居空间。规划决策必须高瞻远瞩，不能就规划谈规划、就道路谈道路，应当有重点、有选择地保护部分景观优美、历史文脉深厚、具有代表性的历史街区，实现历史文脉的传承和发展，不因满足当代人的需求而对后代利益造成损害，从而实现城市道路与生态文明的和谐发展。

2. 城市道路可持续发展的设计

（1）提倡人性化城市道路设计理念，完善道路设施功能

城市道路不仅要发挥交通功能，还赋有生活服务功能和文化艺术功能。可持续发展要求更加注重道路设计的文化、环境、艺术等方面的要求，将城市道路功能细化，注重市民拥有良好的生活空间。道路设计还应考虑伤残人、老人和儿童等行走不便群体的特殊要求，注重盲道、无障碍设计。城市交通系统、通信设施系统、能源供应系统、给排水系统、城市环境系统和城市防灾系统等各类依附道路的设施要同步设计。

（2）重视交叉口渠化设计及改造，消除道路"瓶颈"现象

以往的道路建设往往忽视慢行系统设计，造成道路交通流在同一断面混合行驶，交叉口机动车、非机动车和行人相互干扰严重。路段与交叉口（或桥梁）通行能力不匹配，严重束缚着道路功能的发挥，甚至影响城市整体运行。因此，对于新建道路，必须根据车辆几何尺寸、设计时速等指标进行横断面优化和交叉口拓展。而在城市建成区，由于受自然、人文、环境、经济等因素制约，进行道路大幅度建设及现状道路全线拓宽已不现实，所以更要通过交叉口渠化、桥梁拓宽等方法实现节点通畅，提高道路通行能力。

（3）降低能源消耗和对环境资源的破坏

道路设计应考虑节约能源和材料，使用环保节能、可重复利用材料和便于日后养护维修的材料，提高材料耐久性和使用寿命。应在工程方案中优化结构设计，减少原材料消耗，把对自然环境、资源的破坏降到最低。道路景观应合理利用原有环境资源和历史文化背景，尽可能保持所在地区生物多样性并降低对自然环境的影响，不盲目追求人造效果，使道路和周边环境有机结合、相得益彰。

3. 城市道路可持续发展的建设

（1）把城市道路工程质量放在首位

要保证城市道路工程质量，首先，设计、建设、监理、施工各方应履行好自己的职责，以工程的高质量为前提，发挥各自的优势，密切合作、协调管理，从根本上做好质量控制。对于道路质量通病，应采取有效解决办法。其次，应避免将城市道路"民心工程"异化为"面子工程"而出现不合理工期现象，这将导致施工工序难以规范操作，使工程质量控制流于形式。

（2）应用先进技术和工艺

推行先进的施工材料、机械设备和工艺方法，从而提高功效、保证质量、缩短工期、节省投资，取得最佳社会经济、环境效益。譬如，相较以前的沥青灌入式道路，推广厂拌

灰土路基、水泥稳定碎石基层、沥青混合料面层的结构组合，既可保证质量、节约工期，又可减少对环境的污染。

（3）在建设过程中尽可能减少不良影响，从而提高可持续性

具体措施有：第一，尽量减少交通干扰；第二，降低施工噪声；第三，使用环保节能、可再生材料；第四，维护、保护好公共设施；第五，在施工期间保证通过车辆、行人的安全；第六，杜绝工地、运输扬尘和污染物排放；第七，尽量减少建筑垃圾等。

第二章 桥梁工程

第一节 桥梁的设计与构造

一、桥梁的总体规划设计

(一) 桥梁设计的基本原则

桥梁设计的一般步骤：通过概念设计确定结构方案，确立计算模型，确定结构的详细尺寸和细节构造。选择构思好的桥梁结构方案，是设计工作的第一步也是最重要的一步，是评价桥梁设计成功与否的重要标准。

与设计其他工程结构物一样，在桥梁设计中必须考虑下述各项要求。

（1）使用上的要求

桥上的行车道和人行道宽度应保证车辆和行人的安全畅通，并适当考虑将来交通量增长的需要。桥型、跨度大小和桥下净空应满足泄洪、安全通航或通车等要求。建成的桥梁要保证使用年限，并便于检查和维修。

（2）经济上的要求

桥梁设计应体现经济上的合理性。在设计中必须进行详细周密的技术经济比较，使桥梁的总造价和材料等的消耗最少。应注意的是，要全面精确地计算出所有的经济因素往往是困难的，在技术经济比较中，还应充分考虑桥梁在使用期间的运营条件及养护和维修等方面的问题。

桥梁设计应根据因地制宜、就地取材、方便施工的原则，合理选用合适的桥型。此外，能满足快速施工要求缩短工期的桥梁设计，不仅能降低造价，而且提早通车在运输上将带来很大的经济效益。

（3）结构尺寸和构造上的要求

整个桥梁结构及其各部分构件在制造、运输、安装和使用过程中应具有足够的强度、刚度、稳定性和耐久性。桥梁结构的强度应使全部构件及其连接构造的材料抗力或承载能力具有足够的安全储备。对于刚度的要求，应使桥梁在荷载等作用下的变形不超过规定的允许值，过度的变形会使结构的连接松弛，而且挠度过大会导致高速行车困难，引起桥梁剧烈振动，使人体感觉不适，严重时会危及桥梁结构的安全。结构的稳定性是要使桥梁结构在各种外力作用下，具有能保持原来形状和位置的能力，如桥梁结构和墩台的整体不致倾倒或滑移，受压构件不致引起纵向屈曲变形等。在地震区修建桥梁时，在计算和构造上还要满足抵御地震破坏力的要求。

（4）施工上的要求

梁结构应便于制造和架设。应尽量采用先进的工艺技术和施工机械，以利于加快施工进度，保证工程质量和施工安全。

（5）美观上的要求

桥梁应具有优美的外形，与周围的景观相协调。城市桥梁和游览地区的桥梁，可较多地考虑建筑艺术上的要求。公路上的特殊大桥宜进行景观设计；上跨高速公路、一级公路的桥梁应与自然环境和景观相协调。合理的结构布局和轮廓造型是桥梁美观的主要因素，决不应把美观片面地理解为豪华的细部装饰。

优秀的、结构上有特色又美观的桥型方案，应使结构的造型与力学行为相协调。在外形上标新立异，有特色但力学行为不合理的桥型方案，往往会显著提高造价和增加施工难度，严重时甚至会影响结构的耐久性和运行安全。

（二）桥位勘测与设计资料调查

在着手设计之前，首先要选择合理的桥位，这常常是影响桥梁设计、施工和使用的全局问题，对于选定的桥位，必须进一步调查研究，详细分析建桥的具体情况，才能做出合理的设计方案。一般桥梁设计中需要进行的资料调查工作为：

第一，调查桥梁的使用任务。根据桥梁所在的路线类别，调查桥上的交通种类和行车、行人的往来密度，确定桥梁的荷载等级和行车道、人行道宽度等；调查桥上是否需要通过各类管线（如电力、电话线和水管等），如有则须设置专门的构造装置。

第二，测量桥位附近的地形，绘制地形图供设计和施工使用。

第三，探测桥位的地质情况，包括岩土的分层高程、物理力学性能、地下水位等，并将钻探所得资料绘成地质剖面图。对于遇到的地质不良现象，如滑坡断层、溶洞、裂隙等，应详加注明。

第四，调查和测量河流的水文情况，包括调查河道性质（如河床及两岸的冲刷和淤积、河道的自然变迁等），收集和分析历年的洪水资料，测量河床断面图，调查河槽各部分的形态标志、糙率等，计算各种特征水位、流速、流量等。与水利和航道部门协商确定通航水位和通航净空标准。了解河流上相关水利设施对新建桥梁的影响。

第五，调查当地建筑材料（砂、石料等）的来源，水泥、钢材的供应情况及水陆交通的运输情况。

第六，调查了解施工单位的技术水平、施工机械等装备情况，以及施工现场的动力设备和电力供应情况。

第七，调查和收集有关气象资料，包括气温、雨量及风速（或台风影响）等情况。

第八，调查新建桥位上、下游有无老桥，如有，须调查老桥的桥型布置及使用情况等。

很明显，为选择桥位需要了解一定的地形、地质和水文等相关资料，而对于选定的桥位，又需要进一步为桥梁设计提供更为详尽的依据资料，因此以上各项工作往往是互相渗透、交错进行的。

（三）设计程序

设计工作是一座桥梁建设的灵魂。对于工程复杂的大、中桥梁的设计，为了能从错综复杂的客观情况中得出既经济又合理的设计，就需要循序渐进、逐步深入、科学地进行工作。一般大型桥梁的设计工作分前期工作阶段和设计工作阶段。前者分为工程预可行性研究（简称"预可"）阶段和工程可行性研究（简称"工可"）阶段，后者则分成初步设计、技术设计和施工图设计三个阶段。各个阶段包含的内容和深度、目的、解决的问题是不相同的。设计招标一般应在初步设计阶段进行。

1. "预可"和"工可"研究阶段

"预可"和"工可"两者包含的内容基本一致，但研究的深度各有不同。"预可"阶段要在工程可行的基础上，着重研究建桥的必要性和宏观经济上的合理性。"工可"阶段则要在"预可"被审批确认后，进一步研究工程技术上的可行性和投资上的可行性。

一座大型桥梁的"预可"报告应从经济、政治、国防等方面，详细阐明建桥理由和工程建设的重要性和必要性；同时，初步探讨技术上的可行性。对于区域性线路上的桥梁，应以建桥地点（渡口等）的车流量调查（以及国民经济逐年增长率）为立论依据。"预可"阶段的另一重点是：通过多个桥位的综合比较，选定桥位和确定建设规模。

"预可"阶段工作的主要目标是解决建设工程的上报立项问题。在"工可"阶段，则要在"预可"的基础上着重研究和制定桥梁设计的技术标准，包括设计荷载标准、桥面宽度、通航标准（通航净宽和净高）、设计车速、桥面纵向和横向坡度、竖曲线与平曲线半径等。在这一阶段，要与河道、航运、城市规划等部门共同研究，处理好所有"外部条件"的关系。

在可行性研究阶段，尚不可对桥式方案做深入比选，故不需要明确提出推荐方案，对工程量的估算也不宜偏紧。

这两个阶段的经济分析方面主要涉及造价估算、投资回报、资金来源及偿还等问题。一般来说，"预可"阶段要有设想，"工可"阶段要基本落实。

2. 初步设计

根据批准的"工可"报告编制的"设计任务书"，是进行初步设计的依据。在进一步的水文、地质"初勘"后，如发现原可行性研究阶段建议的桥位有问题，尚可适当挪动桥位轴线，推荐新桥位。

初步设计阶段也是桥梁设计中通过酝酿，构思出最富创造性的概念设计的阶段，其工作重点是：通过多个各具创意的桥式方案的比选，推荐最优方案，报上级单位审批。在编制各个桥型方案时，要提供桥式布置图、主桥和引桥的横断面图，标明主要结构尺寸（包括重要的细节构造和尺寸），并估算工程数量，提供主要材料的用量，根据施工组织设计和概算定额编制出工程概算。初步设计的概算造价是控制建设项目投资和以后编制施工预算的依据。对所做的工程概算加以适当调整，可以作为招标的"标底"。

3. 技术设计

技术设计阶段的工作是对初步设计的补充修改、深化和完善。技术设计中的补充勘探工作称为"技勘"，对水中基础每墩要有必要数量的地质钻孔。进一步研究解决所批准桥式方案的总体和细部的技术问题，并提交详细的结构设计图纸和工程数量，修正工程概算。如果初步设计中有批准下达的科研项目，也要在这阶段予以实施解决。

4. 施工图设计

施工图设计阶段的工作是根据前面批准核定的修建原则、技术方案、技术决定和总投资额等加以具体化。在施工图设计阶段，必要时须对重要的桥梁基础进行"施工钻探"，但此时一般不钻深孔。在此阶段中，必须对桥梁各部分构件进行详细的结构计算，绘制出施工详图，提供给施工单位，或进行施工招标。再由施工单位编制详细的施工组织设计和工程预算。施工图设计可由原编制技术设计的单位继续编制，或由中标施工单位编制，但要对技术设计有所改变的部分负责。

国内一般的公路大桥常把技术设计和施工图设计合并为一个阶段进行。一般小桥和较简单的中桥也可以采用一阶段设计，即以扩大的初步设计来包含各阶段设计的主要内容。

二、桥梁上的设计作用

结构上的作用是指施加在结构上的一组集中力或分布力，或引起结构外加变形或约束变形的原因，前者称为直接作用，后者称为间接作用。直接作用也称为荷载。

合理选择桥梁上的作用并按作用发生概率进行组合，是比结构分析更为重要的问题，因为它关系到桥梁结构在它的有限寿命期限内的安全和桥梁建设费用的合理投资。近年来，由于交通量的不断增加，大型超重车辆的不断出现，风荷载、地震荷载的重要性愈显突出等，导致实际或可能在桥梁结构上的作用越来越复杂，这就为桥梁荷载的选定和分析造成了困难，常因初始设计荷载选定的滞后，而造成桥梁早期破坏或加固。习惯上我们仍把"作用"称为"荷载"。

（一）公路桥梁的作用

1. 作用的分类

第一，永久作用（恒载）。是指在设计基准期内始终存在，其值不随时间变化或其变化值与平均值相比可以忽略不计的作用。它包括结构重力、预加力、土的重力及侧压力、混凝土收缩及徐变作用、基础变位作用和水的浮力。

第二，可变作用。是指在设计基准期内随时间变化，且其变化值与平均值相比不可忽略的作用。可变作用包括汽车荷载、汽车冲击力、汽车离心力、汽车引起的土侧压力、人群荷载、汽车制动力、疲劳荷载、风荷载、冰压力、流水压力、波浪力、温度作用及支座摩阻力。

第三，偶然作用。是指在设计基准期内不一定出现，而一旦出现其量值很大，且持续时间较短。它包括船舶或漂浮物的撞击作用、汽车撞击作用。

2. 作用的代表值

公路桥梁在设计时，对不同的作用采用不同的代表值。

第一，永久作用应采用标准值作为代表值。结构物的重力（包括结构的附加重力），可按照结构的实际体积或设计时所假定的体积与材料密度计算确定，该值为永久作用的标准值。对于预应力混凝土结构，预加应力在结构使用阶段设计时，应作为永久作用计算其效应，计算时应考虑相应阶段的预应力损失；在结构承载能力极限状态设计时，预应力不作为荷载，而将预应力筋作为普通钢筋计入结构抗力。

第二，可变作用应根据不同的极限状态分别采用标准值。频遇值或准永久值作为其代表值。承载能力极限状态设计及按弹性阶段计算结构强度时应采用标准值作为可变作用的代表值；正常使用极限状态按短期效应（频遇）组合设计时，应采用频遇值作为可变作用的代表值；按长期效应（准永久）组合设计时，应采用准永久值作为可变作用的代表值。

第三，偶然作用取其设计值作为代表值，可根据历史记载、现场观测和试验，并结合工程经验综合分析确定，也可根据有关标准的专门规定确定。

第四，地震作用的代表值为其标准值。地震作用的标准值应根据《公路工程抗震规范》（JTG B02—2013）的规定确定。

3. 作用组合

桥梁结构按承载能力极限状态设计时，对持久设计状况和短暂设计状况应采用作用的基本组合，对偶然设计状况应采用作用的偶然组合，对地震设计状况应采用作用的地震组合。桥梁结构正常使用极限状态设计时，应根据不同的设计要求，采用作用的频遇组合或准永久组合。

4. 公路桥梁上的汽车荷载

桥梁上行驶的车辆荷载种类繁多，有各种汽车、平板挂车等，而同一类车辆又有许多不同型号和载重等级。随着交通运输事业和高速路的发展，车辆的载重质量还将不断增大。因此，需要拟定一种既满足目前车辆情况和将来发展需要，又能便于在设计中应用简明统一的荷载标准。通过对实际车辆的轮轴数目前后轴间距、轴压力等情况分析、综合和概括，在《公路桥涵设计通用规范》（JTG D60—2015）中，规定了桥涵设计的标准化荷载。将汽车荷载分为公路-Ⅰ级和公路-Ⅱ级。桥梁设计时，汽车荷载按车道荷载或车辆荷载计算。车道荷载由均布荷载和集中荷载组成。桥梁结构整体计算采用车道荷载，桥梁结构局部加载、涵洞、桥台和挡土墙土压力等的计算采用车辆荷载。车辆荷载与车道荷载不得叠加。

（二）城市桥梁汽车荷载

《城市桥梁设计规范》（CJJ 11—2011）适用于城市内新建、改建的永久性桥梁与涵洞、高架道路及承受机动车的结构物荷载设计。在此标准中采用两级荷载标准，即城—A级和城—B级。城—A级总轴重 700kN，适用于快速路及主干路；城—B级荷载总轴重

300kN，适用于次干路及支路。在城市桥梁设计中，汽车荷载可分为车辆荷载和车道荷载。桥梁的横隔梁、行车道板、桥台或挡土墙后土压力的计算应采用车辆荷载；桥梁的主梁、主拱圈和主桁架等的计算应采用车道荷载。当进行桥梁结构计算时，不得将车辆荷载与车道荷载的作用叠加。

三、桥面布置与构造

（一）桥梁纵断面设计

桥梁纵断面设计包括确定桥的总跨径、桥梁的分孔、桥道的高程、桥上和桥头引道的纵坡及基础的埋置深度等。

1. 桥梁总跨径的确定

对于一般跨河桥梁，总跨径可参照水文计算来确定。桥梁的总跨径必须保证桥下有足够的排洪面积，使河床不致遭受过大的冲刷。另一方面，根据河床土壤的性质和基础的埋置情况，设计者应根据河床的允许冲刷深度，适当缩短桥梁的总长度，以节约总投资。由此可见，桥梁的总跨径应根据具体情况经过全面分析后加以确定。例如，对于在非坚硬岩层上修筑的浅基础桥梁，总跨径应该大一些而避免路堤压缩河床；对于深埋基础，一般允许较大的冲刷，总跨径就可适当减小。山区河流一般河床流速已经很大，应尽可能少压缩或不压缩河床；而平原区的宽滩河流虽然可允许较大的压缩，但必须注意壅水对河滩路堤、附近农田和建筑物可能造成的危害。

2. 桥梁的分孔

一座较长的桥梁应当分成几孔，各孔的跨径大小不仅影响使用效果、施工难易等，还在很大程度上关系到桥梁的总造价。跨径越大、孔数越少，上部结构的造价就越高，墩台的造价就减少；反之，上部结构的造价降低，墩台造价将提高。这与桥墩的高度及基础工程的难易程度有密切关系。最经济的分孔方式就是使上、下部结构的总造价趋于最低。

对于通航河流，在分孔时首先应考虑桥下通航的要求。桥梁的通航孔应布置在航行最方便的河域。对于变迁性河流，因为航道位置可能发生变化，需要多设几个通航孔。

在平原地区的宽阔河流上修建多孔桥时，通常在主槽部分按需要布置跨径较大的通航孔，而在两旁浅滩部分则按经济跨径进行分孔。如果经济跨径比通航要求还大，则通航孔也应取用较大跨径。

在山区的深谷上、在水深流急的江河上或在水库上修桥时，为了减少中间桥墩，应加大跨径。条件允许的话，甚至可采用特大跨径单孔跨越。

在布置桥孔时，有时为了避开不利的地质段（如岩石破碎带、裂隙、溶洞等），可将桥基位置移开，或适当加大跨径。对于某些体系的多孔桥梁，为了合理使用材料，各孔跨径应有适宜的比例关系。

为了使钢筋混凝土连续梁桥的中跨和相邻边跨的跨中最大弯矩接近相等，其中跨与相邻边跨的跨径比值，对于三跨连续者约为 1.00∶0.80，对于五跨连续者约为 1.00∶0.90∶0.65。对于悬臂施工的预应力混凝土梁桥，为了简化边孔的施工，往往将边跨做得更小些，如 1.00∶0.65（0.5）。为了使多孔悬臂梁桥的结构对称，最好布置成奇数跨。

从战备方面考虑，应尽量使全桥的跨径做得一样，并且跨径不宜太大，以便于战时抢通和修复。

跨径的选择还与施工能力有关。有时选用较大跨径虽然在经济上是合理的，但受限于当时的施工技术能力和设备条件，不得不将跨径减小。对于大桥施工，基础工程往往对工期起控制作用，在此情况下，从缩短工期出发，应减少基础数量而修建较大跨径的桥梁。桥梁既是交通工程结构物，又是自然环境的美化者，对于一些特别重要的桥梁，更应该显示出社会主义建设的时代特点，因此在整体规划桥梁分孔时必须重视美观上的要求。

总之，大、中桥梁的分孔是一个相当复杂的问题，必须根据使用任务，桥位处的地形和环境，河床地质、水文等具体情况，通过技术经济等方面的分析比较，才能做出比较完美的设计方案。桥梁的分孔布局要适应河床、地质等长期稳定的自然条件，人为地改变自然条件，如通过挖掘河床改变航道位置等的做法是不可取的。

3. 桥道高程的确定

对于跨河桥梁，桥道的高程应保证桥下排洪和通航的需要；对于跨线桥，则应确保桥下安全行车。在平原区建桥时，桥道高程抬高往往伴随着桥头引道路堤土方量的显著增加。在修建城市桥梁时，桥高了两端引道的延伸会影响市容，或者需要设置立体交叉或高架栈桥，将导致造价提高。因此，必须根据设计洪水位、桥下通航（或通车）净空等需要，结合桥型、跨径等一起考虑，以确定合理的桥道高程。有些情况下桥道高程在路线纵断面设计中已做规定。下面介绍确定桥道高程的有关问题：

第一，为了保证桥下流水净空，对于梁式桥，梁底一般应高出设计洪水位（包括壅水和浪高）不小于 50cm，高出最高流冰水位 75cm；支座底面应高出设计洪水位不小于 25cm，高出最高流冰水位不小于 50cm。对于无铰拱桥，拱脚允许被设计洪水位淹没，但淹没深度一般不超过拱圈矢高的 2/3。并且在任何情况下，拱顶底面应高出设计洪水位 1.0m。拱脚的起拱线应高出最高流水位不小于 0.25m。在河流中有形成流水阻塞危险或有漂浮物通过时桥下净空应当按当地具体情况确定。对于有淤积的河床,桥下净空应适当加高。

第二,在通航及通行木筏的河流上,必须设置保证桥下安全通航的通航孔。在此情况下桥跨结构下缘的高程应高出自设计通航水位算起的通航净空高度。所谓通航净空,就是在桥孔中垂直于流水方向规定的空间界限,任何结构构件或航运设施均不得伸入其内。

第三,在设计跨越线路(铁路或公路)的立体交叉时,桥跨结构底缘的高程应高出规定的车辆净空高度。对于公路所需的净空尺寸,见桥梁横断面设计相关内容,铁路的净空尺寸可查阅《铁路桥涵设计规范》(TB 10002—2017)。

桥道高程确定后,就可根据两端桥头的地形和线路要求来设计桥梁的纵断面线形。小桥梁通常做成平坡桥。大、中桥梁为了利于桥面排水和降低引道路堤高度,往往设置从中间向两端倾斜的双向纵坡。桥上纵坡不宜大于4%,桥头引道纵坡不宜大于5%。对位于市镇混合交通繁忙处的桥梁,桥上纵坡和桥头引道纵坡均不得大于3%。桥上或引道处纵坡发生变更的地方均应按规定设置竖曲线。

(二) 桥梁横断面设计

桥梁横断面的设计,主要是确定桥面的宽度和桥跨结构横截面的布置。桥面宽度取决于行车和行人的交通需要。我国公路桥面每条行车道的净宽标准与设计行车速度有关,当设计行车速度在80km/h以上时车道净宽为3.75m,设计行车速度为60~20km/h时车道净宽为3.50~3.00m。我国公路净空界限规定,在规定界限内,不得有任何结构部件等侵入。桥上人行道和自行车道的设置应根据实际需要而定。人行道的宽度为0.75m或1m,大于1m时按0.5m的级差增加。一条自行车道的宽度为1m,当单独设置自行车道时,一般不应少于两条自行车道的宽度。高速公路上的桥梁应设检修道,不宜设人行道。与路基同宽的小桥和涵洞可仅设路缘石或栏杆。漫水桥不设人行道,但可设置护栏。

城市桥梁及位于大、中城市近郊的公路桥梁的桥面净空尺寸,应结合城市实际交通量和今后发展的要求来确定。在弯道上的桥梁应按路线要求予以加宽。

与行车道平设的人行道,两者间应有安全隔离设施,不然人行道和路缘石最好高出行车道面0.25~0.35m,以确保行人和行车的安全。

对于相同桥面净宽的上承式桥和下承式桥的横截面布置,由于结构布置上的需要,下承式桥承重结构的宽度B要比上承式桥的大,而其建筑高度h却比上承式桥的小。

公路和城市桥梁,为了利于桥面排水,应根据不同类型的桥面铺装,设置从桥面中央倾向两侧1.5%~3%的横向坡度。

（三）平面布置

桥梁的线形及桥头引道要保持平顺，使车辆能平稳地通过。高速公路和一级公路上的大、中桥，以及各级公路上的小桥的线形及其与公路的衔接，应符合路线布设的规定。

二、三、四级公路上的大、中桥线形一般为直线，如必须设成曲线，其各项指标应符合路线布设规定。

从桥梁本身的经济性和施工方便来说，应尽可能避免桥梁与河流或桥下路线斜交，但对于一般小桥，为了改善路线线形，或城市桥梁受原有街道的制约时，也允许修建斜交桥，斜度通常不宜大于45°。在通航河流上斜交不能避免时，交角不宜大于5°，当交角大于5°时，宜增加通航孔净宽。

第二节　桥梁工程基础

一、桥梁工程的地位和作用

桥梁工程指桥梁勘测、设计、施工、养护和检定等的工作过程，以及研究这一过程的科学和工程技术，它是土木工程的一个分支。桥梁工程不但在工程规模上占公路总造价的10%~20%，而且往往是交通运输的咽喉，是保证全线早日通车的关键。桥梁工程学的发展主要取决于交通运输对它的需要。

桥梁工程学主要研究桥渡设计，包括选择桥址，确定桥梁孔径，考虑通航和线路要求以确定桥面高度，考虑基底不受冲刷或冻胀以确定基础埋置深度，设计导流建筑物等；桥式方案设计；桥梁结构设计；桥梁施工；桥梁检定；桥梁试验；桥梁养护等方面。

古代桥梁以通行人、畜为主，载重不大，桥面纵坡可以较陡，甚至可以铺设台阶。自从有了铁路以后，桥梁所承受的载重逐倍增加，线路的坡度和曲线标准要求又高，且需要建成铁路网以增大经济效益，因此，为了跨越更大更深的江河、峡谷，迫使桥梁向大跨度发展。在建桥材料方面，以高强、轻质、低成本为选择的主要依据，仍以发展传统的钢材和混凝土为主，提高其强度和耐久性。石材、木材、铸铁、锻铁等桥梁材料，显然不合要求，而钢材的大量生产正好满足这一要求。

大力发展交通运输事业，建立四通八达的现代交通网络，对于发展国民经济、促进文化交流、巩固国防等方面，都具有非常重要的意义。20世纪60年代以来，由于科学技术的进步，全民经济、文化水平的提高，人们对桥梁建筑提出了更高的要求。现代高速公路上迂回交叉的各式立交桥，城市内环线建设的各种高架桥，长江、黄河等大江大河上的新颖大跨度桥梁等，如雨后春笋，频频建成。路桥建设的突飞猛进，对促进我国地域性经济腾飞，起到了关键性的作用。

二、桥梁的基本组成与分类

（一）桥梁的基本组成部分

桥梁一般由上部结构、下部结构和附属设施组成。

上部结构包括桥跨结构和支座系统两部分。桥跨结构是指直接承重并架空的结构部分；支座系统的作用是支撑桥跨结构并把荷载传递给墩台，并保证桥跨结构能够满足一定的变位要求。

下部结构包括桥墩、桥台和墩台的基础。其作用是支撑上部结构，并将结构的荷载向下传递给地基。桥台设在桥跨结构的两端，桥墩设在两桥台之间。桥台除了起支承桥跨结构的作用，还起到与路堤衔接、抵御路堤土压力、防止路堤滑坡的作用。因此，桥台两侧常设置锥体护坡。

墩台的基础是承受由上至下的全部作用（包括交通荷载和结构自重）并将其传至地基的结构部分。它通常埋于土层中或建筑在基岩上，常常需要在水下施工，因而也是桥梁建筑中情况比较复杂的部分。

附属设施包括桥面铺装、排水防水系统、伸缩缝、栏杆和灯光照明等。它与桥梁的服务功能密切相关，对桥梁行车的舒适性和结构物的外观质量有着重要影响，因而在桥梁设计中要对附属设施给予足够的重视。

（二）桥梁的分类

1. 桥梁按结构体系分类

（1）梁式桥

梁式桥是一种在竖向荷载作用下无水平反力的结构。由于外力（恒载和活载）的作用方向与承重结构的轴线接近垂直，故与同样跨径的其他结构体系相比，梁内产生的弯矩最大，通常须用抗弯能力强的材料（钢、木、钢筋混凝土等）来建造。为了节约钢材和木料（木桥使用寿命不长，除临时性桥梁或战备需要外，一般不采用），目前在公路上应用最广的是预制装配式的钢筋混凝土简支梁桥。这种梁桥的结构简单，施工方便，对地基承载能力的要求也不高，但其常用跨径在 25m 以下。当跨度较大时，需要采用预应力混凝土简支梁桥，但跨度一般也不超过 50m。为了达到经济、省料的目的，可根据地质条件等修建悬臂式或连续式的梁桥。对于很大跨径，以及承受很大荷载的特大桥梁，可建造使用高强度材料的预应力混凝土梁桥，也可建造钢桥。

（2）拱式桥

拱式桥的主要承重结构是拱圈或拱肋。在竖向荷载作用下，桥墩或桥台将承受水平推力。同时，这种水平推力将显著抵消荷载在拱圈（或拱肋）内引起的弯矩作用。因此，与同跨径的梁相比，拱的弯矩和变形要小得多。鉴于拱桥的承重结构以受压为主，通常就可用抗压能力强的圬工材料（如砖、石、混凝土）和钢筋混凝土等来建造。

拱桥的跨越能力很大，外形也较美观，在条件许可的情况下，修建拱桥往往是经济合理的。同时应当注意，为了确保拱桥能安全使用，下部结构和地基必须能经受住很大的水平推力。此外，拱桥的施工一般要比梁桥困难些。对于很大跨度的桥梁，也可建造钢拱桥。

在地基条件不适于修建具有强大推力的拱桥的情况下，必要时也可建造水平推力由钢或预应力筋做成抗拉系杆来承受的系杆拱桥。近年来，还发展了一种"飞鸟式"三跨无推力拱桥，即在拱桥边跨的两端施加强大的预加力，传至拱脚，以抵消主跨拱脚巨大的恒载水平推力。

（3）刚架桥

刚架桥的主要承重结构是梁或板和立柱或竖墙整体结合在一起的刚架结构，连接处刚性很大。在竖向荷载作用下，梁部主要受弯，而在柱脚处也具有水平反力，其受力状态介于梁桥与拱桥之间。刚架桥跨中的建筑高度可以做得较小。当遇到线路立体交叉或需要跨越通航江河时，采用这种桥型能尽量降低线路高程，以改善纵坡并减少路堤土方量。但普通钢筋混凝土修建的刚架桥施工比较困难，梁柱刚接处较易开裂。

T 形刚构是修建较大跨径钢筋混凝土桥曾采用的桥型，它是结合了刚架桥和多孔静定悬臂梁桥的特点发展起来的一种多跨结构。对于普通钢筋混凝土 T 形刚构桥，由于悬臂根部的负弯矩很大，修建时不仅钢材用量大，而且控制混凝土裂缝的开展成了难题，因此跨径不能做得太大（通常 40~50m），目前已很少采用。

预应力混凝土工艺的发展，使得 T 形刚构桥和连续刚构桥得到了很大的推广。特别是采用了悬臂安装或悬臂浇筑的分段施工方法后，不但加速了修建大跨度桥梁的施工速度，也克服了要在江河或深谷中搭设支架的困难。

多跨连续刚构桥属多次超静定结构，在设计中一般应减小墩柱的抗弯刚度，否则会在结构内引起较大的附加内力。对很长的桥，为了降低这种附加内力，往往在两侧的边跨设置活动铰支座，甚至将主跨的墩柱做成双壁式结构。

当跨越陡峭河岸和深邃峡谷时，修建斜腿式的刚构桥往往既经济合理，又造型轻巧美观。由于斜腿墩柱置于岸坡上，有较大斜角，在主梁跨度相同的条件下，斜腿刚构桥的桥梁跨度比门式刚构桥要大得多。

T形刚构桥的悬臂主梁主要承受负弯矩，因此，横截面宜用箱形截面。连续刚构桥和斜腿刚构桥的主梁受力与连续梁相近，通常也采用各式箱形横截面。

（4）悬索桥

传统的悬索桥（也称吊桥）均用悬挂在两边塔架上的强大缆索作为主要承重结构。在竖向荷载作用下，通过吊杆使缆索承受很大的拉力，通常就需要在两岸桥台的后方修筑非常巨大的锚碇结构。悬索桥也是具有水平反力（拉力）的结构。现代悬索桥广泛采用高强度钢丝成股编制的钢缆，以充分发挥其优异的抗拉性能，因此结构自重较轻，就能以较小的建筑高度跨越其他任何桥型无与伦比的特大跨度。悬索桥的另一特点是：成卷的钢缆易于运输，结构的组成构件较轻，便于无支架悬吊拼装。在我国西南山岭地区和遭受山洪泥石冲击等威胁的山区河流上，当修建其他桥梁有困难时，往往采用悬索桥。

近年来，鉴于对桥梁美观的要求，在不宜修建锚碇的情况下，也可建造将主缆锚固在主梁两端的"自锚式"悬索桥。这种桥型虽然很有特色，但其结构设计和施工工艺比较复杂，经济性较差，跨径也不宜过大，目前最大跨径为385m。

相对于前面所说的其他体系而言，悬索桥的自重轻，结构的刚度差，在车辆动荷载和风荷载作用下，桥有较大的变形和振动。可以说，整个悬索桥的发展历史，是不断研究和克服其有害的变形与振动的历史，也是争取其结构刚度的历史。

（5）斜拉桥

斜拉桥由斜索、塔柱和主梁组成。用高强钢材制成的斜拉索将主梁多点吊起，并将主梁的恒载和车辆荷载传至塔柱，再通过塔柱基础传至地基。这样，跨度较大的主梁就像一根多点弹性支承（吊起）的连续梁一样工作，从而可使主梁尺寸大大减小，结构自重显著减轻，既节省了结构材料，又大幅提高了桥梁的跨越能力。与悬索桥相比，斜拉桥的结构刚度大，即在荷载作用下的结构变形小得多，且其抵抗风振的能力也比悬索桥好，这也是在斜拉桥可能达到的大跨度情况下使悬索桥逊色的重要因素。

斜拉桥的斜索组成和布置、塔柱形式及主梁的截面形状是多种多样的，我国常用平行高强钢丝束、平行钢绞线束等制作斜索，并用热挤法在钢丝束上包一层高密度的黑色聚乙烯（HDPE）外套进行防护。

斜索在立面上也可布置成不同形式。各种索形在构造和力学上各有特点，在外形美观上也各具特色。常用的索形布置为竖琴形和扇形两种。另一种是斜索集中锚固在塔顶的辐射形布置，因其塔顶锚固结构复杂而较少采用。

常用的斜拉桥是三跨双塔式结构，但在实践中也往往根据河流、地形、通航要求等情况，采用对称与不对称的独塔双跨式斜拉桥。

斜拉桥是半个多世纪以来最富想象力和构思、内涵最丰富且引人注目的桥型，它具有广泛的适应性。一般说来，对于跨度 200~700m，甚至超过 1000m 的桥梁，斜拉桥在技术和经济上都具有相当优越的竞争能力。诚然，随着斜拉桥跨度的增大，将会面临塔过高和斜索过长等一系列技术难点，这不仅涉及高耸塔柱抗震和抗风等动力稳定方面的问题，还有主梁受压力过大及长斜索因自重垂度增大而引起的种种技术问题。必须提到的是，斜拉桥的斜索可以说是这种桥梁的生命线，国内外已发生过几起通车仅几年就因斜索腐蚀严重而导致全部换索的实例。因此，确保其使用寿命仍是当今桥梁界十分关切和重视的重要课题。随着高性能新材料的开发、计算理论的进一步完善、施工方法的改进，特别是设计构思的不断创新，斜拉桥还会向更大跨度和更新的结构形式发展。

（6）组合体系桥

除了以上五种桥梁的基本体系，根据结构的受力特点，还有由几种不同体系的结构组合而成的桥梁，称为组合体系桥。例如，梁和拱组合体系桥中的梁和拱都是主要承重结构，两者相互配合共同受力。由于吊杆将梁向上（与荷载作用的挠度方向相反）拉，显著减小了梁中的弯矩；同时，由于拱与梁连接在一起，拱的水平推力就传给梁来承受，这样梁除了受弯还受拉。这种组合体系桥能跨越较一般简支梁桥更大的跨度，墩台没有推力作用，因此对地基的要求就与一般简支梁桥一样。

2. 桥梁的其他分类方法

除了上述按受力特点将桥梁分成不同结构体系，还可按桥梁用途、大小规模和建桥材料等进行分类。

（1）按桥梁用途来划分

按用途可分为公路桥、铁路桥、公铁两用桥、公轨两用桥、农桥、人行桥、水运桥（渡槽）及其他专用桥（如通过管道、电缆等）。

（2）按主要承重结构所用材料划分

按所用材料可分为圬工桥（包括砖、石、混凝土桥）、钢筋混凝土桥、预应力混凝土桥、钢桥、钢—混凝土组合桥和木桥等。

（3）按桥梁全长和跨径不同划分

按桥梁全长和跨径不同可分为特大桥、大桥、中桥、小桥和涵洞。

（4）按跨越障碍的性质划分

按跨障性质可分为跨河桥、跨线桥（立体交叉）、高架桥和栈桥。高架桥一般指跨越深沟峡谷以代替高路堤的桥梁。为将车道升高至周围地面以上并使下面的空间可以通行车辆或做其他用途而修建的桥梁，称为栈桥。

（5）按上部结构的行车位置划分

按上部结构行车位置可分为上承式桥、下承式桥和中承式桥。桥面布置在主要承重结构以上的称上承式桥，桥面布置在桥跨结构高度中间的称中承式桥，桥面布置在承重结构以下的称下承式桥。上承式桥结构简单，施工方便，且其主梁或拱肋的数量和间距可按需要调整，以求得经济合理的布置；同时，在上承式桥上行车时，视野开阔，视觉舒适，所以公路桥梁一般尽可能采用上承式桥。但上承式桥的不足之处是桥梁的建筑高度较大，因此在建筑高度受严格限制的情况下，就应采用下承式桥或中承式桥。

（6）按桥跨结构的平面布置划分

按平面布置可分为正交桥、斜交桥和弯桥。

除上述的桥梁分类方法外，还有按桥梁使用时间长短划分的永久性桥梁和临时性桥梁。除了固定式的桥梁，还有开启桥、浮桥和漫水桥等。

第三节 桥梁墩台

一、概述

桥梁墩台和基础是桥梁结构的主要组成部分。其中，桥墩和桥台是支撑桥梁上部结构并将桥上荷载依次传递给基础和地基的建筑物。通常把设置在桥梁两端的称为桥台，把设置在多跨桥梁中间的称为桥墩。

基础是介于墩身和地基之间的传力结构，是桥梁下部结构的核心。基础的质量影响着桥梁结构的质量。这里所谓的地基是指承受桥梁各种作用的地层，坚实的地基是桥梁安全性的保障。

桥梁墩台和基础是确保桥梁安全使用的关键。桥梁发展初期，由于科学技术的限制，为了保证桥梁安全使用，桥梁墩台的基础设计均采用的是厚重、粗犷的结构。科学技术的发展、各种新型材料的研发及各种施工方法的涌现，使得桥梁下部结构的种类和样式日益增多，墩、台与基础的结构类型也变得轻便、精巧。以桥墩为例，早期的桥墩多以重力式桥墩为主，现今的桥墩则以轻型桥墩居多。

二、桥墩的类型和构造

桥墩按其墩身结构形式可分为重力式桥墩和轻型桥墩两类。其中，现阶段桥梁以轻型桥墩居多。轻型桥墩外形轻巧美观且变化多样，现阶段较为常见的独柱式或排柱式、倾斜式、双叉形、四叉形、T 形、V 形和 X 形等均属于轻型桥墩。

（一）梁式桥墩的类型及构造

1. 空心式桥墩

空心式桥墩是桥墩向轻型化、机械化方向发展的途径之一。空心式桥墩可以充分利用材料的强度，减轻桥墩自重，同样高度的空心墩比实体墩节省圬工 20%～30%，钢筋混凝土空心墩可节省混凝土 50%左右。空心式桥墩的截面形式有圆形、圆端形、长方形等，其中，圆形及圆端形的截面形式便于使用滑模施工。其构造特点如下：

第一，墩身最小壁厚，对于钢筋混凝土不小于 30cm，对于混凝土不小于 50cm。

第二，墩身可设横隔板，以加强墩壁的局部稳定。因为设置横隔板对滑模施工比较困难，当壁厚与半径比大于 1/10 时，可以不设置横隔板。设置横隔板时，其间距可取 6～10m。

第三，空心式桥墩的顶部可设置实体段，以便布置支座、均匀传力并减少对墩壁的撞击，高度可设为 1~2m。墩身与顶面或底部交界处，应采用墩壁局部加厚或设置实体段，以改善应力集中现象。如重庆长江大桥的空心式桥墩。

第四，墩身周围应设置适当的通风孔或泄水孔，孔的直径不小于 20cm；在墩顶实体段以下应设置带门的进人洞或相应的检查设备。

厚壁空心式桥墩的刚度较大，常在预应力混凝土 T 形刚构桥中采用；薄壁空心式桥墩，在流速大并夹有大量泥砂石的河流，以及在可能有船只、冰和漂流无冲击的河流中不宜采用。空心式墩可以采用钢滑动模板施工，具有施工速度快、质量好、节省模板支架的优点，特别对于高桥墩，更能显示出其优越性。

2. 柔性墩

柔性墩是桥墩轻型化的途径之一，它的主要特点是：可以通过一些构造措施，将上部结构传来的水平力（制动力、温度影响力等）传递到全桥的各个柔性墩或相邻的刚性墩、台上，以减少单个柔性墩受到的水平力，从而达到减小桩墩截面的目的。理论分析和试验表明：作用在桥梁上的水平力将按各墩台的刚度分配，使每个柔性墩水平力较小，所以柔性墩可以采用单排桩墩、柱式墩或其他薄壁式桥墩。

柔性墩的优点是用料省，修建简便，施工速度快；主要缺点是用钢量大，适用高度和承载能力都受到一定的限制。因此，它适用于低浅宽河流、通航要求和流速不大的水网地区河流上修建的小跨径桥。

3. 薄壁墩

钢筋混凝土薄壁墩是一种新型桥墩，截面形式有一字形、I 形、箱形等，圆形的薄壁空心墩也是钢筋混凝土薄壁墩的类型之一。与柔性排架墩相比，钢筋混凝土薄壁墩虽圬工用量多，但对漂流物及流冰的抵抗能力要强些，同时比重力式桥墩节约圬工 70%。其中，一字形的薄壁墩构造简单、轻巧、工程体积小，适用于地基承载力较弱的地区。其外形除了可做成常见的一字形，还可做成 V 形、Y 形或其他形状。

（二）拱式桥墩的类型和构造

拱桥是一种能够产生推力的结构，桥墩承受拱跨结构传来的荷载，除了垂直力以外，还有较大的水平推力和弯矩，这是拱桥与梁桥最大的不同之处。故拱桥墩台的尺寸一般比梁桥的大，必须具有足够的强度和稳定性。

1. 重力式桥墩

重力式桥墩属于普通墩，除了承受相邻两跨结构传来的垂直反力，一般不承受恒载水平推力或承受很小的不平衡水平推力。重力式桥墩由墩帽、墩身等组成。

2. 柱式桥墩

柱式桥墩属于普通轻型桥墩，一般为配合钻孔灌注桩基础使用，从外形上看与梁桥的桩柱式桥墩相似，主要差别：在梁桥墩帽上设支座，在拱桥墩顶部分设置拱座。

3. 单向推力墩

在多孔拱桥中，为了防止一孔破坏危及全桥，或采用无支架或早脱架施工时可能出现的裸拱或全桥的单向恒载推力对桥墩的作用，必须每 3~5 孔设置一个单向推力墩，或者采用其他能够抵抗单向推力的措施。

单向推力墩又称为制动墩，主要作用是当一侧的桥孔因某种原因遭受毁坏时，能承受住单向的恒载水平推力，以保证另一侧的桥孔不致坍塌。有时，为了施工的需要，常常将桥台与桥墩之间或者两个桥墩之间作为一个施工段进行分段施工，这时也要设置单项推力墩承受部分恒载的单向推力。因此，普通墩一般可以薄一些，单向推力墩则要做厚一些。单向推力墩的形式有以下几种。

（1）悬臂墩

悬臂墩是在桩柱式墩上加一对悬臂，拱铰支撑在悬臂端的一种桥墩。当一孔坍塌时，可以通过另一侧拱座的竖向分力与悬臂长所构成的稳定力矩来平衡拱的水平推力所导致的倾覆力矩。这种形式适用于两铰双曲拱桥。但由于其墩身较薄，受力后悬臂端会有一定位移，因而对于无铰拱会有附加内力产生。

（2）斜撑墩

在柱式墩的每根立柱两侧增设一对钢筋混凝土斜撑的墩称为斜撑墩。斜撑是指构造处理上只能承受压力，不能承受拉力和水平拉杆。斜撑墩可以提高抵抗恒载单向推力的能力，从而保证一孔被破坏而不影响邻孔。为了提高构件的抗裂性，可以采用预应力混凝土结构。这种桥墩只在桥不太高的旱地上采用。

（3）重力式单向推力墩

重力式单向推力墩是在双向重力式桥墩的基础上，通过加大尺寸来承受单向恒载推力的桥墩。此种形式的单向推力墩圬工体积大、用料多，且增加了阻水面积，立面美观也较差。

三、桥台的类型和构造

（一）梁式桥桥台

与桥墩相同，梁式桥桥台也可分为重力式桥台和轻型桥台两类。

1. 重力式桥台

重力式桥台也称实体式桥台，它主要靠自重来平衡台后的土压力。桥台台身多数由石砌、片石混凝土或混凝土等圬工材料建造，并采用就地建造的施工方法。梁桥和拱桥重力式桥台依据桥梁跨径、桥台高度及地形条件的不同，有多种形式，常用的有 U 形桥台、埋置式桥台、八字式桥台和一字式桥台等。

（1）U 形桥台

U 形桥台由台身（前墙）、台帽、基础与两侧的翼墙组成，在平面上呈 U 形结构，故而得名。台身支承桥跨结构，并承受台后土压力；翼墙连接路堤，在满足一定条件时，同前墙共同承受土压力，侧墙外侧设锥形护坡。

U 形桥台构造简单，基础底承压面大，应力较小，可以用混凝土或片石、块石砌筑。但圬工体积大，也增加了对地基的要求。桥台内的填土容易积水，结冰后冻胀，使桥台结构产生裂缝。U 形桥台适用于填土高度 8~10m 的中等以上跨径的桥梁，要求桥台中间填料用渗水性较好的土夯填，并做好台背排水。

（2）埋置式桥台

埋置式桥台台身埋置于台前溜坡内，无须另设翼墙，仅由台帽两端的耳墙与路堤衔接。例如，直立式埋置桥台、后倾式埋置桥台使台身重心向后，用以平衡台后填土的倾覆力矩，但倾斜度应适当。

埋置式桥台，台身为圬工实体，台帽及耳墙采用钢筋混凝土，当台前溜坡有适当保护不被冲毁时，可考虑溜坡填土的主动土压力。因此，埋置式桥台圬工数量较省，但由于溜坡深入桥孔，压缩了河道，有时需要增加桥长。它适用于在桥头为浅滩，溜坡受冲刷较小，填土高度在 10m 以下的中等跨径的多跨桥。当地质情况较好时，可将台身挖空成拱形，以节省圬工，减轻自重。

2. 轻型桥台

钢筋混凝土轻型桥台，其构造特点是利用钢筋混凝土结构的抗弯能力来减少圬工体积而使桥台轻型化。主要包括薄壁轻型桥台、带有支撑梁的轻型桥台及双柱式桥台等。

（1）薄壁轻型桥台

薄壁轻型桥台常用的形式有悬臂式、扶壁式、撑墙式及箱式等。在一般情况下，悬臂式桥台的混凝土数量和用钢量较大，撑墙式与箱式的模板用量较大。薄壁轻型桥台的优点与薄壁墩类似，可依据桥台高度、地基强度和土质等因素选定。

（2）带有支撑梁的轻型桥台

单跨或少跨的小跨径桥，在条件许可的情况下，可在轻型桥台之间或台与墩间设置 3~5个支撑梁。支撑梁设在冲刷线或河床铺砌线以下。梁与桥台设置锚固栓钉，使上部结构与支撑梁共同承受台后土压力。此时，桥台与支撑梁及上部结构形成四铰框架来受力。轻型桥台可采用八字式或一字式翼墙挡土，如地形许可，也可做成耳墙，形成埋置式轻型桥台并设置溜坡。

（3）双柱式桥台

当桥较宽时，可采用双柱式桥台。填土高度小于 5m 时，为了减少桥台水平位移，也可先填土后钻孔。

填土高度大于 5m 时，可采用墙式，墙厚一般为 0.4~0.8m，设少量钢筋，台帽可做成悬臂式或简支式，需要配置受力钢筋。半重力式构造与墙式相同，墙较厚，不设钢筋。

当柱式桥台采用钻孔桩基础并延伸做台身时，可不设承台。柱式和墙式桥台一般在基础之上设置承台。

（4）其他组合式桥台

组合式桥台的出现不仅使桥台变得更为轻型化，而且变得更为安全。组合式桥台在使用过程中只承受本身桥跨结构传来的竖向力和水平力，而台后的土应力则由其他结构承受。

①锚碇式桥台（锚拉式）

锚碇式桥台有分离式和结合式两种形式。分离式是台身与锚碇板、挡土结构分开，台身主要承受上部结构传来的竖向力和水平力，锚碇板设施承受土压力。锚碇板结构由锚碇板、立柱、拉杆和挡土板组成。桥台与锚碇板结构间预留空隙，上端做伸缩缝，桥台与锚碇板结构的基础分离，互不影响，使受力明确，但结构复杂，施工不方便。结合式锚碇板式桥台的构造，它的锚碇板结构与台身结合在一起，台身兼做立柱或挡土板。假定作用在台身的所有水平力均由锚碇板的抗拔力来平衡，台身仅承受竖向荷载。结合式结构简单，施工方便，工程量较省，但受力不是很明确，若台顶位移量计算不准，可能会影响施工和运营。

②过梁式（框架式）组合桥台

桥台与挡土墙用梁结合在一起的桥台为过梁式的组合桥台，可使桥台与桥墩的受力相同。当梁与桥台、挡土墙刚接，则形成框架式组合桥台。框架的长度及过梁的跨径由地形及土方工程比较确定，组合式桥台越长，需要的梁的材料数量就越多，而桥台及挡土墙的材料数量就相应地有所减小。

③桥台与挡土墙组合桥台

该类桥台由轻型桥台支承上部结构，台后设挡土墙承受土压力。台身与挡土墙分离，上端做伸缩缝，使受力明确。当地基比较好时，也可将桥台和挡土墙放在同一个基础之上。这种组合式桥台可采用轻型桥台，而且可不压缩河床，但构造复杂，是否经济须通过比较确定。

（二）拱桥桥台

1. 重力式 U 形桥台

重力式 U 形桥台由台身（又称为前墙）和平行于行车方向的侧翼墙组成。常采用锥形护坡与路堤连接，锥坡的坡度根据加固形式、坡高、地形等确定，一般为 1/1.5 ~ 1/1。其构造基本与梁桥重力式桥台类似。

2. 齿槛式桥台

齿槛式桥台的基础底板面积较大，基底应力较小，因此它可用于较软弱的地基。这种桥台在底板下设齿槛，以增大摩阻力和抗滑稳定性。齿板宽度和深度一般不小于 0.50m。为增加刚度，在底板上拱座与后挡板之间设撑墙。利用后挡板后面原状地基土及前墙背面填土的侧压力来平衡拱的推力。它一般用于河床冲刷不大的中小跨径拱桥。

3. 空腹式（L 形）桥台

空腹式桥台的后墙与底板形成 L 形。为增加刚度，在拱座与后墙间设撑墙。前墙与后墙之间用撑墙相连，平面上形成目字形。它充分利用后背土抗力和基底摩阻力来平衡拱推力，适用于地基较软、冲刷较小的河床，也可用于大中跨径的拱桥。

4. 组合式桥台

组合式桥台由台身和后座两部分组成。台身承受拱的垂直压力，由后座的自重摩阻力及台后的土侧压力来平衡拱推力。因此，后座基底的高程应低于起拱线的高程。台身与后座间应密切贴合并设沉降缝，以适应两者的不均匀沉降。在地基土质较差时，后座地基也应该处理，以免后座的后倾斜导致台身和拱圈变形。

四、基础的类型和构造

基础是放置于地基之上，并将桥墩、桥台产生的荷载传递给地基的结构。基础的质量决定着桥梁结构的安全，而坚实的地基是基础质量的保证。地基可根据处理方式分为天然地基和人工地基两类。未经人工处理就可以满足设计要求的地基称为天然地基。如果天然地基土质过于软弱或存在不良工程地质问题，需要经过人工加固或处理后才能修筑基础，这种地基称为人工地基。与地基相比，基础的形式较多，常用的有浅基础、深基础和深水基础三种。浅基础与深基础是根据基础埋置深度（自地面或局部冲刷线到基础底面的距离）确定的，通常将埋置较浅且施工相对简单的基础称为浅基础。浅基础计算可忽略侧面土体的摩阻力和侧向抗力，如刚性扩大基础、柔性扩大基础等。若浅层土质不良，须将基础置于较深的良好土层上，且在设计计算中不能忽略基础侧面土体的摩阻力和侧向抗力的基础形式，称为深基础，如桩基础、沉井基础、地下连续墙等。深水基础则与基础的埋置深度无直接关系，因在水下部分较深，在设计和施工中必须考虑水深对基础的影响。

（一）天然地基上的浅基础

天然地基上的浅基础根据受力条件及构造可分为刚性基础（也称无筋扩展基础）和钢

筋混凝土扩展基础两大类。

1. 刚性基础

刚性基础通常是由砖、块石、毛石、素混凝土、三合土和灰土等材料建造的且不需要配置钢筋的基础。这些材料有较好的抗压性能，但抗拉、抗剪强度不高，设计时要求限定基础的扩展宽度和基础高度的比值，以避免基础内的拉应力和剪应力超过其材料强度。基础的相对高度一般都比较大，几乎不会发生弯曲变形，所以习惯上称为刚性基础。其特点是稳定性好、施工简便、能承受较大的荷载，主要缺点是自重大，且当基础持力层为软弱土时，由于扩大基础面积有一定限制，须对地基进行处理或加固后才能采用。对于荷载大或上部结构对沉降差较敏感的情况，当持力层为深厚软土时，刚性基础作为浅基础是不适宜的。

由于地基强度一般较墩台或墙柱砌体结构的强度低，因而需要将基础平面尺寸扩大以满足地基强度要求，这种刚性基础又称为刚性扩大基础。它是桥涵常用的基础形式，平面形状常为矩形。每边扩大的尺寸最小为 0.20~0.50m，根据土质、基础厚度、埋置深度和施工方法确定。作为刚性基础，每边扩大的最大尺寸应受到材料刚性角的限制。当基础较厚时，可在纵横两个剖面上都做成台阶形，以减小基础自重，节省材料。

2. 钢筋混凝土扩展基础

钢筋混凝土扩展基础主要是用钢筋混凝土浇筑，常见的形式有柱下扩展基础、条形和十字形基础、筏形及箱形基础。其整体性好，抗弯刚度大。如筏形和箱形基础在外力作用下只产生均匀沉降和整体倾斜，这样对上部结构产生的附加应力比较小，基本上消除了由于地基不均匀而引起的建筑物损坏，所以在土质较差的地基上修建高层建筑物时，采用这种基础形式是适宜的。但上述基础形式，特别是箱形基础，钢筋和水泥的用量较大，施工技术要求也较高，所以采用这种基础形式应与其他基础方案比较后再确定。

（二）桩基础

桩基础是桥涵常用的基础，有多种分类方法。

1. 按桩的使用功能分类

按桩的使用功能分类桩基础可分为竖向抗压桩、竖向抗拔桩、水平受荷桩和复合受荷桩。其中，复合受荷桩为承受竖向、水平荷载均较大的桩，应按竖向抗压（或抗拔）桩及水平受荷桩的要求进行验算。在桥梁工程中，桩除了要承担较大的竖向荷载，还要承受由波浪、风、地震、船舶的撞击力及车辆荷载的制动力等侧向荷载，从而导致桩的受力条件更为复杂，尤其是大跨径桥梁更是如此，像这样一类桩基就是典型的复合受荷桩。

2. 按桩的形状和竖向受力情况分类

（1）端承型桩

端承型桩的桩身穿越整个软弱土层，由不可压缩的土层支承，通常是岩床。嵌岩桩就属于端承型桩。端承型桩在竖向荷载作用下，桩身纵向的压缩变形很小或可以忽略不计，桩沿垂直方向移动也很小，因此桩身和土之间摩擦力很小或可忽略水计，可以认为桩顶竖向荷载全部或主要由桩端阻力承受。

（2）摩擦型桩

摩擦型桩的各个方向包括底部都被可压缩的土层包围，在竖向荷载作用下桩向下移动，周围土层对桩产生向上的摩擦力，并在桩端产生向上的反力。桩顶竖向荷载全部或主要由桩侧阻力承受。

如果为了减少摩擦型桩基础的沉降和更好地发挥桩身材料的抗压能力，往往将桩端打入较坚实的土层中，这时可根据桩侧与桩端阻力的发挥程度和分担荷载比例，将其再细分为端承桩、摩擦端承桩及摩擦桩。当桩侧阻力很小时，称为端承桩；桩端阻力很小时，称为摩擦桩；介于两者之间，既有一定桩侧阻力又有一定桩端阻力的桩称为端承摩擦桩。

3. 按桩身材料分类

按桩身材料，可分为钢桩、混凝土桩、木桩和组合材料桩。其中，在桥梁工程中以混凝土桩最为常见。混凝土桩可分为预制桩和灌注桩两种基本类型。

（1）预制桩

预制桩是桩体在施工现场或工厂预制好后再运至工地，用各种沉桩方法埋入地层中。预制桩截面有方形、八边形或中空方形、圆形等，截面边长一般为 250～550mm，管桩截面直径有 400mm、550mm 等。中空型桩更适用于摩擦型桩，因为单位体积混凝土可提供更大的接触面。圆形中空桩基运用离心原理浇制而成。钢筋的作用是抵抗起吊和运输中产生的弯矩、竖向荷载和由水平荷载引起的弯矩。

（2）灌注桩

现场灌注桩是先在地基土中钻孔或挖孔，然后下放钢筋笼和填充混凝土而成。灌注桩的材料除钢筋混凝土和素混凝土外，还有砂、碎石、石灰、水泥和粉煤灰等，这些材料与桩周土构成复合地基，丰富了地基处理的措施。

当持力层承载力较低时，可采用扩底桩，如钻挖成扩底锥孔后再灌注混凝土。其他形成扩底桩的方法有：用内夯管夯击孔底刚浇筑的混凝土，以便形成扩大的混凝土球状物，这样的扩底桩又称夯扩桩；在孔底进行可控制的爆破，形成爆扩桩。灌注桩钢材使用量一般较低，比预制桩经济，造价为预制桩的 40%～70%。灌注桩适用于各种地层，桩长可灵活调整，桩端扩底可充分发挥桩身强度和持力层承载力。但它成桩的质量不易保证，桩身易出现断桩、缩颈、夹泥、沉渣、混凝土析出等质量问题。

4. 按成桩方法分类

按成桩方法分类可分为挤土桩、部分挤土桩和非挤土桩。挤土桩是在成桩过程中大量排挤土，使柱周土受到严重扰动，土的工程性质有很大改变。挤土桩引起的挤土效应使地面隆起和土体侧移，施工常带有噪声，对周围环境有较大影响，但它不存在泥浆及弃土污染问题。这类桩主要有打入或静压成的实心或闭口预制混凝土桩、闭口钢管桩及沉管灌注桩等。部分挤土桩在成桩过程中，引起部分挤土效应，使桩周土受到一定程度的扰动。这类桩主要有打入或压入 H 形钢桩、开口管桩、预钻孔植桩及长螺旋钻孔、冲孔灌注桩等。非挤土桩采用钻孔、挖孔等方式将与桩体积相同的土体排出，对周围土体基本没有扰动，但废泥浆、弃土等可能会对环境造成影响。

（三）沉井基础

沉井基础多用于跨河、跨海桥，其常见分类如下。

1. 按沉井所用材料分类

可分为素混凝土沉井、钢筋混凝土沉井、砖石沉井、钢沉井、竹筋混凝土沉井等。其中，钢筋混凝土沉井适用于大中型工程。钢筋混凝土沉井抗压、抗拉能力强，下沉深度大，可根据工程需要做成各种形状、各种规格的重型或薄壁一般沉井及薄壁浮运沉井、钢丝网水泥沉井等。

2. 按横截面形状分类

可分为单孔沉井、单排孔沉井、多排孔沉井等。其中，单孔沉井是最常见的中小型沉井。沉井的横截面形状有圆形、正方形、椭圆形、圆端形、矩形等。圆形沉井在下沉过程中垂直度和中线较易控制，若采用抓泥斗挖土，可比其他形状沉井更能保证刃脚均匀作用在支承的土层上。在土压力和水压力作用下，井壁只受轴向压力，即使侧压力分布不均匀，弯曲应力也不大，仍能充分利用混凝土抗压强度大的特点。圆形沉井的井壁可薄些，便于机械取土作业，多用于斜交桥或水流方向不定的桥墩基础。矩形沉井符合大多数墩（台）的平面形状，制造方便，能更好地利用地基承载力，但沉井四角处有较集中的应力存在，四角处土不易被挖除，刃脚不能均匀地接触承载土层，且流水中局部水头损失系数较大，冲刷较严重。在土压力和水压力作用下，矩形沉井将产生较大的弯矩，井壁受较大的挠曲应力，长宽比越大，其挠曲应力越大，井壁厚度要大些。通常要在矩形沉井内设隔墙支撑，以增加刚度，改善受力条件。为了减小沉井下沉过程中方形和矩形沉井四角的应力集中和局部水头损失系数，常将四角的直角做成圆角，圆端形沉井井壁受力比矩形沉井好，适宜圆端形桥墩，能充分利用基础圬工。圆端形沉井制造较圆形沉井和矩形沉井复杂。

3. 按沉井竖向剖面形状分类

可分为柱形沉井、锥形沉井及阶梯形沉井。

（1）柱形沉井

柱形沉井竖直剖面上下厚度均相同，为等截面柱的形状，大多数沉井属于这一种。柱形沉井井壁受力较均衡，下沉过程中不易发生倾斜，接长简单，模板可重复利用，但井壁侧阻力较大，若土体密实、下沉深度较大时，易下部悬空，造成井壁拉裂。柱形沉井一般多用于入土不深或土质较松软的情况。

（2）锥形沉井

锥形沉井是指，为了减小沉井施工下沉过程中井筒外壁与土的摩擦阻力，或为了避免沉井由硬土层进入下部软土层时，沉井上部被硬土层夹住，使沉井下部悬挂在软土中发生拉裂，可将沉井井筒制成上小下大的锥形。锥形沉井井壁侧阻力较小，但施工较复杂，模板消耗多，沉井下沉过程中易发生倾斜，多用于土质较密实、沉井下沉深度大、自重较小的情况。通常锥形沉井外井壁坡度为 $1/40 \sim 1/20$。

（3）阶梯形沉井

阶梯形沉井是指，鉴于沉井承受的土压力与水压力均随深度而增大，为了合理利用材料，可将沉井的井壁随深度分为几段，做成阶梯形，下部井壁厚度大，上部厚度小。这种沉井外壁所受的摩擦阻力较小。阶梯形井壁的台阶宽为 $100 \sim 200mm$。

沉井基础一般由井筒、刃脚、隔墙、取土井孔、预埋冲刷管、顶盖板、凹槽、封底混凝土等组成。

第三章　道路桥梁建设

第一节　城市道路建设的节能环保

一、概述

（一）城市道路节能的概念

1. 城市道路节能概念的来源

（1）可持续发展理论

可持续发展理论是于 20 世纪 70 年代提出的对全球范围内的环境破坏、资源过度消耗等问题的一种反思。目前，对可持续发展理论国际社会公认和接受的定义指既满足当代人的需要，又不损害子孙后代满足其需求能力的发展。可持续发展是人类思想的重要飞跃，强调把环境问题与发展问题结合起来考虑，即强调环境与自然资源的长期承载力对发展的重要性，以及发展对改善生活质量的重要性。

（2）绿色交通理论

绿色交通概念可以简单地表述为：一种基于可持续发展的交通理念，强调对"人"的服务，通过对城市土地的综合一体化利用以及倡导和发展绿色交通的交通发展模式。其实现途径主要是：通过倡导城市居民更多采用慢行交通和公共交通的出行方式，减少居民使用小汽车的出行比例；创建低污染、低能耗、低占地，高效率、高品质，有利于社会公平的城市绿色交通发展模式，从而为城市居民的交通出行提供合适的交通服务设施，优化城市的交通条件，创造良好的城市环境。绿色交通涉及的范围超过了人们通常的认知，它既包含交通与环境及资源的关系，又涉及交通与社会的可持续发展，以及交通对社会经济的支持。绿色交通的本质是通过建立维持城市可持续发展的交通体系，以满足人们的交通需求，同时兼顾保护环境、节约资源和社会公平。绿色交通具有明确的可持续发展的交通战略目标，主张以最低的社会成本实现最高的交通效率，与城市土地利用模式相适应，与城市环境相协调，多种交通方式共存，优势互补。

2. 城市道路节能概念的界定

可持续发展战略的根本是控制人口、节约资源和保护环境，节约资源是它的最终目的之一；绿色交通旨在建设方便快捷、安全高效率、低公害的多元化城市交通系统，推动城市的可持续发展，其间接成果是城市道路运输的油耗节约。《绿色建筑评价标准》（GB/T 50378—2019）将绿色建筑定义为在建筑的全寿命周期内，最大限度地节约资源（节能、节地、节水、节材）、保护环境和减少污染，为人们提供健康、适用和高效的使用空间，与自然和谐共生的建筑。在道路行业中，国内一些学者从不同角度提出了绿色公路、低碳公路、节约型公路等概念，从不同角度深化了道路行业可持续发展概念，同时国内外学者在环境保护和生态平衡方面已进行了部分道路环境影响评价的深入的研究工作。

（二）城市道路节能的本质和实现途径

城市道路节能的本质是建造可持续发展的城市道路，在满足人们交通需求的同时，注重资源能源的合理利用。城市道路节能的实现途径可以从以下四个方面考虑：

第一，满足合理的道路交通需求；

第二，优化建设过程和进行资源充分利用；

第三，降低道路运营能耗和行驶车辆的油耗；

第四，优化路用资源分配，倡导绿色出行。

（三）城市道路节能因素分析

1. 城市道路规模影响因素分析

（1）道路的规模确定与资源利用效率

由于城市道路满足其需要的基本通行能力是进行一切道路节能优化设计的前提，因而通过合理规划道路等级以实现道路通行功能，也是进行道路节能评价的重要步骤。城市道路规划设计需要根据实际通行需求，确定合理待建道路的道路等级，既要避免因道路等级设置过高而造成建设资源能源的浪费以及道路功能和交通需求的不匹配，又要避免因道路等级设置过低而造成道路设计使用年限内道路通行不畅，延误车辆的通行效率和增加车辆燃油消耗，同时避免须提前进行道路扩建或改建而造成更大的资源和能源浪费。综上所述，选定合理的道路建设规模一方面能极大地提高城市道路的实际使用寿命；另一方面根据不同等级城市道路在满足交通性能和生活性能偏重的不同，确定的待建道路等级，会对整条道路在设计使用年限内能否提供舒适安全的行驶路况、交通条件以及生活便捷需求产生影响。确定待建道路设计等级是否节能，可以从道路的通行能力、道路服务水平、通行后的交通分流能力等方面予以考虑。

（2）实际行车速度与油耗节约分析

车辆的实际行驶速度与车辆油耗存在重要联系，根据相关研究，当汽车车速保持在"经济时速"范围内，汽车的百公里油耗最低。在城市道路行车油耗问题中，还存在拥堵、非机动车和行人干扰等行驶阻抗干扰问题，如何尽量让汽车减少停车、制动等改变原有运行状态的行驶动作，尽量使汽车在经济速度下连续行驶，是汽车行驶节能与道路状况关系分析中，需要重点考虑的环节。

2. 城市道路选线节能因素分析

（1）交叉口设计通行能力分析

交叉口是城市道路车流、人流相互衔接的重要节点，也是道路交通能否畅通节能的"瓶颈"部位。无论交叉口是否采用了交通管制，车辆在交叉口处均需要经过一个减速、停车、启动、加速的车辆行驶过程，其中所产生的通行延误往往降低了道路的平均行车速度。一般认为，在城市道路中车辆通过交叉口时比正常行驶路段消耗更多的燃料。不同的交叉口由于具有不同的通行能力，其车辆通过油耗也有所差别。例如，当采用立体交叉时，相交道路上的车辆互不影响，车辆能大体保持各自在进入交叉口前的行车速度；当采用平面交叉时，不同的交叉方式对车辆运行流畅度的影响差别较大，如采用多路交叉、错位交叉、畸形交叉，其交叉口通行能力会相对降低。因此，道路的交叉方式、交叉口间距和位置布设，都直接影响着道路的通行节能状况。

（2）城市道路平面线形节能影响分析

城市道路的平面线形设计需要与实际地形保持协调，合理的道路平面线形设计能够有效节约道路建设过程中筑路材料的投入量。同时，由于汽车在进出平曲线特别是较小平曲线时会经历换挡进行减速、匀速、加速的过程，这就使得车辆动能大量损失，同时车辆滚动阻力和内摩阻力增大，导致车辆油耗量急剧增加。因此，控制车辆进出平曲线的次数也是道路线形节约油耗的关键因素。现有的部分研究认为，平曲线的半径关系到车辆速度变化的突变程度，决定了车辆每一次换挡的能耗损失，在平面设计节能因素中也需要考虑。

（3）城市道路纵断面线形节能影响分析

城市道路纵断面设计中，不同的道路纵坡设计对道路节能会产生较大影响。首先，道路纵断面设计是否贴近实际地形，对道路沿线地貌资源的破坏大小和道路土方填挖方量有直接影响；其次，根据现有研究，当道路纵坡超过 3% 后，车辆油耗增加比例会随着道路纵坡的增大持续增加，同时随着爬坡行驶距离的增加，车辆上坡时燃油消耗持续增大；最后，在汽车下坡时需要采取制动，制动过程中汽车的动能通过摩擦转化为热能耗散掉，是一个能量进一步耗损的过程。总的来说，随着道路纵坡的不断增加，车辆通行油耗也会持续增加，节能效果也会逐渐降低。

3. 城市道路路面结构设计节能因素影响

（1）城市道路路面性能节能影响分析

道路的路面状况会直接影响行驶车辆的行车速度、行车安全和舒适性。根据相关的研究成果，高等级路面在提高行车速度、增强车辆行驶的安全性和舒适性方面占有极大优势。例如：沥青路面与砂石路面相比，行车速度可以提高 1.7~2 倍，轮胎使用寿命增加约 20%；与在非高等级路面上行驶相比，汽车在高等级或次高等级路面上行驶能够节约 20%~30% 的燃油。

（2）城市道路筑路材料节能影响分析

道路建设过程中需要使用大量筑路材料，目前沥青、砂石、混凝土等筑路材料的再生利用技术正在逐步完善，利用这些废旧路面材料的再生利用技术能够提高筑路自然资源的利用率，同时避免需要生产新材料过程的能源消耗，从而在较大程度上实现节能。在路面结构设计中，再生利用建材的使用比例是一个极为重要的节能因素。

二、城市道路照明设计及节能措施

（一）城市道路照明设计

1. 接地系统的设计

第一，TNS 道路照明接地形式，城市道路照明系统的电源端直接接地，从配电变压器低压侧中性点（电源端）引出中性线（N 线）、保护线（PE 线）至用电端。城市道路照明系统用电设备外露导电部分，接保护线（PE 线）进行保护，中性线（N 线）与保护线（PE 线）要严格分开。

第二，TT 道路照明接地形式，城市道路照明系统电源端直接接地，城市道路照明系统用电端也直接接地。TT 道路照明接地形式中，不是从电源中性线引出保护线（PE 线）接城市道路照明系统设备外壳。

2. 确定道路照明系统灯杆设计

首先，应该根据城市道路照明的实际需要确定照明灯杆的布设形式，在城市交通直线、居民区、厂矿、机关等部位多采用单侧布置灯杆的方式，选用单侧方式时应该控制照明的实际范围，形成规范的有效宽度。在城市高等级道路和主干路的照明设计和灯杆布设中一般选用双侧布置灯杆的方式，以此来消除单方向照明给驾乘者造成的眩光，做到对城市道路更为稳定的照明。其次，应该根据城市道路的设计选择适宜的灯杆高度，常规的灯杆高度要控制在 6~10m 内，对于主干道、快速路要控制高度在 12m 以内。同时，灯杆挑臂要控制长度和角度，不能出现长度超出 2m、仰角大于 15°的情况，以此做到对城市道路照明质量的有效保障。

3. 确定道路照明系统的功率密度

功率密度是道路照明功率密度的简称，主要意义是指在道路交通系统上，单位路面面积需要照明的基本功率。确定道路照明系统的功率密度应该结合道路的功能与位置来具体划分，同时应该根据车道数量做到全面调整。城市快速干线车道一般为双向六车道，由于设计行驶速度快，所以功率密度应该大于 $30l_x$；城市主干道交通压力大，双向六车道应该将功率密度控制在 $20\sim30l_x$ 之间，以确保行车安全；城市次干道行车压力不大，四车道道路应该将功率密度控制在 $15\sim20l_x$ 之间，低于四车道道路应该将功率密度控制在 $10\sim15l_x$ 之间。总之，通过控制功率密度实现对道路系统更为有效的照明，在确保道路通行能力与安全的基础上，建立起适于城市发展和节能城市建设的基本体系。

（二）城市道路照明设计节能对策

1. 充分利用天然采光

施行照明节能技术，要先对照明的含义有所了解。照明是指利用各种光源对工作和生活场所环境或者物体等进行照亮，从而方便人们看清物体。照明包括两个方面：一是天然采光；二是人工照明。利用太阳光的是天然采光，利用人工光源的是人工照明。照明节能就是降低人工照明的损耗，大力加强对天然光源的利用。当不使用人工照明时，就要最大限度地进行照明节能，利用天然光源进行照明，它更健康、更绿色环保，十分符合低碳生活的理念。充分运用天然的照明非常关键，它是照明系统当中不可或缺的一部分。天然的照明是无穷尽的，是用不完的宝贵能源。如果可以在电气照明之中充分运用天然的照明，那么节能就不是什么问题。随着人们对照明材料的研究不断深入，借助导光方法和导光材料已经成为城市道路采光的首选方式。

2. 推广使用高光效灯具

合理地使用灯具是控制城市道路照明能源消耗的关键环节。灯具的选择也应该根据市政的照明需求和自然采光效果来选择，灯具既要满足良好的光照效果，同时要具备节能减排的要求。此外，灯具的质量、使用年限、操作性、实用性以及经济性等也应当有较好的保障。在进行灯具的选择时，可以从以下几个方面予以考虑：在较低的城市道路中，可以采用荧光灯，在充分利用自然光的基础上，荧光灯就能充分满足室内的光照需求。对于高度较大的城市道路，则可以采用金属卤化物灯。这种灯具的照明效果好、使用寿命长、稳定性高，在一些室外道路中也有广泛的应用。在场地范围较大、高度较高的城市道路中，金属卤化灯能够起到良好的照明和节能减排效果。在一些高度大，且维护难度较高的城市道路中一般采用无极荧光灯来进行照明。特别要注意的是，荧光高压灯和热辐射灯的能源消耗量较大，在城市道路照明中应当尽量避免使用。

3. 选用 LED 灯

LED 作为一种新光源材料，以其能耗低、发光效率高、体积小等优点而逐渐引起人们的重视，并被广泛应用于路灯灯具中，为城市照明技术的发展做出了重要的贡献。

由于人们对于照明质量的要求也越来越高，照明设施设计中不仅要考虑亮度，还要考虑照明色彩、造型、质感等。因此，也就需要对 LED 路灯设计进行不断的创新和改进，以提高城市照明质量。

三、城市道路建设节能环保问题分析

（一）城市道路施工环保节能概念

道路施工应该将环保节能作为主要的诉求点，施工单位应该利用一些新技术、新设备对资源和能源进行有效利用，做好控制工作。首先，交通工程要掌握一些节能技术，利用先进的节能技术来提高舒适程度。交通工程施工节能技术在施工领域具有很高的价值，一般认为，道路施工环保节能概念就是指在道路的施工过程中，通过对节能技术的运用，从而达到控制消耗能源的目的，采用各种节能技术完成对能源和资源消耗的控制，达到节能和环保的效果，并且还可以在确保工程质量的前提下，形成道路施工的新型技术体系。其次，道路施工环保节能概念应该被牢记，交通工程不应该以牺牲环境为代价为大家造福，而是应该在兼顾环境平衡不受破坏的前提下为人类造福。

（二）城市道路中的节能设计

1. 电力节能

（1）电气自控设计

电气自控设计采取全线自动化控制体系，经计算机精确监测，对机电设备落实智能控制。采取信息网络，实现集中监视、分散控制等各项控制措施相结合。使用变压器应该尽量处于负荷中心，从而缩短供电距离。短距离供电能减少在供电过程中的电路损耗。低压侧可将无功补偿措施安置，可实现集中补偿模式，能确保线路无功传输减少，能减少电能损耗，从而实现节能目的。泵站动力负荷，可采用电机变频调速方式，以集水池中实际水压自动调节水泵电机的加减泵，以及调节其转速，达到最佳节能效果。

（2）照明设计的节能措施

因为城市道路的工程量比较大，且线路较为复杂，采取风光互补的 LED 路灯，其工程作业量比较小，且安装运输便捷，省时省力，能将埋管、放线等步骤省略，能节省大量的材料费、人工费、运输管理费、电力费等各种费用。最关键的是，其后期几乎是零成本运行，不需要支付昂贵的电能消耗费用。风光互补太阳能路灯能够实现风能发电、太阳能发电，不需要承担电费，也不消耗市区电力，在风光互补灯安装时，也能减少电缆费用的支出。可见，通过风光互补灯在市政道路工程中的使用，能实现减少投入，并充分利用地理优势，利用丰富的风资源和太阳能资源，可缓解传统发电中的能源消耗问题。

2. 工艺设计

在排水管道中，使用防腐蚀、耐磨的塑料管道，在节约成本投入的基础上，也能减少水摩擦，减少水在输送过程中造成的损失，可降低费用，有一定的节能效果。污水管道工程中，须尽量采取重力敷设，提升高度，减少污水泵站的数量，可降低运行费用，以此实现在运行过程中，减少使用费的支出。对于给水中的管网，须对其平差进行计算，确保管网的使用尽量合理化，从而减少不合理费用支出，减少运行费，提高其运作效率。

3. 燃油节能

（1）车辆特点

在汽车行驶过程中，对燃油情况造成影响的因素有物理特性，以及汽车的形式特性、汽车载重、汽车重量、发动机转速、功率等，都是导致燃油损耗的主要因素。

（2）道路调节因素

道路条件包括几何特征，有曲率、纵坡、路面宽度等因素；路面特征包括平整度。道路纵断面线形、道路平面线形都需要做合理设计，并尽量缩短长度，保持线形优美。

（3）交通状况因素

交通条件是道路的服务水平情况，其中包括交通流大小、混合交通情况、离散程度、横向干扰程度、行人干扰程度、交通设施完善程度、车辆行驶速度等。在设计过程中，根据交通量预测，优化交通方案，合理确定道路的断面形式，行人设施、节点交通组织等进行设计，从而提高道路服务能力和通行能力，确保道路最大限度地发挥其功效，实现最佳节能效果。

（三）加强道路施工环保节能的措施

1. 加强道路施工中的节能环保意识

第一，有关部门和负责单位应该大力宣传道路施工环保节能知识，多开展一些宣传活动。特别是在工程的前期，这样既可以使施工单位充分认识环保节能的重要性，又可以引导社会公众提高对节能环保施工的认识，增强公众的社会责任感，最重要的是能够使大家自发地形成一种环保工程的自觉性。

第二，充分利用交通业的人力资源优势，加强培养技术型人才、管理型人才、一线的施工工人等，要尽可能地让大多数道路施工人员事先了解掌握节能环保施工的要求、原则、方法等，以便在工程施工中及时地、灵活地运用，保证实施效果。

第三，树立一些环保节能的典型企业单位，并且通过一些报纸、电视等宣传媒介大力宣传其优秀经验，在道路施工行业进行良好的示范，起到带头作用，可以给整个行业带来良好的循环。

2. 加强施工阶段的环保监测管理

交通工程项目施工的过程中难免会发生一些毁林占地的现象，还有就是对空气造成污染，对水资源造成破坏，甚至是造成水土污染等，这些问题都需要相关部门的监测和管理。环保行政管理部门应该认真履行职责，定期对道路施工项目进行监督，对于施工中的污染超标问题要进行揭发和控制。对于严重破坏环境并且不配合整改的施工单位，则应通过法律手段强行禁止其不良行为，确保环境得到保护。

3. 采用先进设备

交通工程施工企业在施工过程中，应该采用一些先进的施工设备和施工技术，切记不要故步自封。只有不断地进行自我改进和完善，才能保障道路工程使用性能的最大化。采用先进设备，不仅可以提高工程质量，还可以最大限度地减少污染物排放量，特别是道路施工产生的废水、废渣等。在道路施工中，一定要结合现场的实际环境情况，保护周围的生态环境，针对不同的条件提出不同的方案，千万不要破坏周边的环境，一定要因地制宜。此外，在道路施工的过程中，要将隔离防护设备提前设置好，工程中的项目在实施时应该采取封闭式，尽量减少施工中产生的污水、噪声等。道路施工中产生的污染物，比如粉尘，如果处理不好会对人体造成直接伤害。

四、城市道路建设的节能评价

（一）城市道路节能评价体系设计

1. 评价指标体系的构建方法

（1）调查研究法

调查研究法是通过调查研究，在收集有关指标的基础上，通过各指标间的相互比较和归类分析，构建评价指标体系，之后采用问卷咨询等方式，咨询相关专家和技术人员以获得最终调整后的评价指标体系的一种方法。调查研究法的特点是正确选择专家，这是成功的关键，其研究进程也受制于初期指标的完整性以及咨询专家的配合状况。

（2）目标分解法

目标分解法采用对研究对象的目标进行逐一分解，将研究对象的目标由总目标逐层分解为各层下级目标。当所分解的目标是可度量取值时，停止分解是构建评价指标体系的一种方法，其特点是目标分解过程的科学性和逻辑性难以控制。

（3）多元统计法

多元统计法主要有因子分析和聚类分析等方法，从初步拟定的较多因素指标中找到关键性指标。一般通过定性分析和定量分析两个步骤构建评价体系，一阶段的定性分析主要目的是初步确定研究评价主体的各类要素，二阶段的定量分析目的在于确定各要素指标中较为主要的指标。其特点是逻辑性和科学性较强，同时能将定性和定量的评价指标合理结合起来。

2. 评价指标体系的建立程序

由于道路建设节能评价应考虑的因素相当多，意味着在实际道路节能评价中影响评价有效性的相关因素也比较多，综合评价较为复杂。为了构建简明科学的评价指标体系，首先应分析各因素间的主次关系，选取对城市道路建设项目节能起主要作用的因素，构建科学合理的城市道路节能评价指标体系。

3. 评价体系结构设计

（1）层次型评价指标体系

层次型评价指标体系是根据评价指标体系的目的和需要，通过分析评价内容的功能层次、结构层次、逻辑层次来建立相应的评价指标体系，这种评价指标体系在实际的评价应用中被广泛地使用。

（2）网络型评价指标体系

当所涉及的评价主体和影响因素比较复杂时，可能出现评价指标难以分解的情况，一般可以尝试采用网络型评价指标体系处理一些特殊情况。

（3）多目标型评价指标体系

对于体系涉及多方面复杂的评价内容而言，追求单一的目标评价，往往具有非常大的局限性和危险性，一般所采用解决的办法是构建多目标型评价指标体系。在多目标评价体系中，各个目标的评价指标体系类型并不确定，可以采用层次型的，也可以采用网络型的，甚至可以分解为多目标型。

（二）评价指标的筛选原则

1. 简明科学性原则

评价指标在选取的过程中将相关节能理论和具体的实际技术相结合，即选取的评价指标须尽量体现道路节能状况的本质内涵，同时尽可能以公认的科学理论和科技成果为依据，进行定性和定量表达。同时，指标体系应尽量繁简适宜，避免指标过于烦琐或指标内涵相互重叠。

2. 系统整体性原则

评价指标体系应将城市道路节能看作一个系统对象，由于反映道路节能状况的评价指标众多，且这些指标之间存在一定的相互联系和相互制约性，所有需要从整体把握，构建一个能综合反映城市道路节能整体状况的评价体系。

3. 导向性原则

选取评价指标的目的是通过使用构建的节能评价指标体系来对现有城市道路规划设计方案进行评价和结果分析，为相关的城市道路建设的决策部门、管理部门和城市道路规划设计部门提供参考。

4. 前瞻性原则

城市道路节能评价目标和内容须具有远期长效意义，因此指标的选取必须考虑到节能领域内的动态变化。结合国家技术政策等发展战略目标，综合考虑道路建设行业现状特征及变化趋势，促进新的节能材料、节能技术和节能工艺的应用。对个别节能效益较高的指标，须进行具体分析，对其量值标准予以适当提高，以满足城市道路未来更高的节能要求。

5. 可行性原则

这里在评价指标的选择过程中，所选用的具体评价内容必须是切实可操作的。需要保证具体的指标数据采集过程在时间、空间、人物力、资金要求等相关主客观条件方面的限定，即具体评价指标资料应易于获取、方便收集且数据应尽量简洁便于处理。

第二节　城市道路无障碍建设

一、概述

（一）无障碍设计的新内涵

障碍和残病是截然不同的两个概念，前者是由于客观条件限制造成的，后者是身体机能的缺陷或下降造成的。障碍是相对于当前环境而言，如果克服了障碍，那么障碍者就成为无障碍者，而残疾病在医学上有严格的界限。障碍者是个相对的概念，不仅与个体身体机能有关系，还受外部环境的影响，因此障碍人群是一个变化的群体。

障碍与无障碍之间无明显的界限，而是随着外界环境和自身身体机能的变化而变化，二者发生着一定程度或根本的转变，研究的无障碍设计就是通过改变外界环境从而降低人群在城市运动中的障碍程度甚至消除障碍。例如，人行道改台阶为平缓坡道，就能使乘轮椅者得以通行，同时降低老人小孩的使用难度，也能使一般人群使用更为舒适。

实际上，城市中的任何人都可能遇到困难，因此，无障碍设计概念应该从以下两个方面扩展：

第一，扩大无障碍设计所定义的人群，而设计应该是针对每个人的设计。

第二，变单一的就事论事的无障碍设计，为促成自我保护与自理使用的设计。

根据以上两个要求对无障碍设计的概念进行重新修订，并考虑残疾和障碍的概念区别，所以无障碍设计的对象不局限于残疾人群，而应考虑障碍人群，同时顾及其他人群。所以，无障碍设计应该这样定义：运用现代技术建设和改造环境，为广大障碍人群提供行动方便和安全空间，创造一个"平等、参与"的环境，同时惠及所有人群的设计，是在最大限度内，不分性别、年龄与能力，适合所有人使用方便的环境或产品之设计。可以看出，新的无障碍设计概念是一种为障碍人群设计的外部环境，是一种人性化的惠及所有人的设计。

（二）城市道路无障碍设计的内容

1. 城市道路交通的障碍环境

城市道路是城市中供车流和人流通行的设施，连接着城市的各个角落。人群通过人行道或非机动车道（在部分支路上）进行基本通行，通过人行横道穿越道路，通过地下通道和人行天桥跨越道路，通过沿街社区、单位和建筑物进出口进行人流的集散，这些设施构成了城市道路的障碍环境。

2. 城市道路环境中无障碍设施设计的内容

主要有人行步道中的盲道、坡道、缘石坡道，人行横道的音响及安全岛，人行过街天桥与人行过街地道中的盲道、坡道或升降平台、扶手、标志，公交停靠站、交通信号、停车位等。但是，新建或改建道路无障碍设施设计时应依据不同地区的条件、道路的性质、人流的状况、公交的运行以及居住区分布等情况进行合理的、有针对性的规划和设置。

（三）国内城市道路无障碍设计

随着相关法律法规的不断完善，我国无障碍环境建设逐渐从自觉行为变为强制标准，并得到突飞猛进地发展。南京的盲道铺设非常有特色，不仅标准，而且每条盲道两端都做了醒目的无障碍标志指示牌，视力残疾人和下肢残疾人很容易辨认，使用效果极好。

二、城市道路无障碍建设理念及要点

（一）城市道路无障碍建设理念

城市道路传统的无障碍设计理念比较狭隘，他们认为，只要满足了人们生活的基本需要，方便了残疾人的需要，消除了残疾人在行动上不利的因素就是无障碍的设计。重点突出残疾病人在社会生活中能够与正常人一起参与这就是无障碍设计，而有些方面的无障碍设计和实施则始终无法满足残疾人的需要。从现实的角度来讲，主要还是因为不能够充分地调动工作人员的实际操作积极性和基本的发展要求。

无障碍设计是指为保障残疾人、老年人、伤病人、儿童和其他社会成员充分参与社会生活，方便走出家门时能通行安全和使用便利，在道路、公共建筑、居住建筑和居住区等建设工程中配套的服务设施。无障碍设计是"以人为本"设计理念的重要表现，体现出对残疾人和老年人的关爱。同时，它也从一个侧面反映出一个国家、城市的社会文明程度，是城市文明进步的重要标志。

（二）城市道路无障碍建设的要点

残疾人由于有各种特殊的情况，因而也就会有不同的要求，城市道路的设计也必须考虑各种伤残情况下的问题。道路无障碍设计的基本规则如下：具有可接近性，具有可到达性，具有可用性，具有一定的安全性，具有一定的无障碍性。在不同的人群中活动的范围、时间的跨度，活动更频繁都是不同的，不同的障碍人群的需求相差比较大。一是可达性，障碍的人群能够通过无障碍的人群实现一定的目的；二是具有安全性，障碍的人群能够通过使用无障碍的设施来确保安全；三是人性化，所有的障碍都需要被充分地考虑，要考虑不同人群的使用情况，并且能够为其他的人群提供一定的方便。

由于在目前道路的无障碍设计存在一定的不足，并且无障碍设计的全新引入，会根据不同障碍人群的不同需求，进行不同设施的优化。因此需要注意每个无障碍设计人群的反应特点，在每个节点设计的过程中，最好都要考虑到其他的人群，最好使所有的无障碍设施既能减少障碍人群的障碍，又能方便其他人消除所有的障碍。

（三）在市政道路设计中应用无障碍设计理念的建议及策略

1. 从语言障碍的角度实施市政道路设计

因为每个人的视力、反应力以及记忆力等都会有所不同，尤其是老年人和儿童很难去理解复杂的信息提示。为此，在对信息的表达进行设计的时候要加强针对性，降低老年人和儿童对标识信息的理解难度。

2. 从肢体障碍的角度实施市政道路设计

一般坡道可以分为缘石坡道和行进坡道。其中，行进坡道的坡度比较小，可符合乘坐轮椅者的需求。缘石坡道一般都是位于人行道两边，可以帮助乘轮椅者解决一定的交通障碍问题。实际位置以及实际高差决定了缘石坡的形状，其最佳宽度应超过 1.5m。

以中型城市为例，该城市的道路全面实施无障碍设计。在其各个人行道路口上，凡是已经被立缘石断开处均安置缘石坡道，在人行道的范围之内来设置缘石坡道，同时要与人行横道互相对象。缘石坡道的坡度应为 1：30，采用单面坡的形式，宽度与人行道相等；三面坡缘石坡道的坡度应为 1：20，要确保缘石坡道的坡面干净平滑，同时坡道的下口处与车行道的路面相互平接。

3. 从视觉障碍的角度实施市政道路设计

（1）导盲路牌设计

一般来说，最合适的导盲路牌高度为 1.3m，并且最好要距离边缘 0.6~1.0m。此外，导盲路牌上所呈现的盲文信息应该尽量简单、明了，确保盲人在最短的时间内获取准确信息，防止走错等。尽量在盲道的交叉路口、盲道两侧等适合的位置，在设计上应该使用汉字和盲文来指示导盲路牌。在换乘出入口、站台以及换乘的通道内、电梯处、洗手间等处均要设计有连续的盲道。尽量避免在电梯口铺设慢电梯按钮，一般以3~6块警示砖为宜，让残障人士可以短时间内找到电梯门以及电梯按钮。

（2）方位定位砖设计

在方形砖表面用徐高的方式设置1~4道搓板状棱条，也就是方位定位砖，并且要使用一道大大的箭头棱条来对方向做出指示。把棱条设置为横方向，使其和行进盲道呈垂直的90°。设置出不同的棱条，可给障碍人群提供出不同的方位信息。例如，使用不同的棱条数目来对应不同的公交车站、医院、公共厕所以及商场等。让盲人可以踩着方位定位砖来分辨指向，轻松顺利地到达和上述生活密切相关的场所。

（3）盲道北向砖设计

应在行进盲道之间或在提示盲道与行进盲道之间设立盲道北向砖。一般来说，盲道北向砖可以分为外侧轮廓砖和内侧圆形砖两种。外侧轮廓砖主要是以把普通方形砖的中心以一定直径来进行挖空，进而形成中间带圆孔的路面砖。而内侧圆形砖的直径要小于外侧轮廓砖的圆孔，在其表面设计上有类似于"八"的触感标记符号，该标志的箭头指示北方。

三、城市道路无障碍环境建设

（一）我国城市道路无障碍环境建设的方向

1. 加强对相关法律、法规和规范的宣传

虽然我国各级政府及各级城市规划、建设、管理部门对城市无障碍环境建设的重视程度较以前有了较大提高，但一些老百姓包括专业人员、建设单位、开发商对无障碍建设的认识还不到位。有的市民不认识盲道，对占用盲道不以为意；有的市民不了解为什么要在普通电话亭旁还要设一个低位电话亭等；有些开发商认为专门为为数不多的残障人建设无障碍设施是一种浪费；等等。针对这一现象，政府各部门有必要通过公共传媒加强对城市无障碍环境建设的重要性以及相关的法律、规范的宣传，使公众了解无障碍，关心无障碍，爱护无障碍设施，使无障碍环境成为全社会文明的标志之一。

2. 提高设计、施工人员的素质，使无障碍环境建设规范化

大量的无障碍设施都是健全人设计、施工建设的，缺乏亲身体会。因此，有必要对设计、施工人员进行培训，包括对相关法律、法规和规范的学习，甚至还可以让这些人员坐

上轮椅或蒙上眼睛，去体会残障人士的生活，从而提高对无障碍设施的感性认识。通过这些活动可以提升人员素质，使无障碍设计成为建筑设计和市政设计的基本元素，让设计、规划人员意识到建筑设计要有无障碍设施就如建筑物要有门一样重要，从而使无障碍建设更加规范、系统，真正体现以人为本，实现人文关怀。

3. 加强对无障碍设施各建设阶段的管理

规划阶段，规划行政管理部门和建设行政管理部门必须按照有关规定在核发"建设工程规划许可证"和"建设工程施工许可证"前，将配套建设无障碍设施的内容列入审查范围，不符合相关规定的坚决不予审批。在施工过程中，施工单位应当严格按照经批准的设计文件，配套建造无障碍设施。建设项目竣工后，建设单位在组织验收时，应当同时验收配套建设的无障碍设施。无障碍设施建成后，建设单位应当按照国家和地方政府的有关规定，设置指导和提示人们正确使用无障碍设施的图形标志。同时，无障碍设施不能只是一种摆设，还必须加强对它的管理与维护，避免在"无障碍"上出现"障碍"。同时，对于遭到破坏的设施应及时进行维修，确保无障碍设施能够正常使用，给残疾人、老年人的出行和使用带来方便。

（二）城市道路无障碍设计的对策

1. 设计应注重满足人的实际需要

完全按照规范设计的优点不容忽视，但是按照规范设计，达到规范要求并不一定会满足使用者的需求，甚至会给使用者带来意外的麻烦。现代无障碍设计理念在设计原则上更加注重使用者的实际需求，注重互动型设计，让使用对象参与设计与建设过程，在每一个环节、每一个细微之处都有使用者的参与，真正满足使用者的实际需求。

我国对城市道路有相关规定，针对无障碍设计也有需要遵循的原则，不过遵循相应的原则也不能说明能够满足使用者的需求，所以在进行设计的过程中应该从实际情况出发，而且可以通过对这些使用者进行实际调查，并让其参与到具体的设计之中，尽可能地保证每个环节都能够满足使用者的需要，这样才能够使每个使用者都受益。

2. 重视无障碍设计科研与教育

以科研为指导，在实验室阶段通过局部试点、反馈、改进，从而决定该项设计是否具有推广的价值，可以极大地节约成本。同时，在实验阶段，可以开发新技术、新工艺，产生新的设计手段，创新性地解决无障碍设计中出现的难题。

随着社会经济的快速发展，无障碍设计也必须跟上时代的需求，所以必须重视无障碍设计的科研。而科研通常都是在大量的实践及思考的基础上实现的，并通过反复的实验，进一步节约道路建设的资金投入，同时提高无障碍设计工程的质量。

3. 整合无障碍设施资源，优化设计

城市道路无障碍设计须做到无障碍设施的系统化、体系化。我国城市道路无障碍设计仅仅停留在城市公共设施和公共空间的无障碍规范方面，提供零碎服务设施，并没有将社区、地区层面的无障碍交通系统与整个城市，甚至是区域的快速交通系统综合起来考虑。要改善这种注重局部、忽略整体的狭隘局面，必须具备多模式交通、无障碍整合的区域眼光和空间公平价值导向，从根本上改变弱势群体交通出行的可选择性。要实现点、线、面的紧密结合，实现从家门口到目的地整个过程的无障碍，提供真正的"门到门"服务。

无障碍设计并不是孤立存在的，而是一个系统化的工程。不能只停留在公共区域以及提供零碎化的服务层面，而是应该综合考虑，把无障碍设计和其他区域联系起来，体现出点、线、面的结合，并尽可能地发挥整个无障碍设计的最大功能，为障碍人士提供方便。

四、城市道路无障碍建设的优化

（一）城市道路无障碍建设优化的基本理念

近年来，在公共场所的环境上越来越注重"以人为本"思想，这是时代发展的要求，也是我国经济不断提高的表现。在城市道路的设计上，这种思想的运用能够很好地体现人与人之间的尊重和关怀，这更多地体现在特殊人群的身上。

人一旦进入老年，身体机能就会下降，身体的行动、视觉、听力等都有很大程度的衰退。现在城市道路的设计很多不能满足特殊需要，很多城市道路的设计都是按照正常人的标准来的，这样就会对特殊人群的交通出行带来不便。

城市道路设计主要针对两部分人，一类是障碍人群，一类是无障碍人群，而城市无障碍设计主要考虑的是障碍人群，城市道路无障碍设计以人为本的设计理念主要也是针对障碍人群来说的。为了实现城市道路无障碍设计理念，就要充分了解障碍人群的需求。不同的障碍人群因为障碍程度的不同对于城市无障碍设计的要求也不同。所以，城市道路的无障碍设计要综合考虑各类障碍人群的需求，最大限度地方便障碍人群的出行。

（二）城市道路无障碍建设的优化措施

1. 坡道的优化

缘石坡道应当确保坡面的平整。下口应当高于行车道地面不超过 20mm。若是单面的缘石坡道，应当采用方形、长方形或扇形设计，三面缘石坡道则其正面坡道宽度应当在 1.2m 以上。

坡道的坡面要求坚实、平整和不光滑，为了轮椅的通行顺畅和减小阻力。规范中对坡道面层具体要铺设哪些材料没做明文规定，考虑到各地区市政道路的地形环境不同，硬性统一规定并不合理，但所采用的材料产生的效果应该合乎要求。以室内用橡胶地板和经特别设计的混凝土板为例，橡胶地板耐磨损、防滑性较强、环保可靠、无污染、低噪声，容易进行安装，颜色能自由选择，有利于减少使用拐杖的人出现滑倒现象；混凝土板除了有耐磨损的特点，投入的成本也比较低，而且可设计各种纹式。通常情况下，地下通道和人行天桥的坡道地面材料可用成本较高的橡胶地板，以保证安全使用，而在其他的断面则可以使用混凝土板以降低成本。

此外，坡道是一种常见的无障碍设施，坡道大体上分为缘石坡道和行进坡道两种，行进坡道的坡度一般来说比较小，乘坐轮椅的肢体障碍人员可以方便地通过，而缘石坡道具有一定的特殊性，在设计的过程中应当尽可能保证坡面的平整，下出口要高于行车道以保证残疾人的通行安全。在台阶的优化设计时，要综合考虑台阶的设计高度和宽度及其相应的尺寸标准。在坡度比较大的人行通道以及过街天桥等处要设置扶手，既为障碍人群起到提示作用，也可以保证障碍人群的通行安全。同时，在路面设计的过程中要注意采用颜色警戒，以便引起行人的注意。

2. 盲道的优化

盲道的优化主要通过提升盲道砖的功能来实现。传统的条形行进盲道和圆点形提示盲道均不能提示明确的方向，比如圆点形提示盲道只能提醒盲人注意该处环境发生变化，但却无法具体告知是何种变化，比如前方即将到达医院或者商场。推广使用新型感知盲道砖则能有效解决这些问题。感知盲道砖包括指北方向砖、导盲路牌与指示砖等。

指北方向砖由两部分组成，即外侧轮廓砖（方砖中间垂向挖圆孔）和内侧圆形砖（半径略小于圆孔，砖面带有"八"字形的标记），装设在条形盲道和圆点式盲道之间，也可以设在较长的条形盲道的特殊位置，"八"字具有指北功能，其头部略显突起，指向北面，盲人容易感知。而且这种砖在铺设时也容易组合。

指北方向砖和现行的盲道砖相结合，触感分明容易区别，此前通过告知盲人这些功能特点，能有效地帮助盲人辨别方向。

导盲路牌是靠盲文或者其他符号指示方向的路牌，传达的信息必须简洁、清楚易懂且触感必须明显，一般安装在盲道两侧、道路交叉口的合适位置，安装高度不宜太高，以免触摸困难，也不可太低，否则难以发现，一般以距地面高度 1.3m 为宜。

导盲路牌距离盲道边缘线最佳距离为 0.6~1m，这样既不干扰行走，又便于获取信息。导盲路牌指示砖采用一块表面平整的路砖，再借助周围行进盲道路砖和提示盲道路砖的组合，指示导盲路牌的位置。此外，在设计盲道线路时，要尽可能避免铺设井盖，尽量远离电线杆、树木、拉线等障碍物体。至于机动车占用人行道停车阻碍盲道的问题，除了需要行政执法部门加大管理力度，也可以采用在违停严重路段的人行道边缘加设隔离桩的办法，但是该办法不能在全路段推广，一是成本过高，二是影响市容美观。

盲道在实际应用的过程中往往达不到设计预期的使用效果，主要是由于在当前的盲道设计工作中设计理念存在问题。盲道中的圆点形的行进以及条形的行进在视觉障碍的人群使用过程中不能够明确指示出行进的方向，且圆点形的提示虽然在一定程度上能够提示盲人所处位置的变化，但不能提示所处环境的变化，再者就是盲道的提示砖和星级没有明确的针对目标，对一些银行、医院、超市的具体场所的具体方位不能有针对性地辨别。在对当前的道路无障碍设计进行改进时，要对盲道的感知功能加以改进，充分利用现有盲道上的路砖具有很多圆点和条形的特征，在路砖设计过程中加入一些特殊的信息，如对方进行提示位的定位砖块主要是将方形的砖块制作成不同的道路，制作成有一道到四道由一端低到一端慢慢变高的搓板性棱条，制作成专用的"方向定位砖"，在盲道上适合的位置设置一些导盲路牌，并在路牌上用盲文和汉字进行标注。

3. 人行天桥、地下通道的优化

人行天桥、地下通道梯道两侧均应设置扶手，对障碍人群起到一定的提示引导和支撑作用。上下口处均应设置提示盲道，设计台阶时，要对台阶的高度与宽度综合考虑，尺寸上尽量用最符合人体行动的 15×30cm 的规格，并避免台阶边缘外凸。同时，为了让轮椅、婴儿车、自行车、拉杆箱等轮式工具平顺通过，应该在天桥和地下通道的梯道右侧设置足够宽的坡道。如果财政预算允许，可以安装残疾人无障碍外挂式升降梯或自动扶梯。

第三节　桥梁的安全防护探析

一、桥梁安全保护区域

（一）部分城市对桥梁安全保护区域的设置

为保障城市桥梁完好，充分发挥其使用功能，国务院和地方政府分别颁发了有关城市道路桥梁管理条例，各条例内容大致相同，除了处罚条款有所不同，最主要的区别就是对城市桥梁安全保护区域的规定。

（二）桥梁安全保护区域的管理

第一，凡在桥梁安全保护区域内从事限制性施工作业的，建设单位应在施工前30日提出申请，并提交城市桥梁安全保护设计方案（包括作业区域、作业内容、开竣工日期技术保护措施、施工设计图纸等内容）。桥梁管理部门受理申请后应在15日内提出意见。同意施工的，应当与建设单位签订桥梁安全保护协议。桥梁安全保护协议应当包括建设单位及施工单位名称，施工作业的工程名称和施工周期，相关城市桥梁安全保护设计方案，施工作业的安全措施，城市桥梁沉降、位移等检测措施，检测资料的收集、报送，施工作业等。

第二，桥梁安全保护协议签订后，建设单位应当严格按照桥梁安全保护设计方案和桥梁安全保护协议组织施工。对可能影响桥梁安全运行的，建设单位应当委托具有相应资质的专业检测单位对桥梁进行检测，并向管理部门报送书面检测报告，同时负责采取加固措施。施工作业期间，建设单位应当委托具有相应资质的专业检测单位对相关城市桥梁进行动态监测，并定期报告城市桥梁动态记录。

第三，管理部门应当建立城市桥梁地理信息系统和数据库，正确反映桥梁的属性数据和空间数据，为在桥梁安全保护区范围内实施工程作业的建设单位或者施工单位提供服务并建立城市桥梁日常检查、巡视制度，发现擅自在城市桥梁安全保护区域内从事限制性施工作业的，应当立即通知建设单位采取整改措施。在城市桥梁施工控制范围内从事河道疏浚、挖掘、打桩、地下管道顶进、爆破等作业的单位和个人，在取得施工许可证前应当先经市政工程设施行政主管部门同意，并与城市桥梁的产权人签订保护协议，采取保护措施后，方可施工。市政工程设施行政主管部门应当经常检查城市桥梁施工控制范围内的施工作业情况，避免桥梁发生损伤。

二、超重车辆过桥与限载

（一）超限与超重车辆

1. 超限运输车辆

"超限车辆"主要是针对在中华人民共和国境内公路上进行超限运输的单位和个人的车辆。

根据《公路安全保护条例》机动车通行的规定，桥梁通行车辆的外廓尺寸、轴荷和总质量应当符合国家有关车辆外廓尺寸、轴荷、质量限值等机动车安全技术标准。所称"超限运输车辆"是指有下列情形之一的货物运输车辆：

第一，车货总高度从地面算起超过 4m；

第二，车货总宽度超过 2.55m；

第三，车货总长度超过 18.1m；

第四，二轴货车，其车货总质量超过 18 000kg；

第五，三轴货车，其车货总质量超过 25 000kg，三轴汽车列车，其车货总质量超过 27 000kg；

第六，四轴货车，其车货总质量超过 31 000kg，四轴汽车列车，其车货总质量超过 36 000kg；

第七，五轴汽车列车，其车货总质量超过 43 000kg；

第八，六轴及六轴以上汽车列车，其车货总质量超过 49 000kg，其中牵引车驱动轴为单轴的，其车货总质量超过 46 000kg。

该款规定的限定标准的认定，还应当遵守下列要求：

第一，二轴组按照两个轴计算，三轴组按照三个轴计算；

第二，除驱动轴外，二轴组、三轴组以及半挂车和全挂车的车轴每侧轮胎按照双轮胎计算，若每轴每侧轮胎为单轮胎，限定标准减少 3 000kg，但安装符合国家有关标准的加宽轮胎的除外；

第三，车辆最大允许总质量不应超过各车轴最大允许轴荷之和；

第四，拖拉机、农用车、低速货车，以行驶证核定的总质量为限定标准；

第五，符合《汽车、挂车及汽车列车外廓尺寸、轴荷及质量限值》（GB 1589—2016）规定的冷藏车、汽车列车、安装空气悬架的车辆，以及专用作业车，不认定为超限运输车辆。

2. 超重运输车辆

车辆荷载超出桥梁限载能力且需要过桥，应作为超重车辆。这与超限车辆有一定区别，而最大的区别就是超重车辆不一定超限，这对桥梁限载的意义十分重要。

具体讲，超重车辆的种类、车辆的纵向间距以及车辆的轴重和总重，对桥梁结构的荷载效应（轴向力、剪力、弯矩、扭矩等）有很大影响。因此，超重车辆通过桥梁时，首要的问题就是了解过桥车辆的这些特性，即掌握超重车辆的外形尺寸、轮数、轴数、轮距和荷载的分配情况等。当桥上净空有限制时，还应知道超重车辆装载后的空间几何尺寸，以及超重车辆的厂牌、种类和挂车的组成情况，还有速度、制动、调节等有关技术性能。

（二）桥梁限载

1. 城市桥梁限载管理

第一，《城市道路管理条例》规定，城市道路是指城市供车辆、行人通行的，具备一定技术条件的道路桥梁及其附属设施。国务院建设行政主管部门主管全国城市道路管理工作，省、自治区人民政府城市建设行政主管部门主管本行政区域内的城市道路管理工作，县级以上城市人民政府市政工程行政主管部门主管本行政区域内的城市道路管理工作。

第二，为加强城市桥梁的管理，保证桥梁的安全运行和正常使用，依据国务院《城市道路管理条例》的有关规定，超重车辆通过城市桥梁时，应当按照桥梁吨位牌标志的规定行驶。超过桥梁吨位牌标志规定的车辆（即超重车辆）通过桥梁时，车属单位或个人须携带行车执照、行走路线及车辆的技术数据，事先到管理部门办理超重车辆过桥手续。办理超重车辆过桥手续可实行按月或者按日核发过桥通行证。按月核发的时间为每月20日至月底办理下月过桥手续，按日核发的可在过桥前办理手续。一次性超重过桥的车辆，须按照上述要求，事先办理指定日期的过桥手续。超重车辆过桥须持过桥通行证，并按指定的行驶路线通过城市桥梁。

第三，一般来说，超过桥梁荷载的超重车辆原则上不能通过桥梁，必须通过时，车属单位或个人应当提前一个月向管理部门提出书面申请，经批准后方可通行。须采取桥梁加固措施时，管理部门负责设计加固方案，并予以实施。设计和加固费用由过桥车属单位或个人承担。未经批准的超重车辆过桥的，管理部门应当责令其停止违法行为、补交超重车辆过桥损失补偿费，并可处以罚款。

桥梁在设计基准期内的限载值其实是一个变量，但为了合理确定过桥车辆的限载，具体做法应该是通过调查桥梁的实际交通荷载情况，计算交通荷载效应的最大值分布，利用可靠度原理评估桥梁安全水平，并以此确定过桥车辆限载值。同时，还必须考虑桥梁所处环境的作用，其材料性能、使用条件等因素的变异性对结构性能的影响，并采取必要的保护措施，确保主体结构能够达到规定的设计使用年限。

超重车辆通过时，管理机构技术人员应随同检测，观测是否有位移、变形、裂缝发展等，并予以记录。同时，应选择不同桥型进行挠度、应变、反力等方面的观测，以积累资料。

2. 公路桥梁限载管理

第一，《中华人民共和国道路交通安全法》机动车通行规定：机动车载物应当符合核定的载重量，严禁超载；载物的长、宽、高不得违反装载要求，不得遗洒、飘散载运物。机动车运载超限的不可解体的物品，影响交通安全的，应当按照公安机关交通管理部门指定的时间、路线、速度行驶，悬挂明显标志。在公路上运载超限的不可解体的物品，并应当依照公路法的规定执行。公安机关交通管理部门及其交通警察对道路交通安全违法行为，应当及时纠正。

第二，各级人民政府应当加强对公路保护工作的领导，依法履行公路保护职责。公路管理机构依照本条例的规定具体负责公路保护的监督管理工作。

《公路安全保护条例》中公路通行部分包括：车辆的外廓尺寸、轴荷和总质量应当符合国家有关车辆外廓尺寸、轴荷、质量限值等机动车安全技术标准，不符合标准的不得生产、销售；公安机关交通管理部门办理车辆登记，应当当场查验，对不符合机动车国家安全技术标准的车辆不予登记；运输不可解体物品需要改装车辆的，应当由具有相应资质的车辆生产企业按照规定的车型和技术参数进行改装；超过公路、公路桥梁、公路隧道限载、限高、限宽、限长标准的车辆，不得在公路、公路桥梁或者公路隧道行驶；车辆载运不可解体物品，车货总体的外廓尺寸或者总质量超过公路、公路桥梁、公路隧道的限载、限高、限宽、限长标准，确需在公路、公路桥梁、公路隧道行驶的，从事运输的单位和个人应当向公路管理机构申请公路超限运输许可。

申请公路超限运输许可的规定：一是跨省、自治区、直辖市进行超限运输的，向公路沿线各省、自治区、直辖市公路管理机构提出申请，由起运地省、自治区、直辖市公路管理机构统一受理，并协调公路沿线各省、自治区、直辖市公路管理机构对超限运输申请进行审批，必要时可以由国务院交通运输主管部门统一协调处理；二是在省、自治区范围内跨设区的市进行超限运输，或者在直辖市范围内跨区、县进行超限运输的，向省、自治区、直辖市公路管理机构提出申请，由省、自治区、直辖市公路管理机构受理并审批；三是在设区的市范围内跨区、县进行超限运输的，向设区的市公路管理机构提出申请，由设区的市公路管理机构受理并审批；四是在区、县范围内进行超限运输的，向区、县公路管理机构提出申请，由区、县公路管理机构受理并审批。

公路管理机构审批超限运输申请时，应当根据实际情况勘测通行路线，需要采取加固、改造措施的，可以与申请人签订有关协议，制订相应的加固、改造方案。公路管理机构应当根据其制订的加固、改造方案，对通行的公路桥梁、涵洞等设施进行加固、改造；必要时应当对超限运输车辆进行监管。公路管理机构批准超限运输申请的，应当为超限运输车辆配发国务院交通运输主管部门规定式样的超限运输车辆通行证。经批准进行超限运输的车辆，应当随车携带超限运输车辆通行证，按照指定的时间、路线和速度行驶，并悬挂明显标志。禁止租借、转让超限运输车辆通行证。禁止使用伪造、变造的超限运输车辆通行证。

经批准进行超限运输的车辆、未按照指定时间、路线和速度行驶的，由公路管理机构或者公安机关交通管理部门责令改正；拒不改正的，公路管理机构或者公安机关交通管理部门可以扣留车辆。未随车携带超限运输车辆通行证的，由公路管理机构扣留车辆，责令车辆驾驶人提供超限运输车辆通行证或者相应的证明。

对 1 年内违法超限运输超过 3 次的货运车辆，由道路运输管理机构吊销其车辆营运证；对 1 年内违法超限运输超过 3 次的货运车辆驾驶人，由道路运输管理机构责令其停止从事营业性运输，道路运输企业 1 年内违法超限运输的货运车辆超过本单位货运车辆总数 10%的，由道路运输管理机构责令道路运输企业停业整顿；情节严重的，吊销其道路运输经营许可证，并向社会公告。

（三）超重车辆过桥

1. 超重车辆过桥的影响

由于桥梁设计荷载等级的限制，不少桥梁特别是早期修建的桥梁，荷载等级均不能满足超重设备运输的需要。另外，现有桥梁由于设计、施工和养护等各个方面的原因，存在不同程度的缺损，同时一些老旧桥梁则由于设计标准偏低、年代较久、长期超负荷运营等造成承载能力严重不足。超重车辆的通行会使这些桥梁出现一定程度的损坏，甚至发生重大安全事故。在这些承载能力不足的旧桥中，简支梁桥所占比例最大。

超重车辆过桥的管理和规划、建设、养护维修一样，同为桥梁运行监管的重要环节，直接影响着城市交通安全、行车顺畅。一方面，受桥梁设计荷载的等级所限；另一方面，现有桥梁也确实存在一些其他隐患和问题，如早期修建的桥梁日益老化，构件产生裂缝、挠度超过容许值并产生永久变形，承载能力明显下降。所以，对于这些桥梁而言，超重车辆过桥有可能造成桥梁损坏，甚至引发重大事故。

因此，城市桥梁运行监管应坚持以人为本的原则，切实把治理车辆超重工作放在突出位置，健全监管体系。同时，加强与交管部门的联合治理，实施集中整治，建立长效机制，突出重点，周密安排，严查严管，确保实效。

当管理机构在监督检查中发现车辆超过桥梁的限载、限高、限宽、限长标准的，应当进行处理。车辆应当严格按照超限检测指示标志或者管理机构监督检查人员的指挥接受超限检测，不得采取短途驳载等方式逃避超限检测。禁止通过引路绕行等方式为不符合国家有关载运标准的车辆逃避超限检测提供便利。任何单位和个人不得指使、强令车辆驾驶人超限运输货物，不得阻碍道路运输管理机构依法进行监督检查。

2. 超重车辆过桥前准备

超重车辆通过桥梁前，除应掌握有关技术数据外，还应对桥梁结构进行必要的检查，对桥梁结构的各个部位进行详细的目视检查并记录下任何可能影响桥梁结构功能的因素，特别要注意上、下部结构中砼的损坏、钢筋的锈蚀，以及支座的沉陷和破损等。

首先，这些检查必须与桥梁的结构分析相结合，以评定其所要承受的荷载能力，将这些能够反映结构现状的数据用于结构分析。例如，在钢筋砼横隔梁中出现发展的裂缝时，桥梁的横向刚度将会受到不利的影响，因而在分析中必须考虑并进行必要的调整。再如，对于多跨的连续梁结构，必须考虑任何支座产生沉陷对结构承载能力的影响。桥梁的检查及承载力分析必须在超重车辆过桥之前的一段时间里进行，以便有足够的时间进行必要的维修和加固工作，确保重车安全过桥。

其次，在超重车辆过桥时应观察桥梁是否有位移形变裂缝扩展情况等并予以记录。同时，还应选择不同桥型，进行挠度、应力、应变值、桥梁的沉降等的测试工作。通过观察检查，对一些有疑问的桥梁，可以提前发现桥梁结构恶化或损坏的先兆，从而可及时采取措施。另外，通过测试可以了解重车过桥时桥梁的实际工作状态，以便积累数据和资料，为今后旧桥加固或超重车辆过桥的限载措施提供依据。

3. 超重车辆过桥验算、加固

综上所述，城市桥梁运行中对超重车辆的管理重视不够，尚有所缺失。首先，城市道路方面的法律、法规、标准、规范体系不健全，在一定程度上制约了对超重车辆的查处。其次，因限载标准缺少统一的规范，也给查处带来一定困难。有一些地方在超重车辆过桥方面的管理几乎是空白，即使有，查处力度也不是很大。城市桥梁管理部门应加强超重车辆过桥的管理，以尽量减少过桥车辆的载重和偏载，减轻桥梁的受力，并通过控制车辆的行驶位置、速度，使其在最有利的交通条件下行驶，从而使车辆过桥的交通条件从最不利状态转为最有利状态，减轻桥梁的负担。

三、危险货物载运防护

（一）危险货物载运许可

1. 相关法规政策的规定

根据《中华人民共和国道路交通安全法》机动车通行规定，机动车载运爆炸物品、易燃易爆化学物品、剧毒物品、放射性物品等危险物品，应当经公安机关批准后，按指定的时间、路线、速度行驶，悬挂警示标志并采取必要的安全措施。根据《危险化学品安全管理条例》《道路危险货物运输管理规定》的规定，载运危险物品的运输单位必须有专用车辆、设备和专业从业人员，并符合载运危险物品的安全生产管理制度。

2. 具备道路危险货物运输许可证

危险货物道路运输企业或者单位应按照道路运输管理机构的规定从事危险货物运输活动，不得转让、出租道路危险货物运输许可证件，不得运输法律、行政法规禁止运输的货物。对法律、行政法规规定的限运、凭证运输货物，道路危险货物运输企业或者单位应当按照有关规定办理相关运输手续。对法律、行政法规规定托运人必须办理有关手续后方可运输的危险货物，道路危险货物运输企业应当进行查验，有关手续齐全有效后方可承运。

3. 具备爆炸品、放射性和化学危险物品准运证

运输爆炸品、放射性和化学危险物品应持有相应的准运证件。运输爆炸品和化学危险物品的，应有运往地县、市公安部门签发的爆炸物品准运证或化学危险物品准运证；运输放射性货物的，应持有省、自治区、直辖市指定的卫生防疫部门核发的包装件表面污染及辐射水平检查证明书；运输放射性化学试剂制品，放射性矿石、矿砂等货物，其运输包装等级和放射性强度每次都相同时，允许一次测定剂量，再次运输时，可以提交原辐射水平检查证。

4. 办理危险货物托运

托运人应向具有从事危险货物运输经营许可证的运输单位办理托运，并应当对托运的危险货物种类数量和承运人等相关信息予以记录，记录的保存期限不得少于1年。危险货物的性质与消防方法相抵触的货物则必须分别托运。危险货物应当严格按照国家有关规定妥善包装并在外包装设置标志，向承运人说明危险货物的品名、数量、危害、应急措施等情况。需要添加抑制剂或者稳定剂的，托运人应当按照规定添加，并告知承运人相关注意事项。

危险货物托运人托运危险化学品的，还应当提交与托运的危险化学品完全一致的安全技术说明书和安全标签。不得使用罐式专用车辆或者运输有毒、感染性、腐蚀性危险货物的专用车辆运输普通货物。其他专用车辆可以用于食品、生活用品、药品、医疗器具以外的普通货物运输，但应当由运输企业对专用车辆进行消除危害处理，确保不对普通货物造成污染、损害。不得将危险货物与普通货物混装运输。

（二）危险货物载运分类

1. 爆炸品

爆炸品系指在外界作用下（如受热、撞击等），能发生剧烈的化学反应，瞬时产生大量的气体和热量，使周围压力急剧上升，发生爆炸，对周围环境造成破坏的物品，也包括无整体爆炸危险，但具有燃烧、抛射及较小爆炸危险，或仅产生热、光、音响或烟雾等一种或几种作用的烟火物品。该类货物按危险性可分为五项：

第一项为具有整体爆炸危险的物质和物品。

第二项为具有抛射危险，但无整体爆炸危险的物质和物品。

第三项为具有燃烧危险和较小爆炸或较小抛射危险，以及两者兼有，但无整体爆炸危险的物质和物品，本项指的是可产生大量辐射热的物质和物品，相继燃烧产生局部爆炸或迸射效应以及两种效应兼而有之的物质和物品。

第四项为不呈现重大危险的物质和物品。本项包括运输中万一点燃或引发时仅出现小危险的物质和物品，其影响主要限于包件本身，并预计射出的碎片不大，射程也不远，外部火烧不会引起包件内全部内装物的瞬间爆炸。

第五项为非常不敏感的爆炸物质。本项货物有整体爆炸危险性，但非常不敏感，以致在正常运输中引发或由燃烧转为爆炸的可能性很小。

2. 气体

气体系指压缩、液化或加压溶解的气体。可按下述两种情况区分：一是临界温度低于50℃时，或在50℃时其蒸气压力大于291kPa的气体为压缩或液化气体；二是温度在21.19℃时，气体的绝对压力大于275kPa，或在51.4℃时气体的绝对压力大于715kPa，或在37.8℃时，蒸气压大于274kPa，这三种情形的气体为液化气体或加压溶解的气体。

另根据气体在运输中的危害程度，气体可分为易燃气体、非易燃无毒气体及毒性气体三种。

第一，易燃气体，指与空气混合的爆炸下限小于10%，或爆炸上限和下限之差值大于20%的气体。常见的易燃气体有氢气、甲烷、丙烷、乙烷、乙炔、乙烯、甲醇、乙醇、氨气、一氧化碳、硫化氢等。

第二，非易燃无毒气体，是在运输时温度为21.1℃、压力不低于275kPa的气体，或经冷冻的液体。其中包括窒息性气体——通常在空气中能释放或置换氧的气体，氧化性气体——通过提供氧气比空气更能引起或促进其他材料燃烧的气体，第三类为不属于其他项别的气体。

第三，毒性气体，包括已知的对人类具有毒性或腐蚀性，足以对健康造成危害的气体；或因半数致死浓度 LC50 值不大于 5000ml/m³而推定对人类具有毒性或腐蚀性的气体。

3. 易燃液体

易燃液体系指易燃的液体、液体混合物或含有固体物质的液体，但不包括由于其危险特性列入其他类别的液体。其闭杯试验闪点等于或低于 61℃，但不同运输方式可确定本运输方式适用的闪点，而不低于 45℃。货物按闪点的危险性分为三项：

第一项为低闪点液体，指该液体闭杯试验闪点低于−18℃的液体；

第二项为中闪点液体，指该液体闭杯试验闪点在−18～23℃的液体；

第三项为高闪点液体，指该液体闭杯试验闪点在 23～61℃的液体。

4. 易燃固体、自燃物品和遇湿易燃物品

货物按危险性可分为易燃固体、自燃物品和遇湿易燃物品。易燃固体包括容易燃烧或摩擦可能引燃或助燃的固体、可能发生强烈放热反应的自反应物质、不充分稀释可能发生爆炸的固态退敏爆炸品；自燃物品包括发火物质、自热物质；遇湿易燃物品指与水相互作用易变成自燃物质或能放出危险数量的易燃气体的物质。

（三）载运车辆防护措施

1. 满足载运专用车辆

危险货物载运专用车辆应符合一级技术等级要求。危险货物载运车辆是指满足特定技术条件和要求，从事道路桥梁危险货物运输的载货汽车（以下简称"专用车辆"），分为运输剧毒化学品、爆炸品专用车辆以及罐式专用车辆。

危险货物载运配备安全防护设备，悬挂标志。车辆左前方必须悬挂黄底黑字"危险品"字样的信号旗，专用车辆应当配备符合有关国家标准以及与所载运的危险货物相适应的应急处理器材和安全防护设备。严禁专用车辆违反国家有关规定超载、超限运输。

2. 专用车辆防护措施

专用车辆的车厢、底板必须平坦完好，周围栏板必须牢固，铁质底板装运易燃、易爆货物时应采取衬垫防护措施，如铺垫木板、胶合板、橡胶板等，但不得使用谷草、草片等松软易燃材料；机动车辆排气管必须配备有效的隔热和熄灭火星的装置，电路系统应有切断总电源和隔离火花的装置；根据所装危险货物的性质，配备相应的消防器材和捆扎、防水、防散失等用具。

罐式专用车辆载货后的总质量应当和专用车辆核定载质量相匹配；挂车载货后的总质量应当与牵引车的准牵引总质量相匹配。装运危险货物的罐（槽）应适合所装货物的性能，具有足够的强度，并应根据不同货物的需要配备泄压阀、防波板、遮阳物、压力表、液位计、导除静电装置等相应的安全装置；罐（槽）外部的附件应有可靠的防护设施。必须保证所装货物不发生"跑、冒、滴、漏"，并应在阀门口装置积漏器。

装运集装箱、大型气瓶、可移动罐（槽）等的车辆，必须设置有效的紧固装置。各种装卸机械、工属具要有足够的安全系数，装卸易燃易爆危险货物的机械和工具，必须有消除产生火花的措施。装运放射性同位素的专用运输车辆、设备、搬动工具、防护用品应定期进行放射性污染程度的检查，当污染量超过规定水平时，不得继续使用。

3. 驾驶及押运人员

从事道路危险货物运输的驾驶人员、装卸管理人员、押运人员应当经所在地设区的市级人民政府交通运输主管部门考试合格，并取得相应的从业资格证。从事剧毒化学品、爆炸品道路运输的驾驶人员、装卸管理人员、押运人员，应当经考试合格，取得注明为"剧毒化学品运输"或者"爆炸品运输"类别的从业资格证。专用车辆的驾驶人员应取得相应机动车驾驶证，且年龄不超过 60 周岁。驾驶人员应当随车携带道路运输证等危险货物运输许可证件。驾驶人员或者押运人员应当按照相关的要求，随车携带道路运输危险货物安全卡。在道路危险货物运输过程中，除驾驶人员外，还应当在专用车辆上配备押运人员，确保危险货物处于押运人员监管之下。

道路危险货物运输途中，驾驶人员不得随意停车。因发生影响正常运输的情况需要较长时间停车的，驾驶人员、押运人员应当设置警戒带，并采取相应的安全防范措施。运输剧毒化学品或者易爆危险化学品且需要较长时间停车的，驾驶人员或者押运人员应当向当地公安机关报告。过桥隧时不得停车，因车辆故障停车，应向公安机关和桥隧管理部门及时报告。驾驶人员和押运人员应严格遵守有关部门关于危险货物运输线路、时间、速度方面的有关规定，并遵守有关部门关于剧毒、爆炸危险品道路运输车辆在重大节假日通行高速公路及城市桥梁、隧道的相关规定。运输爆炸品和需要特殊防护的烈性危险货物，托运人须派熟悉货物性质的人员指导操作、交接和随车押运。

四、桥下空间安全防护

（一）桥下空间及其利用

城市桥梁桥下空间是指桥梁垂直投影下除水面、铁路及道路以外的空间。桥下空间的利用主要指城市立交桥围合空间和高架桥桥下空间用地的利用，而桥下空间内配建的公用设施均应采取防撞、防碰、防擦等保护措施，并与桥梁保持一定的安全间距，实行"一桥一档，一桥一策"的管理。桥下空间主要用于配建道路、环卫、绿化、停车等市政公用设施，桥梁管理部门作为桥下空间使用管理的责任主体，负责组织所属有关机构，加强城市桥梁桥下空间使用的管理，保障城市桥梁设施安全，并依据相关法律、法规和规章的规定履行管理职责，市建设、规划、市容园林、综合执法等相关部门按照职能分工依法做好相关工作。

桥下空间所配建的公用设施除与桥梁保持安全间距之外，还应保证桥梁正常的养护维修，确保桥梁安全运行。桥梁养护单位应当履行责任，加强对桥梁的检查、检测和养护维修，保障桥梁处于良好的技术状态。桥梁管理部门应按照实际组织编制桥下空间使用设计导则或使用方案，桥下空间的使用应当满足道路、环卫、绿化、停车等设施的相关技术规范，符合桥下空间使用设计导则和使用方案的要求，以及城市规划治安、交通、消防、市容环境、环保等相关管理规定。另外，还应保障交通安全、通信、消防、监控、收费、供电、防护构筑物、上下水、管理用房、绿化等设施设备的正常使用，预留或保持城市桥梁设施检查、检测和养护维修专用通道。

桥下空间范围内应禁止生产、加工或者堆放易燃、易爆、腐蚀性、放射性物品等危险有害物品，禁止明火作业，不得违法使用城市桥梁桥下空间，从事摆卖、餐饮、娱乐、机动车清洗和修理等经营活动，不得侵占、损坏城市桥梁设施及附属设施。桥下空间的使用影响到治安、市容和环境卫生的，擅自转让、转租城市桥梁桥下空间使用权的，擅自改变用途的，相关管理部门应依法予以处理、处罚。城市桥梁桥下空间使用管理工作应纳入城市管理考核范围。

为规范城市桥梁桥下空间的使用，集约利用桥下空间资源，占用城市桥梁桥下空间的单位或个人应当依据《城市道路管理条例》向城市桥梁管理部门提出申请，并提供与城市桥梁业主单位、道路经营管理单位、养护维修单位签订的城市桥梁安全保护协议，占用设施、设备的具体设置方案，维护管理方案和安全抢险应急方案，以及相关行政管理部门的审核意见和文件等资料，并对桥下空间设施进行维护，保障桥梁结构的完好和运行安全。同时，按照规定程序确定城市桥梁桥下空间使用人，可为使用人办理临时占路许可手续，报相关管理部门备案，统筹安排桥下空间停车设施使用产生的收益，督促桥下空间使用人履行安全保护责任。按照桥下空间使用的有关标准、设计和使用方案要求，对桥下空间的使用情况和运营情况实施监督管理，确保使用设施规范、有序、安全运营；对不可使用的桥下空间实施日常管理；对违法使用桥下空间的行为进行纠正和查处；对损坏桥梁设施的行为及时制止并通知桥梁养护管理单位。总之，桥下空间的利用应当遵循安全使用、民生优先、合理利用、兼顾现状、整体协调的原则，保障城市桥梁运行安全、完好、有序。

安全同样是桥下空间利用与防护管理的前提，桥下空间的利用与防护应确保城市桥梁自身安全，也应确保桥下空间的设施对周边行人、非机动车、机动车等是安全的。由于桥下的用地附属于城市桥梁本身，具有特殊性，不能投入土地市场进行开发，因此桥下空间应优先考虑设置为用于公众服务的公用基础设施，并作为相关城市管理专项规划的补充。对于桥下空间现已利用成熟、符合规划、满足使用规定的，应遵循兼顾现状的原则，不变动、不破坏现有桥下空间的设施，不增加改造成本。桥下空间利用还应兼顾城市市容市貌，并与周边环境保持协调一致，不得影响城市整体的环境形象。

（二）公用设施防护标准分析

1. 配建公用设施的种类

根据上述桥下空间的使用原则，并结合桥下空间的现状和实际利用的需求情况，可以将桥下空间的使用分成城市管理、交通设施和绿化休闲三种类型。第一类为城市管理类，主要作为环卫清洁、市政维护、桥梁养护、照明、园林绿化、交通、公安等城市管理部门使用的场所。具体可包括市政环卫停车场，城市管理材料工具的摆放点，道路抢修、抢险、养护的配套用房，治安岗（亭），公厕，环卫工具房，绿化管理配套用房，垃圾站，环卫车辆充电站等。第二类为交通设施类，主要用于车辆通行或临时停放，满足行人的通行需求，细分为交通通道、公交站（场）、出租车待客点、公共自行车站点和社会公共停车场。第三类为绿化休闲类，主要为公众提供绿化景观和休闲健身的场所，可用作公园广场等。

2. 公用设施防护标准

第一，管理配套用房的设置应考虑采用轻质牢固、阻燃耐用的材料，并具备储存值班、卫生、休息等基本功能。严禁设置燃气、电炉及进行明火作业。所有场所应按照每100m² 配备两具不低于 3A 级别的灭火器及桶装黄沙等消防器材，均衡放置，灭火器放置高度不得高于 1.7m，并在醒目处设置"严禁火种"禁令标志。水、电等管线应铺设于地下，不得悬空架设，特殊情况需要依附桥梁设施的，应当按照规定办理审批手续，且不得损坏城市桥梁的相关设施。

第二，停车场的设置需要进行交通影响评价，停放车辆 50 辆以上的，至少设置两个出入口，并设置警示、指示标志。停车场出入口应实行双向行驶，宽度不小于 7m；单向行驶的出入口宽度不小于 5m，并应设置限高标志。停车场场地应平整防滑，并满足排水要求，场内明示通道、车辆走向路线、停车车位等交通标志、标线。桥柱周边应考虑设置防撞、防碰、防擦设施，并依据不同车型设置相应的倒车定位设施。停车场内禁止停放化学危险品车辆和其他装载易燃易爆物品的车辆。若设置公交站（场）应按照国家相关规范实施。

第三，其他有关环卫、市政养护、交通等管理设施的设置，首先应方便桥梁养护维修作业，人员进出安全，并与周边环境相协调。有关市政材料摆放点用地周边必须按照统一标准设置围栏，围栏高度不宜低于 2m，作为机具停放、材料堆场的区域内应划分固定区域，保持整洁、平整、防滑，并满足排水要求，必要时采取防尘措施，同样应禁止停放化学危险品车辆和堆放易燃易爆物品。

第四，绿化设施的设置主要要求满足植物生长的基本条件，绿化堆土层应低于挡土墙或侧石高度，绿化同时应符合道路建设管理和技术规范要求，不得腐蚀桥梁结构，不得影响桥梁安全，尽量留有桥梁维修作业的空间和安全通道。

五、桥区水域通航与防船撞

（一）通航安全影响的论证

1. 论证桥位通航环境的要求

桥梁通航环境是指桥位气象、水文、泥沙等基本情况，应符合相关要求。作为内河桥梁的河道，应具体说明桥位所处河流的地理位置、所在水系、桥位河段特征、滩险分布及航槽位置等，沿海桥梁还应进一步说明桥位所处海域的地貌特征、航道位置等；在工程地质方面，应包括桥位所处的地质构造、岩土层分布特征、不良地质现象、工程地质问题、工程地质评价等；对于地震安全性评价，应说明工程区域地震基本烈度、地震动峰值加速度等。同样，桥梁通航环境还应阐明水上水下建筑物、管线等设施与通航有关的技术参数，航道走向与风、水流、波浪的关系等通航条件，以及配备助导航设施、应急设施，通信及防污染设备等保障通航安全。

2. 论证桥梁的通航净空尺度

桥梁的通航净空尺度主要是指通航净空高度和通航净空宽度。通常情况下，通航净空高度应根据工程河段或海域航道、水运发展的规划，结合航道技术等级与相关标准综合论证，并与已建相邻桥梁、在建桥梁的实际净空高度进行复核比较。通航净空宽度应根据相关标准规范提出单向通航孔最小宽度和双向通航孔最小宽度。对此类通航孔最小宽度，一般应考虑航槽摆动、船舶航迹线宽度、通航安全要求及多线通航需求等因素，最后，经论证明确通航净宽要求。其他行业，如军事、船舶工业、渔业及石油业等对桥梁通航净空尺度有特殊要求的，应进行适应性分析，提出论证意见。

3. 论证桥梁通航的安全措施

桥梁通航的主要安全保障措施应为桥区航道的布置及设置桥墩防撞设施。应根据有关的通航管理规定、航道维护要求、桥跨布置方案、交通流时空分布特征，以改善通航安全的方式进行桥区航道布置。应按代表船型、船队、实际通航船舶、桥墩水域水深和水流情况设置桥墩防撞与应急设施，作为桥墩防撞措施。

（二）桥区水域航行的规定

1. 发布桥区水域航行通告

海事管理机构应根据《内河通航标准》的相关规定、桥区水域航道条件及船舶操纵性能分别划定桥区水域。相邻两桥的桥区水域间隔距离小于100m的，统一划定桥区水域，实施统一管理。桥区水域范围、主桥桥墩编号、通航桥孔、通航尺度、航路设置，以及其他有关通航安全的特别规定，由所在地分支海事管理机构确定并发布桥区水域航行通告。

关于桥梁桥轴线两侧在一定范围内的通航水域，如桥梁跨越内河的，其范围为桥轴线上游400m至下游200m；桥梁跨越海域或者对水域范围有特殊需求的，其范围由当地交通运输主管部门会同海事管理机构论证确定并予以公告。桥梁运行管理单位应当维护桥区水域良好的通航环境，加强日常安全管理与维护，定期进行水上交通安全风险评估和安全设施设备检测，发现存在安全隐患影响通航安全时，应当及时向过往船舶发出安全预警信息，并采取应急措施。除特别需要外，非限制性桥梁运行期不划定桥区水域。但对于桥梁附近新建其他水上水下设施，尤其是涉及易燃、易爆物品时，应充分考虑如何避免其对桥梁安全可能产生的不利影响。海事管理机构应当建立健全监督检查制度，督促有关单位船舶、设施落实各项安全措施，保障桥梁及船舶通航安全。

2. 需设置水上航标和桥墩防撞装置

桥梁跨越航道的，建设单位应当按照国家有关规定设置桥梁航标、桥柱标、桥梁水尺标，并按照国家标准、行业标准设置桥区水上航标和桥墩防撞装置。桥梁设计阶段应根据现行的或规划中的通航等级要求，考虑防船舶撞击的可能性，对通航孔的桥墩进行最不利条件下抗船舶撞击专项方案设计和验算，并在设计方案中明确防撞设施的安装部位、方法及材料等级和尺寸要求。通常跨海大桥的主通航孔桥墩宜按 1000t 级船舶进行防撞设计，其余水中非通航孔桥墩可按 300t 级内河船舶进行防撞设计，以确保通航孔的桥墩具有抗船舶撞击能力，从而避免对桥墩结构的撞击破坏。

对于限制性桥梁，建设单位或运行管理单位还应当按设计批复文件，落实涉水桥墩防撞能力和防撞装置，设置警示标志，配备必要的桥区水域监控设备，并进行有效监控。城市桥梁可按要求设置防撞墩，用于桥梁桥墩的防撞防护，在桥墩的上下水域可设置独立式防撞墩，桥区航标及大桥水中墩的防撞保护设施应与桥梁同步设计、同步施工、同步验收。

3. 桥下净空须满足通航标准

为了保证桥下通航船舶及桥梁结构、车辆、行人的安全，桥梁的通航尺度必须满足通航标准要求，桥下通航净空范围内不得有任何设施及障碍物。在通航桥孔上方标示桥梁通航净空高度，必要时可设置超高船舶进入桥区水域的防碰撞报警装置及监控设备，对通过桥梁水域的船舶实施有效监控。同时，桥梁管理单位应当保证通航桥孔满足通航条件，按照有关规定设置桥涵标、桥柱灯、桥梁水域的助航标志及非通航桥孔的禁航标志，并加强对这些设施的维护保养，使其保持良好的状态。

（三）桥梁防撞预控技术

桥梁防撞主要有四种方式。

一是直接构造弹性变形型——缓冲材料方式。直接弹性变形型防护装置依靠结构或材料自身恢复弹性变形的能力转化并释放撞击能量，并且，由于使用的材料或结构的弹性和柔度较大，可以延长撞击时间，从而减少撞击力，达到保护船及桥梁的目的。直接弹性变形型防护设施的优点是设置水域小，安装及维护管理均比较容易，且对工程地质要求不高，因此缓冲材料防护设施在世界各国得到广泛应用。

二是直接构造抗压变形型——缓冲体方式。直接抗压变形型防护装置的工作原理是靠设施的压曲、压屈破坏来吸收冲撞能量，通过改变自身的结构形式和刚度，利用设施良好的塑性变形，对高能量的剧烈碰撞起到较好的防护作用，但其最大缺点就是该装置的抵抗能量越大，自身和船舶的损坏也越严重。

三是间接构造弹性变形型——群桩方式。这种方式的防撞装置的特点是利用桩群的联合弹性变形缓冲吸收船舶的冲撞能量，一般由斜桩（承受压力）或竖直桩（承受拉力）组成，在桩的顶部互相连接，使整个防护系统通过共同变形来吸收船舶动能。

四是间接构造变位型——浮体系泊方式。这种变位型装置一般是指由浮体、钢丝绳、锚定物组成的浮体系泊方式，利用重力或浮力的作用使浮体从平衡状态到被拉紧状态所产生的还原力钢丝绳的弹力和变形力做功来吸收船舶的撞击动能，从而使船舶速度降低，直至被浮体之间的钢丝绳张紧拦住。

总体而言，防护装置的种类繁多，某种防护类型的装置采用与否要依据船舶的尺寸大小、类型、航速、河流与河床的断面以及防护体系的施工能力等因素来决定。另外，每一类型的防护装置都有其自身的优缺点，使结构优化，多种类型的装置巧妙结合，通常是解决桥梁防撞问题的好方法。

所谓主动防撞，就是从减少船撞桥发生概率的角度入手，对通过桥区的船舶实施各种预防措施，如导航标的设置、船舶航行定线制的实行等。

就目前而言，桥梁工程主动防御技术的措施主要包括：设置内河助航标志，包括航行标志、信号标志及专用标志，引导船舶安全航行；对过往船舶实行定线制航行，以船舶分道通航制为主；在施工危险水域设置船舶航行警戒区，提醒过往船舶小心驾驶；要求船舶安装自动识别系统（AIS），这样可以实现船舶之间以及船岸之间的动、静态航行信息交流并能够进行其他航行安全相关的信息的交换，以便海事监管部门能对船舶进行自动识别、检测和跟踪，避免碰撞事故发生；实现桥区水域的 VTS 覆盖，增进内河桥梁桥区水域的通航安全，提高水上交通效率，防止水域发生污染事故；对特殊船舶采取引航措施，如超大型船舶、危险品船等，保障船舶安全有效地通过，特殊情况下短时间内可以采取限制通航的办法。

第四章　道路桥梁工程检测

第一节　道路检测方法

一、道路检测技术现存问题

(一) 道路检测技术的要点分析

1. 确定检测重点

道路施工是一个综合性的过程，涉及多个操作环节，我们需要做好每个环节的对接工作。在检测阶段，要注重对细节方面的处理，任何一个环节没做好，都会影响工程正常的施工进度，检测中出现最为频繁的就是道路裂缝问题，我们应该明确重点检测方向，检测的时候将重心偏移到问题比较突出且频繁的地方。做好前期安全排查工作，保证建筑外观的整体性，还要做好人员的调配工作，让工作人员各司其职。

2. 道路试验检测的意义及重要性

在道路建设中，工程材料的缺陷、设计以及施工问题导致的质量缺陷很难完全避免，如何对道路的工程质量进行评价是一个重要的问题。检测技术是通过对工程质量进行数据化的鉴定，能够及时发现质量问题。其主要有以下几个方面的重要作用：通过对原材料进行检测，判断其是否合格，以便于因地制宜地选择工程材料；通过检测技术对新技术、新材料以及新工艺的可靠性、适用性进行鉴别，为其在工程实践中的推广应用提供帮助；试验检测的结果都是建立在数据的基础上的，能够对工程质量进行客观评价，对整个工程的质量进行全过程鉴定。

(二) 道路施工问题分析

道路施工问题分析：(1) 裂缝问题作为道路施工中常见的一种问题，会对结构的安全性产生严重的影响。产生裂缝的原因具有多样性。道路结构中的裂缝一旦产生，就会对工程质量直接产生不利影响，埋下安全隐患。当出现裂缝之后，首先会导致结构的外形发生破坏，降低结构的强度以及刚度，导致工程质量大打折扣，形成安全隐患。对桥梁结构而言，裂缝产生的原因与材料有着很大的关系，如使用的混凝土原材料不合格。同时，施工过程是否规范也是一个重要的因素，振捣不充分、养护工作不到位都会导致裂缝的出现。

（2）锈蚀问题是由于道路的施工现场通常地处环境复杂的地区，施工周期长，会导致所使用的一些材料由于受到自然环境的影响而产生锈蚀。如在道路施工中采用的钢筋，长期暴露在自然环境中久而久之就会发生锈蚀。当钢筋出现锈蚀之后，其物理力学性能会打折扣，导致道路结构的强度与刚度下降，同时钢筋发生锈蚀之后还会对其周边的结构材料带来不良影响，进一步加剧了道路质量安全隐患。（3）路面铺装问题主要是铺装层的松散现象，产生这种现象的原因主要来自两个方面，即施工方面与材料方面。施工方面的原因主要是铺装层的压实不到位导致压实度偏低，以及铺装层的平整度差或铺装层与桥梁结构之间的黏结强度不够；材料方面的原因是铺装层所采用的混合粒料存在质量问题，性能不稳定。（4）道路之间的衔接问题是道路施工中的一个难点，由于路基与桥台强度之间的差异，两者在道路衔接处会出现明显的不均匀沉降以及差异变形，车辆在经过该处时会出现"跳车"现象。"跳车"现象不仅会对行车的舒适性产生严重影响，还导致行车存在安全隐患，尤其是对一些重型车辆更是如此。出现这种问题的原因一方面是桥梁是刚性结构，与路基存在差异；另一方面是在施工中对桥头路基的压实度控制不严格，导致其发生较大的竖向变形，尤其是通车时间越长，这种现象越明显。

（三）道路检测技术

1. 超声波检测技术

道路工程中对于超声波检测技术的使用主要是借助应力波原理检测道路工程内部存在的空隙。这种检测技术通过较为急促的机械撞击获得低频应力，进而将超声波传导至道路工程内部，随后从道桥断裂面发射回来。这种检测技术需要道路工程断裂面、冲击面和多个面的波形回合，对其实施共振，不但能够测定结构完整性，而且可以确定内部空隙位置。超声波检测技术也有一定的弊端，在实际检测过程中容易对周围管道产生影响，因此在未来使用过程中还须对该技术进行完善。

2. 图像及光线传感检测技术

道路工程中无损检测技术图像检测可以分为激光全息图像和红外成像两种技术，激光全息图像技术可以获取较为精确的力学量，借助全息摄像设备记录道路的结构特点，随后进行图像结果总结与分析，进而获得力学量。而红外成像检测技术则是以道路材料和特性为关键点进行热传导判断，使其以图像的形式呈现出来。光线传感器检测以光特点为主，借助光的反射展示出其应有的特点。在光线的实际传导环节会存在一定的损失，这时实际检测可以结合矢量变化实施，需要光线纤维内部某个环节产生改变，从而导致其射光密度存在差异。通过对比多个反射光合理把控道桥内部结构。多层反射传感器检测主要是借助光速不变形测量将其从传感器发出，使其到达反射装置并及时返回。多层反射传感器上部存在的反射镜可以在道路工程适合的部位安装，使其检测误差不大于 0.15mm。

3. 雷达检测技术

雷达检测技术是利用高频电磁波反射来确定检测目标体位置与埋深，其在桥墩质量检测中得到了广泛应用，测试方便、操作简单、配置轻便，适合不同场地，数据存储可为数字或图像格式，可用后处理软件进行 3D 处理。雷达检测技术具有以下优势：一是利用高频电磁波的反射来确定目标体的位置与埋深，是一种工程勘察的技术和手段；二是坚固、防水、防尘的设计使智能雷达系统可在不同的环境、极端温度或气候条件下运行；三是大深度探测，100MHz 天线可满足 20m 深度范围的探测；四是手触屏操作及手动操作屏幕；五是可适应各种地形探测，如四轮、双轮、单轮配置；六是轻便的模块化构成便于快捷拆卸、运输、安装与测量；七是测距轮和 GPS 定位的系统外设装备为测量提供准确的位置信息；八是主机内置的 Wi-Fi 模块可以实时把测量成果传输到指定终端；九是可实现三维网格测量，现场实时显示剖面和水平切片；十是现场实时显示测量轨迹，测试结果直观明了，可现场确定目标体位置和埋深；十一是可选外接高精度 GPS 天线。雷达检测技术的优势，使其在桥梁工程质量检测中得到广泛应用，为桥梁工程质量监控提供了重要的数据支持。

检测技术作为一种控制道路施工质量的有效手段，无论在施工过程中还是竣工后都可以及时发现存在的质量问题。

随着技术的快速发展，路面检测技术也在不断地更新换代，不仅由原来的破坏式检测变为现在的不破坏路面就能够实现检测，还提高了检测精度和检测速度。随着计算机技术的日新月异，道路桥梁检测技术也逐渐被高新技术所代替，并逐渐进入了自动化检测时代。道路自动化检测技术主要是运用超声波技术对道路的内部结构进行检测和判断，然后通过图像技术即激光全息技术和红外成像技术对道路的内部结构进行红外感应成像，通过分析对其内部结构以及缺陷有一个清晰的认识和了解。同时，利用激光检测技术，可以提高道路检测技术的准确性。

二、自动化道路检测系统

(一) 当前道路出现的问题

1. 沥青路面压实度和弯沉

路面横向裂缝是道路中普遍存在的一种现象，具体表现方式有两种：单一裂缝和横向裂缝及支裂缝并存。在山区高速公路中，不同的交界填挖段频繁出现，这就大大增加了路面横向裂缝产生的概率。因此，在路面建设过程中，需要严格控制路面的压实度，而且在压实过程中也需要尽可能地控制温度。当路面压实度低时，就会导致路面发生沉降，进而影响公路的使用寿命。在交工验收阶段，施工方要对路面的压实度和弯沉值进行严格控制，而且在施工时还需要重视沥青混合料的温度，这主要是由于沥青的刚度和强度都受温度的影响。路面的动态弯沉值是沥青路面检测和设计的重要指标，主要反映沥青路面的整体强度。因此，常规的弯沉实验均需要修正到具体施工环境下进行。

2. 路面车辙

随着交通量的不断增大，沥青路面上的车辙会越来越多，并对路面质量产生极大影响，导致这种状况的因素有很多，主要可以分为外因和内因两个部分。其中，外因主要包括高温、重载以及大交通量，而内因则主要包括路面结构和路面材料性能。在同样条件下，山区高速的路面坡度对车辙的影响较大，这主要是由于上坡路段车速较低，这样路面受荷载的时间就会较长，导致路面车辙状况的发生。在交工验收阶段，可以建立一个车辙深度的检测记录表，以便对路面车辙状况进行记录分析，以了解路面的抗车辙能力的衰退曲线。

3. 路面平整度

沥青路面平整度对于行车的舒适性具有重要作用，并且也对路面的抗冲击能力和使用寿命具有重要影响。这主要是由于路面不平整，就会给行车带来极大的阻力，进而导致车辆产生振动，影响行车舒适性，而且路面不平整还会导致路面积水，进而加速路面的腐蚀破坏。因此，对于高等级路面而言，路面平整度对于路面控制具有极其重要的作用。

(二) 道路自动化检测系统技术要求

1. 系统配置与参数

道路自动化检测设备主要包括高速激光平整度检测系统、高分辨率路面破损检测系统、高速激光车辙检测系统、一级路况图像信息采集系统等构成，并且这些设备都要求车辆在正常驾驶中对道路完成自动检测，并参照各项合格指标参数来完成对道路的评价。

2. 检测技术要求

检测车辆应当安装相应的 GPS 定位系统以及相应测量装置，以确保信号发送及接收的准确性，并实现对故障路段和破损路段的准确定位和测量。在测试过程中，还应该为检测车辆配置相应的辅助光源，以确保信息采集的准确性。

3. 路面图像数据处理子系统

图像数据处理主要是对路面图像进行预处理和识别，即要求准确识别出路面破损的类型、程度以及产生破损的原因。路面破损自动识别则主要是基于自动检测技术中的图像数据处理系统依据道路破损特征对道路状况进行辨别和评价，主要包含以下几个方面内容：

（1）图像压缩：图像压缩主要是要求自动化图像处理系统对所拍摄的包含路面信息的图片进行压缩加工和处理，在压缩过程中一定要确保图像的完整性。

（2）图像预处理：图像预处理主要是指对破损图像进行前处理，以消除路面噪声或者轮胎痕迹等，进而消除这些痕迹对道路检测结果的影响。

（3）图像特征描述与识别：图像特征描述是将物体根据相应的评价标准，将属于同一性质的图像归于一类，以减少图像识别的计算量，提高图像识别的效率。

（4）破损程度评价：自动化路面检测系统应该能够根据路面情况，进行破损自动化评价分析，然后根据路面破损种类和破损程度对其评价结果进行分类，同时根据其破损面积占总面积的百分比来讨论路面的破损程度。

（三）道路自动化检测技术的应用

1. 路面破损自动检测原理

这里所选择的道路自动化检测系统在路面破损检测中的应用主要是根据路面信息采集系统所采集到的信息进行分析，然后得到路面破损情况。该检测系统主要由数据采集系统、图像显示、图像处理和计算等内容构成。该系统解决了图像信息存储空间大的难题，有利于提升我国路面监测和维修的效率。

2. 摄影技术在信息采集中的应用

摄影技术是道路自动检测系统中采用最为广泛的路面破损图像信息采集技术，该技术自 20 世纪 70 年代首次应用于西方发达国家进行道路破损图像采集以来，逐渐被各个国家所应用。其所采集的图像信息，也由原来的低分辨率变为现在的高分辨率。其应用途径如下：首先，由照相机对道路破损路面进行拍照，其次由计算机对其参照破损特征信息进行评价和分析，该方法极大地缩短了监测时间，而随着道路质量监测要求的不断提升，摄影技术也在不断提升和完善。

3. 数字图像技术在信息采集中的应用

近年来，随着数字图像技术的迅速发展，具有动态影像功能的 CCD 摄像机也应运而生，其主要优势为能够高精度地采集灵敏性好和精确度高的图像。比如，利用 AEEB 系统所构建的路面信息检测系统，就是采用 CCD 摄像机实时检测路面信息，该数据采集系统主要是将图像实时显示在计算机上，并支持图像离线分析和存储，且其精度可以达到 3mm 左右。CCD 数字图像技术在道路检测中的应用已经取得了较为明显的效果，解决了车速与图像匹配的关键问题，减少了由于车速限制而导致图像采集出现遗漏或者重叠等不好的现象。

综上所述，随着我国经济的快速发展以及我国城市道路建设量的不断增多，道路的养护和管理已成为当前我国公路管理部门的工作重心。实现对道路状况的实时监测，已经成为我国公路高负荷运载和发展的必然趋势。道路自动化检测技术由于其检测精度高、能够实时监测且可靠性高而在道路检测中得到广泛应用。因此，推动道路自动化检测技术的发展和普及对于提高我国道路检测自动化水平和公路养护管理水平具有不可忽视的作用和意义。

三、无人驾驶汽车道路检测

（一）无人驾驶汽车道路检测与识别技术的实现方法

1. 整体实现方法

在无人驾驶汽车的道路检测和识别技术中，该项技术的整体设计思路为通过车辆中含有的雷达、摄像头等设备对道路情况进行检查，当发现道路中存在障碍物时，自动控制系统通过对障碍物运动数据的分析与计算对障碍物的运行情况进行预测，然后由控制系统对车辆的运行状态进行控制，以实现对这些障碍物的有效规避。在整个道路检测与识别技术的设计与实现过程中，系统中的软件是整个系统的设计重点，只有软件系统处于正常稳定的运行状态才能实现对道路中相关障碍物运行状态的有效分析。对硬件的分析主要集中在各类线路以及信息收集设备。

2. 硬件系统

在硬件系统的设计中，主要内容为整个道路检测与识别系统中的各类电子器件与线缆，在这些硬件设备的设计中需要从车辆的运行情况与运行环境等多个角度出发，保证这些硬件设施能够正常稳定运行。在硬件系统的设计中，最重要的硬件设备为道路情况采样用的激光雷达，在当前的无人驾驶汽车设计与生产过程中，车辆硬件系统中会配备多种激光雷达，这些雷达的作用是探究道路中的障碍物形状，通过与系统数据库中数据的比较能够了解该障碍物的类型。同时，在当前的无人驾驶车辆中还会设置摄像机，以收集车辆的周边信息，并且能够辅助激光雷达的工作情况。当前的很多的无人驾驶车辆会应用 GPS 导航技术，在该技术的应用中能够对车辆的行进路线进行全面规划。要实现这些功能，需要应用专用的硬件设施。

3. 软件系统

软件系统的主要功能为以下三个方面：一是障碍物行动预测，发挥该功能须在软件设计中设置相关的障碍物运动公式，该部分软件系统通过车辆中配置的硬件设备收集到障碍物的运行数据，并将这些数据带入计算模型中，从而对车辆进行合理控制；二是障碍物检测系统，对于道路中不同的障碍物来说，车辆需要采取不同的规避措施，所以在软件的设计中，要能够分析硬件系统采集的数据，让车辆能够采取合理的规避措施；三是障碍物模型存放数据库，在当前的无人驾驶汽车中，都会通过数据库存放各类相关障碍物模型资料并且车辆的软件系统智能化程度通常较高，能够主动写入障碍物数据，完善整个系统，所以软件系统中设置的数据库需要能够支持数据写入功能。

（二）无人驾驶汽车道路检测与识别技术的发展方向

1. 硬件设施方面

在当前的硬件设施中，已经能够实现对道路中障碍物的有效识别，但是就一些无人驾驶汽车运行案例来看，系统对一些行人的行为无法进行有效预测，所以在今后的系统完善过程中，一个重要措施就是优化系统中的硬件设施。在硬件系统中需要提高相机的广角，从而让系统能够收集更多的行人行动信息，在整个系统的运行中能够对这些信息进行更好的研究与整合。另外，在硬件设施中也需要加入红外摄像机，提高系统在夜间的有效识别程度，最大限度提升无人驾驶汽车在夜间的行驶安全性。

2. 软件系统方面

在无人驾驶汽车的运行中，软件系统发挥的作用极其强大，当前的软件系统虽然能够对一些障碍物的运行方式进行有效预测，但是对一些突发情况的处理效果较差，所以今后的一个重要发展方向是提高系统的智能化程度，让该系统在运行过程中能够主动、有效地记录各路段的信息，在经过相关路段时能够更好地处理各类障碍物信息。尤其是在硬件设施改进与优化这一大背景下，系统需要能够实现对各类信息的有效整合与分析，提高系统对相关问题的处理效率。另外，在系统的运行过程中，要能够主动对各类突发交通信息进行合理有效的处理，一个重要方式为在不同时间段以及不同路段中，软件系统对收集到的信息需要有不同的侧重点，比如在夜间行驶时，要重视对红外相机获取数据的应用力度，通过对这些信息的收集与应用实现对障碍物信息的精确分析和预测。

在无人驾驶汽车的道路识别过程中，整体设计思路为通过雷达装置、相机以及 GPS 导航系统获取车辆的运行数据，并对道路的障碍物类型和运动情况进行信息收集，在此基础上对障碍物的运行情况进行预测，保证系统正常运行。在今后的发展中，将对控制系统中的硬件设施和软件系统进行同期升级，保证硬件设施能够获取更多信息，软件系统能够进行更为精确的信息分析。

四、城市混凝土道路检测技术

(一) 道路路面使用性能检测

1. 路面的功能性能

城市混凝土道路最基础的功能就是为车辆提供安全舒适的行驶表面，城市混凝土道路的功能就是衡量此方面能力的大小，这直接影响到城市居民的出行和道路的建设及行驶质量。城市混凝土道路的路面状况中，路面的表面凹凸情况是重要的性能指标之一。路面的平整度对居民驾车的舒适性、油耗及车载的反复作用具有直接影响，也直接影响了行驶质量。对路面平整度的影响因素包括车载情况、周围环境的周期变化及路面的使用时间。其中，就要注重平时对车载情况及环境的影响加以控制。当路面的平整度下降到某一极限值时，即道路不能满足正常的行驶要求时，便需要采取整修改建或者重建措施以恢复城市路面的功能。

2. 结构性能

城市混凝土路面的结构性能主要指的是路面结构经过长时间的使用，其中包括车载的磨损及周围环境的影响等，仍能保持结构上不受损坏的能力。由于城市混凝土道路特有的承载压力大、使用时间长等特点，城市混凝土道路路面结构的损坏形式主要体现在以下几个方面：城市混凝土道路路面出现裂缝或者断裂的情况，路面结构的整体性发生较大的损坏；城市混凝土道路的表面遭受损坏的情况，道路表层的部分材料出现散失或者磨损的现象；城市混凝土道路路面出现永久变形的情况，虽然路面结构还保持着整体性，但是道路路面的形状产生了较大的变化。如接缝损坏类，这种损坏主要是水泥混凝土路面接缝的损坏，体现在接缝附近局部深度或者宽度范围内的混凝土破损甚至碎裂，或者接缝的填充材料丧失等。

3. 结构承载力和安全性

目前，我国城市的主要道路由混凝土组成混凝土路面，多数为沥青路面。因此，一般评定路面结构承载力的方法为路表面无损弯沉测定方法。路面能够继续正常使用的时间也是通过弯沉值的大小确定的。城市混凝土道路路面的结构承载力主要的内在因素就是路面的内在损坏状况。当承载能力接近极限值时，表明路面已经损坏严重，必须采取措施进行改建或重建。在城市道路的使用过程中，尤其是南方的城市，当路面车辙处有积水时，行驶的车辆容易发生飘滑现象，极易造成交通事故。路面的抗滑能力可以通过各种测量仪器来测定。主要指标有摩阻系数、抗滑指数、构造深度及透水系数。在城市道路长时间使用过程中，可以定期采取包括铺设抗滑磨耗层或刻槽等措施增强其抗滑能力。

（二）路面检测常用的技术

1. 沥青路面车辙测试技术

车辙就是沥青路面在车辆负载的长期积累作用下产生的变形。在我国城市路面中，主要使用的是以半刚性材料为基层的沥青路面，所以主要表现为失稳型车辙。车辙测定的方法因地制宜。目前，我国主要使用的有路面横断面仪、横断面尺和激光路面断面测试仪等路面车辙测试方法。车辙测试首先要确定车辙测定的基准量宽度和间距。例如，城市内公路中有车道区画线时，测量基准可以定为一个车道的宽度。

2. 道路路基压实度检测技术

相对于各类道路压实度检测技术，振动压路机的道路压实度检测更具可靠性和真实性。此类检测仪主要根据传感压实轮的运动原理完成道路压实度检测。实践证实，此类道路压实度检测方法通过振动压路机，操作手随时查看显示器所显示的振动频率、运行速度、压实情况等，控制道路压实质量。此外，操作手可随机存储好有关检测数据，以便工程后期所用，最大限度地规避了漏检、欠压或过压问题，并提高了道路施工效率和施工质量。

3. 回弹弯沉测试技术

城市道路路面的弯沉测试主要是检测路面结构的承载能力。造成路面结构损坏主要有两个方面的因素：局部过量的变形和某一结构层的断裂破坏。弯沉测定技术主要分为两类：静态测定测试和动态测定测试技术。静态测定包含贝克曼梁弯沉仪测试技术和自动弯沉仪测试技术，动态测定包含稳态动弯沉仪测试技术和脉冲弯沉仪测试技术。静态测定方法可以检测到最大弯沉值，而动态测定法除此之外还可以得到弯沉盆。

贝克曼梁法最大的不足在于必须全程人工操作，人为因素造成的误差比较大。自动弯沉仪可以解决这方面的问题。它可以对路面进行高强度、高密集点的测量，有利于路面的养护管理。但自动弯沉仪检测车辆行驶的速度很慢，仍然属于静态弯沉测定。为了检测车辆行驶的快速情况，就应该采用动态弯沉测定。落锤式弯沉仪可以实现动态测定，并可以模拟车辆负载冲击作用下的弯沉测定。这种方法采用计算机自动采集数据，具有减小人为因素造成的误差、检测速度快的优点。它是通过落锤质量和起落高度控制路面所受的冲击荷载的大小，并用相应的传感器测定荷载时程和动态弯沉盆。采用 FWD 测定时，需要根据不同地区的不同结构和材料等条件求取相应的关系式，不可一式多用。

4. 路面抗滑性能检测技术

城市道路路面的抗滑能力包括路标构造深度、路面横向力系数和路面抗滑值三个指标。路标构造深度表现在路面的凹凸不平的程度。针对城市道路路面抗滑能力指标的检测，可以通过手动铺砂法、电动铺砂法和激光法对其进行检测。其中，激光法检测技术检测速度快、检测精度高，应用越来越广泛。目前，可以采用刹车式摩擦系数测定仪检测技术、不完全刹车式摩擦系数测定仪检测技术及横向力系数测定仪检测技术三种方法对路面抗滑能力进行自动检测。其中，横向力系数测定仪主要是用来测定车辆在路面上发生侧滑的危险性，也是应用很广泛的一种测定仪。其余两种应用情况比较少。

综上所述，道路检测技术与高新技术的不断交融实现了其自身的应用自动化、设备精确化、处理智能化、监控实时性的目标。但我国道路检测技术的发展现状却不容乐观，且远落后于国外发达国家，而道路检测技术是确保道路使用安全和综合性能的基础和关键。

现如今，我们的社会可以说是一个车轮社会，现代社会中已经离不开汽车，其无可替代。随着科技的发展以及人民生活品质的提升，人们对汽车品质的要求越来越高，因此汽车的环境适应性能、安全性以及舒适性也越来越好，这些也成为人们越来越关注的重点内容。在汽车发展这一方面，提高安全技术以及环境保护极为重要，而解决这些问题最好的方法就是利用信息技术。

五、智能车辆中道路检测与识别

（一）智能车辆技术概括及发展方向

现如今，智能车辆技术属于一种刚刚兴起的跨学科领域，其中非常多的想法和解决问题的方案灵感和技术都是来自其他领域，如人工智能、机器人、通信、计算机科学、信号处理、自动化以及控制等诸多理论，就比如其设备以及机构，还比如声呐、雷达和红外等就是来源于军事领域。智能车辆在进行系统研究的过程中主要包括辅助驾驶、智能控制、自动驾驶、安全监测、行为规划和决策、系统集成、系统结构以及一些其他的研究方向。假如我们从司机对驾驶车辆的控制熟悉程度以及自主程度进行一些划分，可以将其分为以下三个方向。其一就是监测和预警系统的研究，关于这部分研究为前碰撞预警、车道偏离警告、盲点警告、车道改变警告、行人检测、十字路口预防碰撞警告、倒车时防止碰撞预警等一些方面的问题。其二就是半自动车辆控制系统这一方面的研究，对于前面的这一部分，与其相比，这部分车辆具有非常高级的自动化处理。如果司机没有对车辆发出的预警做出及时的反应，而系统需要对车辆的控制，它就可以通过控制方向盘、刹车、转矩等使整个车辆还原至原本的安全状态。最后一个研究方向就是车辆自动控制系统，关于这一部分，它已经完成车辆自动化，对它的研究主要是车辆车道上的维护、自适应巡航、车辆排队、车道上的维护、等距以及低速行驶等方面。

（二）智能车辆技术发展原因

现如今，社会生活中车辆的使用几乎已经落实到每家每户，有些家庭甚至不止一辆汽车，不管是公共汽车、家庭汽车还是载货汽车，已经非常普遍地出现在我们的生活中，正因如此，交通障碍、拥挤以及更多的交通事故就不断出现和发生。所以，为了解决交通拥挤问题以及降低交通事故的发生率，确保司机在驾驶汽车时人们的生命财产安全，许多专家以及项目研究人员开始对其进行研究，并提出相应的问题。

（三）道路图像处理

可以经由图像滤波减少或者消除由于一些外在原因所造成的干扰噪声，增强图像边缘信息的图像增强算法，这对图像分割和识别非常有利。这两个图像算法把我们有兴趣的目标区域（车道）进行分割，这也有利于后续检测道路标记线。不管是哪一个没有处理的原始图像，它们都有着噪声恶化图像质量的问题，这样就会让整个图像变得模糊，有时更会将本身需要检测的图像特点所掩没，这样就会给整个图像的分析造成非常大的困扰。因为整个图像灰度值所具有的特点是相关性，图像的能量一般是在低频区域集中，研究图像中的虚假轮廓信息和噪声主要在高频区域所集中，对于图像细节的能量也在高频区域体现。图像平滑主要是为了使图像的虚假轮廓和图像的噪声得到消除，我们一般将其称为低通滤波。一般情况下我们有两种类型的图像滤波算法：空间滤波和频域滤波。频域滤波一般要变换正反两次，需要非常大的计算量，但通过实验我们可以知道，该方法不能使实时系统的要求得到满足。空间域方法用于处理图像的灰度值，并且比较直接。

一般所用的算法有数学形态学、边缘保持平滑、中值滤波、邻域平均以及局部平均法等。

（四）如何提取图像边缘

图像边缘指的就是图像边缘像素灰度有屋顶状或者是阶跃变化的一些集合的像素，这只存在于目标与背景之间、目标之间、区域之间。图像边缘信息在人视觉以及图像分析中有着非常重要的作用，也是图像识别一个重要的图像特征提取因素。图像的边缘有两个特点：振幅和方向。一般情况下像素沿着边缘的方向变化得非常缓慢，并且垂直于边缘的像素变化显著对于这样的改变可能存在步骤类型和屋顶类型。

反射边界和深度一般与阶跃性变化相对应。而对于屋顶类型变化往往表现了并不是连续的表面法线方向。如若是某一对象的像素在图像边界，那么它周围领域则变为灰度级变化带。这种变化的两个最有用的特点是灰色的变化率，分别以矢量的大小和方向来表示。每个像素的边缘检测各个像素邻边，还要对灰度变化率量化，还包含有确定方向。

（五）路面识别

在关于智能移动机器人和汽车自动驾驶等系统上，采用的方法为视觉法，视觉方法用于检测、确定以及识别道路环境，这也使得我们对其进行重点关注。道路识别属于智能车辆的一种最为基本的自驾功能，它的技术要求用摄像机对车的前方场景进行图像采集。表述出适当的转弯指令，以确保车辆总是在正确的车道上（尽量在中央驾驶车道）行驶。但是有时因为车辆运动，或者由于环境对其干扰，在道路上行驶时两边树木的改变，或照明，产生不同的深度和表面取向，这就使图像信号的处理变得复杂。由于在进行道路识别的过程中，对于其实时性以及准确性都有着非常高的要求，一般的边缘检测算法或者一般的图像分割算法要想得到好的效果是非常困难的。在视觉导航系统中，道路识别是其重要组成部分。现如今，各种的视觉道路识别基本操作使用以下两种方法：一是基于整个路面的方法，实现其可以通过区域检测方法，这种构造算法主要是对整个道路路面；二是分道线检测法，检测可以通过建模、分道线识别或者对边缘等。通过整体法进行道路识别，基本原理就是高速公路路面的连续性和一致性、灰色、色彩或纹理，确定表面通过图像进行分割的方法。如果我们考虑路面在空间的连续性，效果会更好。由此可以看出，颜色一致和连续的路面更有利于道路图像的分析，所以我们可以选择通过该地区区域生长的方法来分割路面，区域增长技术一般对区域连通性以及均匀性进行考虑。与普通的图像分割算法相比较，它可以同时直接利用图像的一些性质来确定最终的边界位置。但是它也有着非常明显的缺点，计算时间以及空间等有着非常大的开销。因为系统要求的一点是实时，所以此算法不能完全满足要求，但是由于图像分割法也算一种较为先进的方法，我们也对其做出了许多的研究。

第二节　桥梁检测及监测

一、桥梁检测及监测的内容和方法

随着现代化建设的不断推进，我国交通运输行业蓬勃发展，桥梁结构作为交通线路的咽喉，近年来取得了举世瞩目的成绩。目前，中国桥梁总数已超过百万，而大量建设中超大跨度、超大难度的跨江越海大桥仍在继续挑战工程的极限。但桥梁建成只是其发挥作用的起点，只有保证安全与健康才能充分发挥其作用。桥梁检测与监测技术是保障桥梁安全运营的关键，其依靠现场检测与实时监测获取桥梁结构的损伤状况与动力特征，从而分析桥梁的实际承载状况。但随着工程应用的不断增多，现阶段桥梁检测与监测技术的"瓶颈"也日益突出，其中主要的问题可概括为以下四个方面：一是理念"瓶颈"，设计阶段缺乏对桥梁养护中检测与监测需求的考虑；二是标准体系"瓶颈"，标准的建立未能跟上工程发展的实际需求；三是方法、工具与装备"瓶颈"。现有技术与设备未能适应复杂多变的检测与监测环境；四是数据分析"瓶颈"，海量多源的数据堆积，未能得到充分有效的利用。随着社会经济的发展，政府、企业及社会公众对桥梁安全与健康的关注度日益提高，这对检测与监测结果的真实性、可靠性与有效性提出了更高的要求。因此，亟须打破上述"瓶颈"，推动桥梁检测与监测技术向"低成本、高精度、短时延"发展。对于发展"瓶颈"的突破建议如下。

（一）准确把握技术趋势

如何保障桥梁的安全性、耐用性和使用功能已成为目前桥梁工程界的巨大挑战。桥梁工程技术发展以建设为主向建设与养护并重转型。随着对桥梁的结构要求、服役要求以及长期性能要求的提高，桥梁检测与监测及其相关的病害诊断与分析技术的研究将呈现出新的趋势，主要表现为深入化、集成化、标准化与智能化四大特征。

1. 深入化

结构损伤机理研究将逐步从微观向宏观、从短期向长期、从单因素向多因素耦合拓展。

2. 集成化

无损检测装备与养护维修装备的小型化、专业化、集成化程度将日益提高；健康监测系统中传感、采集与传输设备的高度集成将是大势所趋；依托 BIM 平台，设计、施工、检测、监测、养护、维修的信息将高度集成融合。

3. 标准化

不仅是传统意义上的检测、监测、养护动作和质量评定方法的标准化，还包括数据互联互通的信息标准化。

4. 智能化

随着机理研究的日益深入、数据积累的日益增多、信息融合的日益加强，以及大数据分析、云计算、机器学习等技术的进步，桥梁养护智能化研究将受到关注，结构病害的早期识别、趋势推演、检测评分自动进行、安全风险自动排序、养护资金智能优化配置、桥梁寿命预测将成为可能。

（二）实现重点技术突破

在桥梁检测中，目前大量采用近距离人工观测或接触式仪器检测，这两种方式风险高且须投入大量的人员与资金，而且部分关键部位由于位置隐蔽往往难以得到有效的检查，从而导致桥梁检测合格但实际承载能力严重受损的情况出现。因此，应大力发展非接触性的表观病害检测，提高隐蔽部位、难检部位的检测能力和检测效率，提高现场记录的自动化和信息化水平。例如，研发基于深度学习的病害识别技术，通过计算机视觉自动提取病害的特征，实现病害高精度识别；研发基于磁致伸缩导波的无损性拉吊索断丝检测技术，对于断丝截面损失情况进行精准评估；研发准静态快速荷载试验技术，缩短荷载试验时间并降低试验成本，同时精准评价桥梁的承载力状况；研发同步压缩变换瞬时频率算法，有效提取重车通过时索承桥的索力极值，为超载报警和突发事件的安全评估做出及时预判；研发更高精度、高频率的位移测量技术，如长标距的光纤传感、微波干涉雷达等。只有不断突破现有技术的"瓶颈"，才能够不断提高桥梁检测的效率，准确评估桥梁状态。

在桥梁状态实时监测方面，目前普遍存在传感器寿命低，点式布置传感器难以反映全桥的损伤状况以及缺乏现场实施、评定与维护标准等方面的问题。同时，对于海量的监测数据，自动化处理程度仍有待提高，且耦合数据分离始终存在困难。此外，在分析评估中，目前总体停滞于构件级评估，而且全桥评估发展缓慢，对于结构健康状态的预警与评估指标也有待进一步优化。基于上述因素，应进一步加强耐久性高、生产成本低且易更换的传感器的研发与应用，同时推广分布式传感器的应用，加强传感器对结构全局状态的捕捉，并建立健全传感器采集标准，推进传感设备布设与运营维护的规范化。此外，在数据处理与状态评估方面，充分利用云计算、人工智能技术推进数据处理自动化与智能化，并研发时空数据融合计算，推进检测监测一体化大数据分析，构建桥梁健康状态时空演化模型。综合发展传感设备与监测系统管理制度，并面向自动化、智能化发展桥梁数据分析技术，从而突破现有桥梁健康监测技术"瓶颈"。

二、影响桥梁检测及监测质量的因素

（一）桥梁检测及监测的目的及重要性

1. 桥梁检测的目的

桥梁工程的建设环节较为繁杂，且工程建设人员的能力与素质参差不齐，容易影响桥梁工程的建设质量，进而威胁着人们出行的安全，不利于国民经济的可持续发展。而运用桥梁检测工作能够帮助工程建设单位对桥梁的实际运行情况进行专业的技术评定，及时全面地掌握工程建设过程中存在的缺陷和不足，并分析存在质量问题的具体位置和程度，利用清晰准确的数据对桥梁的施工进行改进，避免安全隐患问题的出现。同时，也为后期工程质量控制工作的有序开展提供可靠依据。工程管理人员依据桥梁检测的数据逐步完善技术管理制度，有利于提高工程技术管理水平，进而保证桥梁工程养护工作的全面性和有效性。

2. 桥梁检测的重要性

桥梁是我国重要的交通枢纽，检测工作的开展有利于保证桥梁建设的质量，进而有效促进我国交通运输事业的繁荣发展。当前阶段，随着我国社会经济的发展及科学技术水平的不断提高，许多先进的检测技术被应用在桥梁质量的检测工作中。首先，检测工作的开展涉及工程建设中对施工材料、施工工艺和技术、施工设备等方面的质量检测，并贯穿施工准备阶段、施工过程以及工程竣工阶段，针对影响桥梁建设质量的因素进行客观分析，进而提高桥梁工程质量评估的全面性和可靠性，保证工程施工各环节的效率和质量，避免安全隐患和事故的发生。其次，合理地开展桥梁检测工作有助于节约工程的成本费用。工程施工成本的有效控制能够在很大程度上提高施工企业的经济效益。当前阶段桥梁工程施工的成本控制工作仍存在诸多弊端和不足，通过检测工作能够确保施工材料的质量，避免存在质量问题的材料被投入使用，进而防止了由于材料质量问题导致工程二次返工情况发生，节约了工程施工的效率和成本。

（二）强化桥梁检测质量的有效策略

1. 制定健全的检测管理制度

健全的检测管理制度能够为桥梁检测工作的有序开展提供有力的依据，因此检测机构企业需要依据内部经营与发展的实际情况，制定健全的检测管理制度，全面落实岗位责任制，明确各检测部门的相关职责，提高责任划分的科学合理性，有效规范和约束员工工作中的行为。同时，制度中须明确规定对检测记录和报告进行严格的审核工作流程，有效保证桥梁工程检测数据的准确性和可靠性。加大工程检测监督的力度，建立奖惩机制，将检测工作的质量与员工绩效奖金的发放标准相挂钩，调动员工工作的积极性，保障桥梁工程检测工作的有序进行。

2. 提高检测人员的专业能力和职业素养

检测人员的能力与素质对于桥梁检测质量发挥着决定性的作用，为保证检测数据采集、分析的准确性和可靠性，需要检测机构不断提高检测人员的专业能力和职业素养。首先，机构需要提高检测人才招聘的相关标准，保证工作人员持证上岗，相应提高检测人员的绩效奖励标准，吸引更多专业复合型检测人才就业。其次，定期组织检测人员开展专业技术教育培训工作，培训的内容需要涵盖工程检测专业领域的理论知识，将理论与实践结合起来，提升检测人员的实际操作能力和临场发挥应变能力。还需要强化对检测人员思政教育的力度，引导他们树立正确的工作态度，不断提高检测人员的职业素养。最后，检测人员要具备较强的自主学习能力，学会借鉴和吸收其他机构、企业优秀的检测工作经验，不断提高自身的检测水平，及时发现桥梁工程中的缺陷和不足，有效保证工程建设的质量。

3. 确保检测设备与技术应用的科学合理性

为保证检测设备与技术应用的科学合理性，首先需要检测机构组织人员对检测设备的使用性能进行全面学习和了解，并掌握每项检测技术的应用流程与要点。现阶段，在桥梁工程检测中较为常见的检测技术主要包括探地雷达检测技术、光纤检测技术、超声波检测技术、无线电检测技术等。光纤检测技术具备较强的抗电磁和抗原子辐射干扰的性能，因此在桥梁工程检测中得到了广泛的应用。利用预埋的光纤传感器能够测量出混凝土结构内部损伤过程的内部应变，并依据荷载–应变关系曲线斜率，准确获取混凝土结构内部损伤的具体情况。这些先进检测技术的应用能够在很大程度上提高工程检测的效率和质量，同时有助于节约检测成本。但同时，也要对不同检测技术应用的局限性进行全面分析，避免对检测质量造成不利影响，有效保证桥梁检测工作的有效性和可靠性。

桥梁工程建设的质量对于保障人们出行的安全，推动我国国民经济的持续增长具有至关重要的意义，检测工作通过对桥梁实际运行情况的技术评定，能够及时发现工程施工存在的问题，并强化对工程的质量控制，全面提升桥梁的使用性能。因此，新时期施工单位需要提高对桥梁检测的重视程度，并从技术的应用、人才的培养、制度的建立等方面强化检测工作的质量，进而保证桥梁施工的效率和质量，促进我国桥梁事业的繁荣发展。

三、桥梁检测数据的采集及处理

桥梁的安全检测和数据采集是确保其能够安全使用的基础，检测是了解其运行状况的主要方式，同时要能够判定其几何量的变化，掌握桥梁在使用过程中所存在的线形变化的情况以及内力变化情况，分析导致变形的主要原因，还能够以此来实施有效的修缮与重建处理，避免在施工过程中，出现塌陷、失效等情况，也能够防止发生交通安全事故。

（一）桥梁检测的内容

从实际情况来分析，桥梁检测内容包含多个方面，从检测方法角度来说，其包含了静载试验、动载试验与无损检测三种；而从间隔时间与频率角度分析，可以分为经常性检查与定期检查。经常性检查是工作人员的基础性工作，主要采用的是目测的方式，可以使用一些比较常见的工具作为辅助，通常间隔时间为一个月或者几个月。定期检查可称为详细检查，间隔时间是半年或者一两年。定期检查针对的是桥梁的基础性能，从各个部分入手开始检查，对于损坏的位置进行标记，此时就需要运用比较专业的机械设备来进行。总之，桥梁的检测不管是选择哪一种方法，其主要都是对外观与性能方面的检测，了解其损坏程度，以判定是否可以继续投入使用。

1. 桥梁性能相关参数的检测

很多技术参数与桥梁的运营性能都存在直接的联系，主要分为：静态参数如挠度、应变、裂缝等；动态参数如固有频率、动力响应以及振型等；材料参数比如混凝土强度指标、均匀性和耐久性等。上述这些参数都能够体现出桥梁结构的性能指标。从参数的数据可以判定出其运行状况以及所存在的主要问题，而检测确定这些参数之后，就能够确定结构强度等性能，以最终了解桥梁的承载性能。

2. 静载试验

静载试验是按照预先设定的目的，以及实施方案，在试验位置上施加静止载荷，以检测其静力位移、应变以及裂缝等方面的状态，然后以有关的技术规范来判定其综合性能和运营能力。

3. 动载试验

动载试验主要是利用激振作用的方法，使其结构出现振动，然后检测桥梁的固有频率、阻尼比以及动力冲击等参数，从而来判定其刚度性能和运行能力。

4. 无损检测

无损检测是在不损坏桥梁结构、使用性能以及其他特性的基础上，对桥梁结构中的一些构件进行物理量的测定，以更好地判定结构强度等指标，是一种比较先进的检测方法。这种检测方法的关键在于能有效对材料性能进行检测，与其他两种检测方法存在明显的区别。桥梁实施无损检测，可以更好地确定其发生病害的实际情况。外观病害检测主要是利用肉眼或者测试仪器来进行整体、Ubuntu 的病害检测，比如混凝土结构所存在的裂缝与空隙、基础结构部分所发生的沉降等问题，还能够确定耐久性与强度参数，其主要是针对病害检查来进行的，但是结果会直接受到工作人员技术水平与经验的影响。

（二）桥梁检测数据的采集与处理

1. 检测数据采集的问题

根据桥梁的实际情况，选择上述的一种或者几种方式来进行检测，从而获得桥梁运行情况的基础数据，然后进行数据的记录、保存与分析，这就是桥梁检测数据收集与处理的整个过程。检测数据收集：该阶段主要是对整个桥梁运行状况中所反映的所有数据实施测量、记录与整理等全部工作，从具体情况分析，其主要可以分为内业数据与外业数据两个基本内容。外业数据就是所有检测数据的记录和整理，这是内业数据处理的基础，所以应该保证所有的数据准确性达到要求。内业数据就是对检测的数据进行分类、评价、分析和参数评估等过程，所以要有条理性，效率也应该达到要求。桥梁在检测过程中会有大量数据信息，要准确记录，并且实施系统化的分析和处理，以更好地确定桥梁运行状况。

对于普通的桥梁实施检测都会存在数量庞大的数据信息，在检测过程中实施数据的采集、记录与分析的工作量都是巨大的，且复杂性非常高，并且极易出现数据错误的问题。如果针对的是大型桥梁检测，则会存在更多的数据信息，依然使用传统的工作方式则会导致工作量巨大，工作人员劳动强度比较高且容易出现混乱的情况，整个数据处理的过程都存在严重的问题，对于最终结果的分析也是非常不利的。

同时，现场实施数据的管理和分类工作也是非常烦琐的，工作量也非常大。如果工作效率比较低，必然造成后续的检测工作速度无法提高，并且现场实施这些数据的处理和分析也是非常麻烦的，一旦出现偏差就会造成后续工作无法进行，容易存在重复性工作。

2. 检测数据采集处理技术发展趋势

随着科学技术的发展和进步，检测数据的采集已经从传统的目测和光学机械的方式逐渐演变成为以电学、电子为主的自动化技术。数据的分析和处理，目前主要是利用计算机技术来进行的，其处理速度非常快且不会发生错误问题。桥梁检测数据的采集和处理必须使用具备高精度的设备，能够快速处理接收到的数据。

从计算机方面来分析，科技发展之下，其逐渐向着小型化的方向发展，且内存容量已经达到了千兆字节的级别，运算速度非常快，可以实现每秒数百兆次的运算。微型化计算机比如掌上计算机的应用可以使得运算更加方便快捷，大大提高了工作效率、降低了劳动强度，但是其运算速度虽与台式机相差不大，稳定性与可靠性却非常高。其还具备了多种形式的无线数据传输功能，可以及时地将数据信息传输到其他工作计算机内。

该工具的开发和应用对于桥梁检测技术来说是革命性的发展，也是未来研究的主要方向，其必然会促进检测技术领域的发展和提升，大大提高检测工作效率和数据的准确性，改善外业作业环境，也能够减少人员数量、降低成本。在大尺度变形方面的检测主要是利用全站仪、水准仪等设备来进行的，其具备高自动化、高精度的优势，可以大大提高数据处理的准确性。

桥梁数据测量实施处理应该在现场，或者室内通过计算机与外部设备连接，进而实现检测数据快速分析和处理。所以，这些检测设备必须能够联机使用，从而实现系统化处理，积极促进我国桥梁检测技术的提升，体现出数字化仪器的优势，提高工作效率。

当前的桥梁检测工作量比较大且复杂性比较高，如何在提高检测数据准确性的前提下来提高工作效率是未来发展的需要，意义也非常重大。应该积极地开发出具备更高性能的数据记录器，以满足当前工作的需要，所以需要全体技术人员共同努力开发促进行业的发展。

四、无人机在桥梁检测中的应用

(一) 传统桥梁检测方式概述

1. 桥梁检测作业分类

桥梁检测一般是对桥梁结构以及桥梁外观进行检测，并结合相关检测数据进行结果评定。在对桥梁结构性能进行检测的时候通常需要应用力学实验辅助；而在检测桥梁外观的时候，一般是借助肉眼或其他辅助工具完成，例如望远镜、桥检车等。在进行桥梁检测作业的时候，可以将作业内容分成四个部分，分别是日常巡检、经常巡检、定期检测和专项检测。

在进行日常巡检的时候一般是通过目测，检查桥梁上是否出现零部件缺失、损坏等问题，判定桥梁结构是否出现异变。而经常检测需要添加相应的辅助工具，对桥梁各部件进行检测，判断桥梁部件损伤程度。定期检测表示对桥梁进行全面检测。而专项检测一般是出现特殊情况的时候才会使用的一种检测方式，例如车祸、洪水、地震等。

2. 传统桥梁检测相关设备

在进行桥梁检测的时候最常用的方法是目视，仪器一般是对人工进行辅助。常用的桥梁检测设备有望远镜、梁下检修桁车、登高车、桥塔检修吊台等，是当前大部分桥梁保养单位的工作方式。其中，登高车主要是将检测人员送到检测位置，在具体进行桥梁损坏测量的时候还需要借助专业的手段。在桥梁检测技术不断发展的背景下，其检测方式和手段也越来越多，正逐渐朝着智能化的方向发展，其中缆索机器人、水下机器人、无人机等设备是很常见的。

(二) 无人机桥梁检测特征

1. 无人机桥梁检测系统构成

应用无人机对桥梁进行检测，构建完整的无人机桥梁检测系统，通过无人机、任务荷载系统、地面站系统、数据传输系统等不同结构的结合，有效发挥对桥梁的检测作用。从飞行结构对无人机进行划分，当前可用于桥梁检测的民用无人机可以分成三类：旋翼无人机、扑翼无人机以及固定翼无人机。旋翼无人机主要是通过旋翼的高速旋转产生动力的一种飞行器，其结构相对简单，可以垂直起降，能够在有限时间内悬停在空中，能够在比较复杂的空间环境下完成对图像的采集，因此使用无人机对桥梁进行检测通常采用的是旋翼式无人机。采用无人机对桥梁进行检测，可以将 GPS 等检测设备配置到无人机上。与专用于航拍的无人机比起来，桥梁检测的无人机将三轴增稳云台放置在机体上方，而航拍无人机云台则置于机体下方。

2. 无人机桥梁检测技术优势

和传统的桥梁检测方式相比，无人机检测能够挂载检测设备在空中进行作业，其技术优势更为突出，本身具有较强的机动性，能够快速检测到传统检测方式无法触及的地方，弥补传统检测的短板。在具体操作过程中，无人机的构造相对简单，其具有小巧、轻便的特点，在进行运输和维护的时候非常便捷。和传统检测设备相比，无人机的成本更低，使用无人机对桥梁进行检测时不用封闭交通，不会影响正常交通秩序。从安全方面考虑，无人机完全可以代替人工高空作业的方式，相关人员能够在相对安全的地方完成对桥梁的检测，人身安全进一步得到保障。无人机检测一般会用在对桥梁的经常性检测作业中，并通过望远镜等设备进行辅助，能够提高养护人员的巡检效率。在进行定期检测以及特殊检测的时候，无人机能够提高检测的安全性，通过与专业检测设备的精确结合，有效完成检测作业，提高桥梁检测效率与成效，达到降低检测成本的效果。

（三）无人机在桥梁检测中的优劣势分析

1. 优势分析

（1）整体性好，效率高

无人机能够轻松到达人力难以触及的部位，对细节部位进行反复采样，检测效率非常高，极大缩减桥梁检测的时间，多方面控制检测成本。

（2）灵活性强

无人机检测方案具有较强的灵活性，检测人员能够在后台对检测方案进行调整和修改，通常会配备多种预备方案，会结合现场实际情况对方案做出调整。

（3）成本低

使用无人机进行桥梁检测，不需要投入大量物力、人力成本，只需要打造一个具备无人机操控技术的团队即可，通过使用无人机对桥梁病害情况进行初筛，可以极大缩减设备费用。

（4）安全性强

无人机几乎可以完全替代人力在桥座、桥墩、桥腹等较危险地段进行检测，能够最大限度降低风险。

2. 劣势分析

（1）容易受环境因素影响

常规配置的无人机在对桥梁进行检测的时候，很容易受到周边环境的影响，例如大风天气、电磁环境以及物理环境，这些因素都会对无人机的稳定性造成影响，进而影响检测数据的准确性。

（2）受无人机配置条件影响较大

无人机的配置不同，其负载能力、稳定性、续航、防风等能力的差别比较大，直接影响桥梁检测的结果。所以，为了达到良好的检测效果，在制定检测方案的时候，通常会考虑桥梁类型和环境因素，进而选择合适的无人机。例如，在对大型桥梁进行检测的时候，续航能力强的无人机为首选；如果被检测桥面过宽，应当考虑无人机是否会出现信号弱的问题，适当为无人机施加雷达避阻、红外测距等技术手段。

（3）对操作人员要求较高

因为桥梁检测需要较高的专业度，从一定程度上讲在进行无人机操作的时候操作人员须具备一定的专业素养，具备有效识别桥梁病害的能力。无人机操作具有一定难度，因此操作人员的门槛比较高，进而限制了无人机桥梁检测技术的推广。

（四）无人机桥梁检测硬件设备要求

1. 飞行器主体

因为桥梁结构非常复杂，无人机在采集图像数据的时候需要完成稳定悬停拍摄，通常采用稳定性较强的旋翼无人机，要考虑无人机在飞行过程中可能会出现的碰撞问题，所以应当施加一定的保护措施，避免无人机与桥梁结构碰撞时发生炸机。

2. 桥下定位

桥梁下方空间以及桥梁钢铁结构都会对无人机产生磁干扰，会对 GPS 信号造成影响，进而影响无人机飞行的稳定性。因此，在桥梁检测过程中要充分考虑桥梁钢铁结构、地板等复杂环境，应当为无人机配备超声波、视觉定位系统、惯性导航系统等技术，确保无人机可以在无人操作的情况下完成作业。

3. 上置云台

桥梁检测期间，对桥梁支座等结构进行检测时需要使用上置相机收集图像数据，所以应当在无人机上端安装三轴稳定云台，便于通过无人机对桥梁特殊结构进行拍摄。

4. 变焦相机

在桥梁病害当中，裂缝是很难被观测到的，将变焦相机配置到上置云台，可以在相应的距离范围内通过光学变焦拍摄到清晰的图片，为后续软件处理和分析提供良好的帮助。

5. 图像传输

在检测大型桥梁的时候，出于安全性和数据准确性考虑，检测人员应当及时获取无人机信息，应用稳定的图像传输技术，能够保证桥梁检测的安全和效率。

（五）桥梁检测技术发展展望

1. 实景三维以及 BIM 结合应用

通过 3D 视角对桥梁的数据进行展示，结合所展示的数据有效对桥梁进行管理和维护，使桥梁检测的效率得到进一步提高。

2. 桥梁检测朝智能化发展

在科学技术不断发展的背景下，未来桥梁检测将会朝着智能化的方向发展，无人机将会搭载智能化功能，逐渐取代人工对桥梁进行检测，最大限度降低作业风险，提高检测效率。

3. 自动化水平提高

未来通过无人机对桥梁病害数据进行采集，其数据采集的方式逐渐朝自动化方向发展，结合多种定位技术，根据提前设计好的飞行航线，无人机能够自主完成采集工作，降低人工操作的难度。

综上所述，在科学技术日渐成熟的今天，无人机桥梁检测技术已经逐渐取代了传统桥梁检测技术。用无人机对桥梁进行检测，能够高效检测出桥梁病害问题，实现对桥梁病害的精准识别。无人机在桥梁检测中的应用，能够极大缩减桥梁检测成本，提高检测效率，在未来科技发展的过程中，无人机桥梁检测技术也将朝着自动化、智能化的方向发展。

五、桥梁检测与监测技术智慧化

检、监测技术是保障桥梁安全运营的关键，依靠现场检测与实时监测获取桥梁结构的损伤状况与动力特征，从而分析桥梁的实际承载状况。桥梁检测采取科学的方法和技术对桥梁运营状态进行局部测试及整体评估，桥梁监测通过对桥梁结构状况的监控与评估为桥梁的维护维修和管理决策提供依据与指导。随着工程应用的不断增多，现阶段桥梁检、监测技术的问题也日益突出，可概括为以下四个方面。

第一，理念问题。设计阶段缺乏对桥梁管养中检测与监测需求的考虑。

第二，标准体系问题。标准的建立未能与工程发展的实际需求同步。

第三，方法、工具与装备问题。现有技术与设备未能适应复杂多变的检（监）测环境。

第四，数据分析问题。海量多源的数据堆积，未能得到充分有效的利用。

六、在智慧化、数字化方向发展突破的建议

（一）技术趋势准确把握

在建设城市道路桥梁工程中，准确把握技术趋势至关重要。随着城市化进程的加快，城市交通需求日益增长，对桥梁工程提出了更高的要求。当前，技术趋势主要体现在以下几个方面：

首先，智能化技术的应用越来越广泛。通过集成传感器、物联网和大数据分析等技术，桥梁可以实现实时监测和智能管理，提高桥梁的安全性和使用寿命。例如，使用智能传感器监测桥梁的应力、位移和振动，及时发现潜在的结构问题，从而进行有效维护。

其次，绿色和可持续设计成为新的趋势。在桥梁建设中，采用环保材料、优化设计以减少资源消耗和环境污染，同时考虑桥梁的生态影响，确保与周边环境和谐共存。例如，使用高性能混凝土减少水泥用量，或者采用绿色屋顶和植被覆盖来降低热岛效应。

再次，新材料和新技术的应用不断推进。随着材料科学的快速发展，新型高强度、高耐久性材料如碳纤维增强塑料（CFRP）和高性能钢材被广泛应用于桥梁建设中，提高了桥梁的承载能力和耐久性。

最后，桥梁工程的维护和修复技术也在不断进步。采用非破坏性检测技术、机器人技术等进行桥梁的定期检查和维护，确保桥梁的安全运行。

总之，随着科技的发展，城市道路桥梁工程的技术趋势正朝着智能化、绿色可持续、新材料应用、BIM 技术以及先进的维护技术方向发展。准确把握这些趋势，对于提高桥梁工程的质量和效率、保障桥梁安全具有重要意义。

（二）理念与观念创新突破

结合城市发展与新型桥梁建设需求构建城市桥梁资产管理系统，积极推进面向桥梁管养的精细化设计、资产管理与分类分级。

（三）标准体系的完善

为加强桥梁结构检测和监测领域的建设和管理，使安全检测和监测系统的实施和验收工作制度化、规范化，越来越多的行业标准被制定和执行。由于桥梁检测和监测工作的涉及面广、专业技术要求高，因此高水平的行业标准正在追赶工程实践的发展脚步。

第三节　道路与桥梁工程试验检测

一、试验检测的目的和试验检测规程

（一）试验检测的目的

第一，道路桥梁试验检测的主要目的是确保工程施工质量，其中包括在工程施工前进行试验检测来选择合适的施工材料，施工中进行试验检测以达到预期的施工目的。此外，在工程投入使用后如出现质量问题，也可通过道路桥梁的试验检测技术来寻找问题的根源。

第二，道路桥梁工程竣工后，试验检测技术是一种常用的验收方法，可判断工程的使用寿命、施工质量、荷载能力等，为工程的后期运营提供参考数据，在一定程度上可以延长桥梁的使用寿命，减少桥梁质量问题，对道路桥梁的发展起到推动作用。

（二）试验检测规程

1. 确定工程检测重点

在实际的施工过程中，影响工程质量的因素有很多，其中常见的主要包括集中应力、挠曲、缝隙、连接断裂等，因此在实际的检测过程中，工作人员首先应该明确检测工作的重点，确定一些关键部位，然后对这些关键部位进行检测，还要保证其完整性以及作用最大化。最后，再对一些次要部位进行检测，才能保证工程的整体质量。

2. 逐步检测

检测过程中，工作人员可以将重要部分依据工程的实际状况进行划分，通常来说，分为上中下三个部分，再在将各个部分进行细化，并且对其进行逐步排查。工作过程中，工作人员应该严格按照相关施工要求进行施工，同时工作人员还要有严谨的工作作风，将各个部位的检测合格指标铭记在心；另外，如果发现存在内部缺陷，工作人员应该依据实际情况对其进行更换，如果缺陷较为严重，应该积极地组织二次施工，才能保证施工质量符合实际工程建设需求。

3. 内部缺陷检测

在实际的道路桥梁检测工程中，不仅要进行外部检测，还要进行内部检测，只有这样才能保证建筑工程的承载能力满足实际的工作需求。通常来说，内部结构主要存在的问题包括锈蚀、中空、分层、碎裂等。这些问题严重影响工程结构质量，导致工程使用寿命减少，一定程度上增加工程的维修成本。

二、试验检测人员配置及检测机构资质要求

（一）试验检测人员配置

1. 实验室人员比对试验的目的和意义

建筑工程实验室的主要任务是对用于建筑工程施工现场的建筑材料、建筑构配件以及建筑物整体进行检验和测试，为工程质量提供可以量化的产品性能指标，即大量的检测报告，作为质保资料。由于建筑工程质量检测的项目繁杂、技术涵盖面广，而且建筑工程试验的对象大多数是非匀质性的建筑材料，因而检验工作一般具有破坏性，过程无法复现。在实际工作中，同一实验室中同一样品由不同人员操作的试验误差是客观存在的，同一样品由不同实验室检测也会存在试验误差。

质量认证机构一般通过两种技术手段来评价实验室能力：一是派出评审组按照标准要求对实验室进行现场能力评估；二是通过能力验证来评价实验室的能力。实验室人员比对试验是指在相同的仪器设备、试验项目、环境和设施下，由不同的操作人员来进行的试验；而能力验证是指不同实验室间对指定样品、指定检测项目的比对试验。试验工作中往往通过人员比对试验、能力验证等方法来抵消试验误差对试验结果的影响，提高实验室检测工作的准确性。一般来说，只有在人员比对试验合格后，才进行实验室能力验证试验。由于实验室人员比对试验易于操作，所有其通常作为一种技术层面的监管。用客观的数据作为识别和缩小检测人员检测结果的差异，发现实验室在检验工作中存在偏差的原因，并采取相应的改进方法和纠正措施，可以消除实验室的系统误差，提升实验室检测能力，以确保实验室工作的可信度和有效性。

2. 实验室人员比对试验项目的确定

实验室建材检测样品很多，但并不一定能够满足比对试验要求。根据经验，每年都选定钢筋力学性能、水泥物理性能检测作为实验室人员比对试验项目。这主要出于以下考虑：一是钢筋、水泥作为建筑工程中最重要的原材料，其质量直接影响到建筑工程质量，在国家强制标准中，这两项都是必须进行复检的建筑材料；二是钢筋力学性能、水泥物理性能检测每年都作为实验室间能力验证的项目之一，成为评价实验室检测能力的重要依据；三是钢筋和水泥的特性。水泥是一种散体物质，相对来说，其均匀性比较容易控制；钢筋原材料虽不是散体物质，但在同一根钢筋上所截取的样品，其匀质性也是在检测样品间的差异范围内；同时，国家对钢筋、水泥检验也有一系列操作性很强的标准，这对参加人员比对试验的过程和结果评价具有指导性。

（二）检测机构资质要求

1. 机构

检验检测机构应是依法成立并能够承担相应法律责任的法人或者其他组织。检验检测机构或者其所在的组织应有明确的法律地位，对其出具的检验检测数据、结果负责，并承担相应的法律责任。不具备独立法人资格的检验检测机构应经其所在法人单位授权。

检验检测机构应明确其组织结构及管理、技术运作和支持服务之间的关系，检验检测机构应配备检验检测活动所需的人员、设施、设备、系统及支持服务。

检验检测机构及其人员从事检验检测活动，应遵守国家相关法律法规的规定，遵循客观独立、公平公正、诚实信用原则，恪守职业道德，承担社会责任。

检验检测机构应建立和保持维护其公正和诚信的程序，检验检测机构及其人员应不受来自内外部的，不正当的商业、财务和其他方面的压力和影响，确保检验检测数据、结果的真实、客观、准确和可追溯性。检验检测机构应建立识别出公正性风险的长效机制。如识别出公正性风险，检验检测机构应能证明消除或减少该风险。若检验检测机构所在的组织还从事除检验检测以外的活动，应识别并采取措施避免潜在的利益冲突。检验检测机构不得使用同时在两个及以上检验检测机构从业的人员。

检验检测机构应建立和保持保护客户秘密和所有权的程序，该程序应包括保护电子存储和传输结果信息的要求。检验检测机构及其人员应对其在检验检测活动中所知悉的国家秘密、商业秘密和技术秘密负有保密义务，并制定和实施相应的保密措施。

2. 人员

检验检测机构应建立和保持人员管理程序，对人员资格确认、任用、授权和能力保持等进行规范管理。检验检测机构应与其人员建立劳动、聘用或录用关系，明确技术人员和管理人员的岗位职责、任职要求和工作关系，使其满足岗位要求并具有所需的权力和资源，履行建立、实施、保持和持续改进管理体系的职责。检验检测机构中所有可能影响检验检测活动的人员，无论是内部还是外部人员，均应行为公正、受到监督、胜任工作，并按照管理体系要求履行职责。

检验检测机构应确定全权负责的管理层，管理层应履行其对管理体系的领导作用和承诺：

①对公正性做出承诺；②负责管理体系的建立和有效运行；③确保管理体系所需的资源；④确保制定质量方针和质量目标；⑤确保管理体系要求融入检验检测的全过程；⑥组织管理体系的管理评审；⑦确保管理体系实现其预期结果；⑧满足相关法律法规要求和客户要求；⑨提升客户满意度；⑩运用过程建立管理体系和分析风险、机遇。

检验检测机构的技术负责人应具有中级以上专业技术职称或同等能力，全面负责技术运作；质量负责人应确保管理体系得到实施和保持，应指定关键管理人员的代理人。

检验检测机构的授权签字人应具有中级以上专业技术职称或同等能力，并经资质认定部门批准，非授权签字人不得签发检验检测报告或证书。

检验检测机构应对抽样、操作设备、检验检测、签发检验检测报告及提出意见和解释的人员，依据相应的教育、培训、技能和经验进行能力确认。应由熟悉检验检测目的、程序、方法和结果评价的人员，对检验检测人员包括实习员工进行监督。

检验检测机构应建立和保持人员培训程序，确定人员的教育和培训目标，明确培训需求和实施人员培训，培训计划应与检验检测机构当前和预期的任务相适应。检验检测机构应保留人员相关资格、能力确认、授权、教育、培训和监督的记录，记录包含能力要求的确定、人员选择、人员培训、人员监督、人员授权和人员能力监控。

3. 场所环境

检验检测机构应有固定的、临时的、可移动的或多个地点的场所，上述场所须满足相关法律法规标准或技术规范的要求。

检验检测机构应确保其工作环境满足检验检测的要求。检验检测机构在固定场所以外进行检验检测或抽样时，应提出相应的控制要求，以确保环境条件满足检验检测标准或者技术规范的要求。

检验检测标准或者技术规范对环境条件有要求或环境条件影响检验检测结果时，应监测、控制和记录环境条件。当环境条件不利于检验检测进行时，应立即停止检验检测活动。

检验检测机构应建立和保持检验检测场所良好的内务管理程序，该程序应考虑安全和环境的因素。检验检测机构应将不相容活动的相邻区域进行有效隔离，应采取措施以防止干扰或者交叉污染。检验检测机构应对使用和进入影响检验检测质量的区域加以控制，并根据特定情况确定控制的范围。

4. 设备设施

（1）设备设施的配备

检验检测机构应配备满足检验检测（包括抽样、物品制备、数据处理与分析）要求的设备和设施。用于检验检测的设施，应有利于检验检测工作的正常开展。设备包括检验检测活动所必需并影响结果的仪器、软件、测量标准、标准物质、参考数据、试剂消耗品、辅助设备或相应组合装置，检验检测机构使用非本机构的设施和设备时，应确保满足本机构标准要求。

检验检测机构租用仪器设备开展检验检测时，应确保：①租用仪器设备的管理应纳入本检验检测机构的管理体系；②本检验检测机构可全权支配使用，即租用的仪器设备由本检验检测机构的人员操作、维护、检定或校准，并对使用环境和储存条件进行控制；③在租赁合同中明确规定租用设备的使用权；④同一台设备不允许在同一时期内被不同检验检测机构共同租赁和资质认定。

（2）设备设施的维护

检验检测机构应建立和保持检验检测设备和设施管理程序，以确保设备和设施的配置、使用和维护，满足检验检测工作要求。

（3）设备管理

检验检测机构应对检验检测结果、抽样结果的准确性或有效性有影响或对计量溯源性有要求的设备，包括用于测量环境条件等辅助测量设备有计划地实施检定或校准。设备在投入使用前，应采用核查、检定或校准等方式，以确认其是否满足检验检测的要求。所有需要检定、校准或有有效期的设备应使用标签、编码或以其他方式标识，以便使用人员识别检定、校准的状态或有效期。

检验检测设备，包括硬件和软件设备应得到保护，以避免出现致使检验检测结果失效的调整。检验检测机构的参考标准应满足溯源要求。无法溯源到国家或国际测量标准时，检验检测机构应保留检验检测结果相关性或准确性的证据。

当需要利用期间核查以保持设备的可信度时，应建立和保持相关的程序。针对校准结果包含的修正信息或标准物质包含的参考值，检验检测机构应确保在其检测数据及相关记录中加以利用并备份和更新。

（4）设备控制

检验检测机构应保存对检验检测有影响的设备及其软件的记录。用于检验检测并对结果有影响的设备及其软件，如可能，应加以唯一性标识。检验检测设备应由经过授权的人员操作并对其进行正常维护，若设备脱离了检验检测机构的直接控制，应确保该设备返回后，在使用前对其功能和检定、校准状态进行核查，并得到满意结果。

（5）故障处理

设备出现故障或者异常时，检验检测机构应采取相应措施，如停止使用、隔离或加贴停用标签、标记，直至修复并通过检定、校准或核查表明能正常工作后为止。应核查这些缺陷或偏离对以前检验检测结果的影响。

（6）标准物质

检验检测机构应建立和保持标准物质管理程序。标准物质应尽可能溯源到国际单位制（SI）单位或有证标准物质。检验检测机构应根据程序对标准物质进行期间核查。

5. 管理体系

管理体系应包括总则、方针目标、文件控制、合同评审、分包、采购、服务客户、投诉、不符合工作控制，并制定风险与机遇控制程序。

为了减少或避免公司风险事件，确保检验检测工作的顺利进行，公司应制定《风险和机遇管理程序》，对本公司检验检测活动范围内所涉及的风险机遇进行识别、评估和控制。

考虑公司检验检测活动相关的风险和机遇，需要满足以下要求：确保公司管理体系能够实现其预期结果，管理体系预期的结果包括执行质量方针、实现质量目标、保证检验检测质量、提高客户满意度、方法验证确认、监控结果有效性、质量监督、维护公正性等；开辟新市场，赢得新顾客，建立合作伙伴关系，利用新技术满足客户需要，增强客户满意度，提高检验检测质量，引进先进检验检测方法和先进设备，提升人员能力，扩充检测项目，增强检验检测能力，提高市场占有率；采取适当的措施预防或减少公司活动中的不利影响和可能的失败，包括检验检测数据错误、服务和供应品不合格、泄密、影响公正性、记录文件不符合规范、环境条件失控、仪器设备故障等。

6. 风险和机遇管理

风险和机遇管理是在风险事件发生之前或之后（但还没有结束），对其可能造成的影响和损失进行量化，通过有计划的变更来降低损失发生的概率或者降低损失程度，通过识别机遇来实现改进。

公司制定《风险和机遇管理程序》，对风险和机遇进行识别、评价、应对。

应对风险和机遇的措施要与风险和机遇对公司结果有效性的潜在影响相适应。

应对风险的方式包括但不限于下列方式：识别风险，规避威胁，为寻求机遇承担风险、消除风险源、改变风险的可能性或后果，在了解相关信息的基础上决定保留风险。

对于机遇需要考虑下列因素：机遇可能促使公司扩展活动范围、机遇可能促使公司赢得新客户、机遇可能促使公司使用新技术和其他方式应对客户需求。

三、试验检测数据处理及评定

（一）试验检测数据处理

1. 公路工程试验检测数据分析

（1）图示法

概括来讲，图示法就是应用图形具体表现检测数据，能够使人们清晰地看出函数的变化趋势和规律。但图示法仍有它的缺点，在图形中不能很清晰地表现函数关系，使得人们无法进行精确的科学分析。如果用图示法对数据进行处理，首先，要准确把分度值、名称和有效数字的位数等重要数据标注在坐标轴上，在书写过程中，要尽量将文字的书写方向和坐标轴保持平行；其次，值得注意的是，要让测量数据的精度和记录分度相对应，作图时一定要采用平滑曲线的连接方法，坚决杜绝绘制成一条没有任何意义的工程折线。

（2）表格法

表格是一种直观、全面的工具，对于试验检测工作来说，表格法是通常在实际工作中使用的方式，企业的报表、工程各项参数以及各项试验数据都可以转化为表格的形式表现出来，让人一目了然，清晰快速地了解事物的属性和重要数据分析。但是，在表格法的使用过程中我们发现了一些问题：表格是一种标准设计，其内容和重要的数据都放置于规定的方格内，空间有限，如果有其他重要的数据，就会出现遗漏或者错漏，导致试验检测的数据分析出现问题，精确度下降，对于事物的了解虽然迅速高效，但是只能做到初步粗浅的理解，深入地反映事物的关联和内在联系是很难通过表格呈现出来的，在施工中就无法进行很好的衔接，会造成施工环节的不连贯，给施工进度造成一定的负面影响。表格法所呈现的数据虽然简易明了、通俗易懂，但数据都是孤立性的存在，表格无法体现我们通常需要的一般线性规律，其重要程度大打折扣，虽然通过表格数据分析可以知道工程检测的结果，但是相关的具体分析和前因后果都无法做到全面的了解和补充。

2. 公路工程试验检测的误差处理

（1）误差的来源

公路工程的试验检测数据要求精确精准，但是在实际检测工作中，工作人员发现误差是无法避免的，专业知识扎实、检测经验丰富的工作人员检测时也会发生一定概率的误差，再精密的检测设备和仪器都会发生理论上的误差，更何况是人呢？所以数据误差的来源是工作人员或者设备仪器的本身误差造成的。而在大多数试验检测数据分析和处理工作中，出现一定范围内被允许的误差是正常的。但是检测人员要全力避免误差的扩大，避免对检测结果造成不良影响，延误施工进度。

（2）误差的表示

误差有两种最基本的表达方式，即绝对误差和相对误差。绝对误差指的就是实际测量值和真实值之差。在具体工作中，我们通常把用精度较高的仪器设备测量得到的数据称为实际值。实际值比较接近真实值，所以用它来替代真实值。绝对误差要有单位，要与被测值的单位保持一致，然后用绝对误差表示实际偏差，但是不能得到误差的精确程度。而相对误差不但能够表示绝对误差，还能表示精度，同时可以表示误差的方向。

（3）误差的处理与分析

尽管误差很可能出现或者已经存在于检测结果中，但也是有办法进行补救的，最常用的办法就是多次进行重复的试验检测，将每次的检测结果进行对比和整理，依靠数学中的统计学原理进行取值，以此方法得到的数据就会更加可靠和准确。一般情况下误差是普遍存在的，而很有可能是人为过失的因素酿成的，而不是检测设备或者仪器本身存在的误差率造成的，因此，要进行重复试验，找出错误所在，排除第一次错误的数据，然后进行多次试验验证，直到得出满足检测需求的准确结果。在检测工作中应该全力避免人为失误或犯错导致的数据误差，这就要求检测人员不断提高自身素质和检测水平，检测机构也要加大对硬件设备和先进仪器的维护保养，营造更加专业和适合检测工作的环境氛围。

（二）试验检测数据评定

1. 测量不确定度评定的必要性

在汽车检测领域，检测不确定度应用的场合很多。可以说，对于任何有数值要求的测量，原则上在给出检测结果的同时应给出该检测结果的测量不确定度。否则这一检测结果便是"不完整的"。特别是当检测结果在标准限值附近时，检测结果测量不确定度的大小将直接影响其合格或不合格的判定。因此，凡是需要对被测量进行合格性判断的场合，必须给出检测结果的测量不确定度。一般来说，在检测结果的完整表述中通常应给出检测结果的扩展不确定度。

2. 测量不确定度的影响量

检测结果中测量不确定度的影响因素很多，大体源于以下几个方面：被测量的定义不完整、测量方法不理想、取样的代表性不够、对模拟式仪表的读数存在人为的偏移、测量仪器的不确定度、引用的数据或其他参数的不确定度。在任何情况下，测量不确定度的评定都应包括这两个方面的因素所引入的不确定度分量。

随机效应对检测结果的影响是不断变化的，即使在重复性条件下进行测量，其观测列也将分布在一定的区间内。因此，随机效应对检测结果的影响不能通过修正值或修正因子而消除。但是可以通过增加测量次数的方法来降低它们对平均值测量不确定度的影响。这一分量对用在规定的测量条件下重复测量所得量值的统计分析的方法进行评定，通常称之为测量不确定度的 A 类评定。

系统效应对检测结果的影响导致在检测结果中引入系统误差，在重复性条件下多次测量时，这些误差大小保持不变。因此，可以通过修正值或修正因子对检测结果进行修正。对这一系统效应分量的分析计算通常称为测量不确定度的 B 类评定。

第五章 桥梁工程施工

第一节 桥梁基础施工

一、明挖地基与基底处理

（一）基坑开挖

1. 无水地基开挖

第一，为避免地面水冲塌坑壁，在基坑顶缘适当距离设截水沟。坑顶边应留护道。

第二，应避免超挖。若超挖，应将松动部分清除，其处理方案应报监理、设计单位批准。

第三，挖至标高的土质基坑不得长期暴露、扰动或浸泡，并应及时检查基坑尺寸、高程、基底承载力，符合要求后，应立即进行基础施工。

第四，每天开挖前及开挖过程中，应检查基坑或管沟的支撑及边坡情况。如发现异常（裂缝、疏松、支撑折断等），应立即采取防范、补救和加固措施。

第五，开挖深度超过 2m 的，必须在边沿处设立两道护栏。夜间施工必须有充足的灯光照明。

第六，挖大孔径桩及扩底桩施工前，必须按规定采取防止坠落、掉物、塌壁、窒息等的安全防护措施。

第七，基坑施工不可延续过长时间，自基坑开挖至基础完成，应连续施工。

2. 有水地基开挖

（1）水力吸泥机方法

此法适用于砂类土及砾卵石类土，不受水深限制，其出土效率可随水压和水量的增加而提高。

（2）空气吸泥机方法

此法适用于水深 5m 以上的砂类土或夹有少量碎卵石的基坑，浅水基坑不宜采用。在黏土层使用时，应与射水配合进行，以破坏黏土结构。吸泥时应同时向基坑内注水，使基坑内水位高于河水位约 1m，以防止涌砂或涌泥。

（3）挖掘机方法

此法适用于各种土质，但开挖时要注意基坑边坡的稳定性，可采用反铲挖掘和吊机配抓泥斗挖掘，一般工效很高。

（二）基坑排水

1. 集水井排水法

基坑较浅，土体较稳定或土层渗水量不大时可用集水井排水法。集水井排水施工时，应在基坑内基础范围外坑角或每隔 30~40m 设置集水井，且应设置在河流上游方向，井间挖排水沟，使基坑渗水通过排水明沟汇集于集水井内，然后用水泵抽出，将水面降至坑底以下。

集水井可用荆笆、竹篾、编筐或木笼围护，坑底宜铺设 30cm 左右厚度的滤料（碎石、粗砂），以防止泥、砂堵塞吸水龙头。集水井应随挖土深度逐层加深，挖至设计标高后，坑底应低于基坑底 1~2m。应有专人负责维护集水沟和集水坑，使其不淤、不堵，能不停地将水排出。集水井排水法的抽水设备有潜水泥浆泵、活塞泵、离心泵或隔膜泵等，排水能力宜为总渗水量的 1.5~2.0 倍。

2. 井点降水法

井点降水法适用于粉细砂、地下水位较高、有承压水、挖基较深、坑壁不稳定的土质基坑。选择井点类别时，应按照土壤的渗透系数、要求降低水位深度以及工程特点而定。

井点布置根据基坑平面尺寸、土质和地下水的流向，以及降低水位深度的要求而定。当降水深度不超过 6m 时，可采用单排线状或环形井点布置，井点管应距基坑壁 1.5~2.0m。当降水深度超过 6m 时，应采用二级井点降水。

井管可根据土质分别用射水、冲击、旋转及水压钻机成孔。降水曲线应深入基底设计标高以下 0.5m。井管埋设过程中，当井点管管端设有射水用的球阀时，可直接利用井点管水冲法埋设。

井点管埋设完毕，应接通总管与抽水设备进行试抽水，检查有无漏水、漏气，出水是否正常、有无淤塞等现象。如发现异常情况，应及时检修好后，方可投入使用。

井点管使用时，应保证连续不断地抽水，并准备双电源，按照正常出水规律操作。抽水时需要经常观测真空度以判断井点系统工作是否正常。真空度一般应不低于 55.3kPa，并检查观测井中水位下降情况。当有较多井点管发生堵塞，影响降水效果时，应逐根用高压水反向冲洗或拔出重埋。

基础工程施工完毕且基坑已回填土后，方可拆除井点系统。井点管所留井孔必须用砂砾或黏土填实。

采用井点降水法进行基坑排水时，施工中应做好地面、周边建（构）筑物沉降及坑壁稳定的观测，必要时应采取防护措施。

（三）不同基底处理

1. 多年冻土地基的处理

第一，基础不应置于季节冻融土层上，并不得直接与冻土接触。

第二，基础的基底修筑于多年冻土层（永冻土）上时，基底之上应设置隔温层或保温层材料，且铺筑宽度应在基础外缘加宽 1m。

第三，按保持冻结原则设计的明挖基础，其多年平均地温均高于或等于 $-3℃$ 时，应于冬期施工；多年平均地温均低于 $-3℃$ 时，可在其他季节施工，但应避开高温季节。

第四，施工前做好充分准备，组织快速施工。做好的基础应立即回填封闭，不宜间歇。必须间歇时，应以草袋、棉絮等加以覆盖，防止热量侵入。

第五，施工过程中，严禁地表水流入基坑。明水应在距坑顶 10m 之外修排水沟。水沟之水应远离坑顶排放并及时排除融化水。

第六，施工时，必须搭设遮阳棚和防雨棚，并及时排除季节冻层内的地下水和冻土本身的融化水。

2. 岩层基底的处理

第一，风化的岩层，应挖至满足地基承载力要求或其他方面的要求。

第二，在未风化的岩层上修建基础前，应先将淤泥、苔藓、松动的石块清除干净，并洗净岩石。

第三，坚硬的倾斜岩层，应将岩层面凿平。倾斜度较大，无法凿平时，则应凿成多级台阶。台阶的宽度不宜小于 0.3m。

3. 溶洞地基的处理

第一，影响基底稳定的溶洞，不得堵塞溶洞水路。

第二，干溶洞可用砂砾石、碎石、干砌片或浆砌片石及灰土等回填密实。

第三，基底干溶洞较大，回填处理有困难时，可采用桩基处理，桩基应进行设计，并经有关单位批准。

4. 泉眼地基的处理

第一，可将有螺口的钢管紧紧打入泉眼，盖上螺帽并拧紧，阻止泉水流出；或向泉眼内压注速凝的水泥砂浆，再打入木塞堵眼。

第二，堵眼有困难时，可采用管子塞入泉眼，将水引流至集水坑排出或在基底下设盲沟引流至集水坑排出，待基础砌体完成后，向盲沟压注水泥浆堵塞。采用引流排水时，应注意防止砂土流失，引起基底沉陷。

第三，基底泉眼，无论采用何种方法处理，都不应使基底泡水。

（四）基坑回填

第一，基坑回填时，其结构的混凝土强度应不低于设计强度的 70%。

第二，在覆土线以下的结构必须通过隐蔽工程验收。

第三，基坑内积水须抽除，淤泥及杂物须清除干净。

第四，回填须采用含水量适中的粉质黏土或砂质黏土。

二、桩基础施工

（一）沉入桩施工

1. 锤击沉桩施工

开锤前应检查桩锤、桩帽或送桩与桩的中心轴线是否一致。在松软土中沉桩，将桩锤放在桩顶上时，为防止下沉量过大，应先不解开钢丝绳，待安好桩锤再慢慢放长吊锤和吊桩的钢丝绳，使桩均匀缓慢地向土中沉入。同时，还要继续检查桩锤、桩帽或送桩的中心是否同桩的中心轴线一致，桩的方向有无变动，并随时进行改正。经检查无误后即可进行锤击。

锤击沉桩的施工方法包括由一端向另一端顺序打、由中间向两端打、由两端向中间打和分段打桩。

由一端向另一端顺序打桩便于施工，应用较多，一般当桩数不多、间距较大、土不太密实、桩锤较重时，可采用此顺序打桩。

由中间向两端打桩可避免因中部土壤被挤紧而造成打桩困难的现象，一般在基坑较小，土质密实，桩多、间距小的情况下可采用此顺序打桩。

由两端向中间打桩可使土质越挤越紧，增加土的摩擦阻力，充分发挥摩擦桩的作用，适用于在较松软的土中打摩擦桩。

分段打桩可解决后打桩不易打入的问题，且土壤挤出也比较均匀，可在基坑较大、柱数较多的情况下采用。

2. 射水沉桩施工

第一，下沉空心桩时，一般用单管内射水。当桩下沉较深或土层较密实时，可用锤击或振动配合射水。下沉至要求深度仍有困难时，如在砂质土层中，可再加外射水，以减小桩周的摩阻力，加快沉桩进度。

第二，下沉实心桩时，将射水管对称安装在桩的两侧，并能沿着桩身上下自由移动，以便在任何高度上冲土。当在流水中沉桩或下沉斜桩时，应将水管固定于桩身上。

第三，射水沉桩机配合锤击沉桩具有施工快、效率高、不易打坏桩的优点，但射水沉桩不适用于承受水平推力及上拔的锚固桩或离建筑物较近的桩，也不适用于沉斜桩。

第四，射水沉桩施工时，在沉入最后阶段 $1 \sim 5m$ 至设计标高时，应停止射水，单用锤击或振动沉入至设计深度。

第五，射水沉桩施工应尽可能用清水，以免堵塞射水嘴，输水管路应尽量减少弯曲，保证输水顺畅。为了排除管内积水，管路应有不小于 0.2% 的纵坡。射水沉桩施工设备主要有水泵和射水管。

第六，为了减小射水压力的损失，应尽可能将水泵设在沉桩地点附近，在河流中，可将水泵设在船上。

第七，射水管的直径根据水压和水量决定。

第八，不同土壤、不同深度和不同断面的桩，所需水压、水量、射水管的数量和直径等可参照规定选用。

3. 振动沉桩施工

第一，如果采用有桩架的振动沉桩机，则振桩机机座、桩帽应连接牢固，桩机和桩中心轴线应尽量保持在同一直线上。

第二，振动沉桩的其他要求，同锤击沉桩。

第三，用振动打桩机振动沉桩时，多用起重机吊振拔机，此时应注意下列两点：

①起重机宜用滑轮机械式的起重机，不可用液压式的起重机，以防止起重机因振动漏

油，影响起重机的使用。

②用振拔机时应将桩身吊直，如为钢板桩，则应在一侧入榫后再振动。如为振沉护筒，则应将护筒采用双层井字架固定，护筒必须垂直下沉，在护筒与振拔机之间应用刚性的锥式桩帽连接，连接必须牢固。在振动过程中，应经常检查连接部位的螺栓是否有松动现象，如有松动应及时拧紧。

第四，沉桩工作应一气呵成，不可中途停留过久，以免桩周围土壤阻力恢复，继续下沉困难。

4. 静力压桩施工

静力压桩施工现场应平整，并根据现场条件，预先确定压桩机的压桩顺序，尽量缩短压桩机行走距离。压桩机的安装与拆卸应根据厂方产品说明书的规定执行。

吊装前应清理桩身，并检查桩身有无明显碰损处，以免影响夹持下压，如影响，则不得使用。吊桩进入压桩机夹具后，应对准桩位。开始压桩时，应以较小的压力徐徐压入，待无异常情况后，再开始正常工作。

压桩过程中，应防止一根桩压入时中断工作，以免间歇后桩阻力增大。采用接桩时应尽量缩短接桩时间，以减小压桩阻力。压桩过程中应严格控制桩身与地面的垂直度，不允许倾斜压入。如需接送桩，应保证送桩的中心轴线与桩身的中心轴线上下一致。压桩过程中，还应随时注意桩下沉有无变化，如有水平方向位移，则可能桩尖遇到障碍，当移动量较大时，应将桩拔出，清除障碍或与设计单位研究后改变压桩位置。

5. 桩的复打

第一，桩穿过砂类土，桩尖位于大块碎石类土、紧密的砂类土或坚硬的黏性土时，不得少于 1d。

第二，在粗中砂和不饱和的粉细砂里不得少于 3d。

第三，在黏性土和饱和的粉细砂里不得少于 6d。

（二）钻孔灌注桩施工

1. 钻孔施工分析

（1）场地准备

为安装钻架，进行钻孔施工，施工前应平整场地。对于旱地，应清除杂物，平整场地；遇软土应进行处理；在浅水中，宜用筑岛法施工；在深水中，宜搭设平台，如水流平稳，钻机可设在船上，但船必须锚固稳定。

施工现场应设置桩基轴线定位点和水准点，定出每根桩的位置，并做好标记，制浆池、储浆池、沉淀池宜设在桥的下游，也可设在船上或平台上。

（2）埋设护筒

钻孔前应埋设护筒，护筒具有固定桩位、做钻孔向导、防止孔口土层坍塌、隔离孔内外表层水等作用，因此，要求护筒坚固耐用、不易变形、不漏水、能重复使用，护筒可用钢或混凝土制作。当使用旋转钻时，护筒内径应比钻头直径大 20cm；使用冲击钻时，护筒内径应比钻头直径大 40cm。

（3）制备泥浆

在砂类土、碎石土或黏土砂土夹层中钻孔应用泥浆护壁。泥浆宜选用优质黏土、膨润土或符合环保要求的材料制备，其性能指标可参照规定选用。

（4）安装钻机或钻架

钻架是钻孔、吊放钢筋笼、灌注混凝土的支架。在钻孔过程中，成孔中心必须对准桩位中心，钻机（架）必须保持平稳，不得发生位移、倾斜和沉陷。钻机（架）安装就位时，应详细测量，底座应用枕木垫实塞紧，顶端应用缆风绳固定平稳，并在钻孔过程中经常检查。

（5）钻孔施工

钻孔施工时，孔内水位宜高出护筒底脚 0.5m 以上或高出地下水位 1.5~2m。钻头的起落速度应均匀，不得过猛或骤然变速。孔内出土，不得堆积在钻孔周围，且钻孔应一次成孔，不得中途停顿。钻孔达到设计深度后，应对孔位、孔径、孔深和孔形等进行检查。

2. 清孔施工

第一，换浆清孔法是在完成钻孔深度后，提升钻锥至距孔底钻渣面 0.1~0.3m，以大泵量泵入符合清孔后性能指标的新泥浆，维持正循环 4h 以上，直到清除孔底沉渣，减薄孔壁泥皮，泥浆性能指标符合要求为止。换浆清孔法进度较慢，适用于正循环回转钻孔。对于大直径深孔，可将正循环机具迅速拆除，改用抽浆法。

第二，抽浆清孔法是在反循环回转钻孔完成后，即停止钻具回转，将钻锥提离孔底钻渣面 10~30cm，维持泥浆的反循环，并向孔中注入清水。应经常测量孔底沉渣厚度和孔中泥浆性能指标，满足要求后立即停止清孔。抽浆清孔法清孔较彻底迅速，适用于各种方法的钻孔。

第三，掏渣清孔法是用抽渣筒清掏孔中粗粒钻渣，掏渣前可投入 1~2 袋水泥，再以冲锥冲成钻渣和水泥的混合物，提高掏渣效率。但掏渣清孔法只能掏取粗粒钻渣，不能降低泥浆相对密度，只能作为初步清孔方法，适用于机动锥钻孔、冲抓钻孔和冲击钻孔。

第四，喷射清孔法是在灌注水下混凝土前，对孔底进行高压射水或射风数分钟，使孔底剩余少量沉淀物漂浮后，立即灌注水下混凝土。喷射清孔法采用射水（风）的压力应比池孔底水（泥浆）压力大 0.5MPa，射水（风）时间为 3～5min。喷射清孔法只适宜配合换浆法或抽浆法使用。

第五，砂浆置换清孔法是利用掏渣筒尽量清除钻渣，以高压水管插入孔底射水，降低泥浆相对密度，以活底箱在孔底灌注 0.6m 厚的以粉煤灰与水泥加水拌和并掺入缓凝剂的特殊砂浆，插入比孔径稍小的搅拌器，慢速旋转，将孔底残渣搅入砂浆中，吊出搅拌器，吊入钢筋骨架，灌注水下混凝土，搅入残渣的砂浆被混凝土置换后，一直顶托在混凝土面以上而推到桩顶后，再予以清除。砂浆置换清孔法适用于掏渣清孔后。

3. 钢筋笼吊放

第一，钢筋笼宜整体吊装入孔。须分段入孔时，上下两段应保持顺直。

第二，应在骨架外侧设置控制保护层厚度的垫层，其间距竖向宜为 2m，径向圆周不得少于 4 处。钢筋笼入孔后，应牢固定位。

第三，在骨架上应设置吊环。为防止骨架起吊变形，可采取临时加固措施，入孔时拆除。

第四，钢筋笼吊放入孔应对中、慢放，防止碰撞孔壁。下放时应随时观察孔内水位变化，发现异常应立即停放，检查原因。

4. 水下混凝土灌注

灌注水下混凝土之前，应再次检查孔内泥浆性能指标和孔底沉渣厚度，如超过规定，应进行第二次清孔，符合要求后方可灌注水下混凝土。

水下混凝土灌注多采用导管法，用于灌注水下混凝土的导管内壁应光滑圆顺，直径宜为 20～30cm，节长宜为 2m；导管不得漏水，使用前应试拼、试压，试压的压力宜为孔底静水压力的 1.5 倍；导管轴线偏差不宜超过孔深的 0.5%，且不宜大于 10cm；导管采用法兰盘接头，宜加锥形活套；采用螺旋丝扣型接头时，必须有防止松脱的装置。

导管法灌注水下混凝土，应先将导管居中插入距离孔底 0.30～0.40m 的位置，导管上口接漏斗或储料斗，为隔绝混凝土与导管内的水接触，应在接口处设隔水栓。待储料斗中存备足够数量的混凝土后，放开隔水栓使储料斗中存备的混凝土连同隔水栓向孔底猛落，将导管内水挤出，混凝土沿导管下落至孔底堆积，并使导管埋在混凝土内，此后向导管连接处灌注混凝土。导管下口埋入孔内混凝土中 1～1.5m 深，以保证钻孔内的水不能重新流入导管。随着混凝土不断灌入，钻孔内初期灌注的混凝土及其上面的水或泥浆不断被顶托升高，相应地不断提升导管和拆除导管，直至混凝土灌注完毕。

5. 后压浆施工

钻孔灌注桩后压浆施工是在已施工完成的钻孔桩桩底和柱侧进行压浆，其目的是清除桩底软弱垫层（沉渣），改善桩土界面的工况，提高单桩承载力，其可分为桩底压浆与桩侧压浆。

桩底压浆是指将高压水泥浆送进预埋的压浆管，并通过压浆管底部的单向阀（逆止阀）对土层产生渗入、劈裂作用，向桩底一定范围的土体中注入水泥，同时有一部分浆液从桩底沿桩土界面向上渗流扩展到桩底以上 10~20m，甚至更高的范围。

桩侧压浆则是将高压水泥浆送入预先设置在钢筋笼外侧的带单向阀的加筋 PVC 管或黑铁管，根据土层、桩长情况在管上设几个压浆断面；浆液从管上的浆孔喷出，对桩周土体产生挤密、渗入作用，同时顺着桩土界面向上和向下渗透，在桩土界面处形成一道水泥浆与土的胶结层，使桩与土的接触面及桩周土的摩阻力得到提高。

三、沉井基础施工

（一）沉井制作分析

1. 平整场地

第一，沉井位于浅水或可能被水淹没的岸滩上时，宜就地筑岛制作。在地下水位较低的岸滩，若土质较好，可开挖基坑制作沉井。

第二，在岸滩上或筑岛制作沉井，要先将场地平整夯实，以免在灌注沉井过程中和拆除支垫时，发生不均匀沉陷。若场地土质松软，应加铺一层 30~50cm 厚的砂层，必要时，应挖去原有松软土层，然后铺以砂层。当石碴、漂卵石等取材方便时，常不挖除松软土壤，可直接回填夯实，以便施工。

第三，沉井在制作至下沉过程中位于无被水淹没可能的岸滩上时，如地基承载力满足设计要求，可就地整平夯实制作；如地基承载力不够，应采取加固措施。

第四，沉井可在基坑中灌注，但应防止基坑被暴雨所淹没，并应注意观察洪水，做好防洪措施。在总的进度安排中，应抓住枯水期的有利季节。

第五，运输线路，风、水管路，电力线的敷设以及混凝土厂起吊设备的布置等，均应事先详细计划，妥善安设，以免干扰沉井施工作业。

2. 沉井分节

沉井分节制作高度，应能保证其稳定性，又有适当重力便于顺利下沉。底节沉井的最小高度，应能抵抗拆除垫木或挖除土模时的竖向挠曲强度。当上述条件许可时，底节沉井的高度应尽可能高些，一般每节高度宜不小于 3m。

3. 铺设承垫木

铺设承垫木时，应用水平尺进行找平，要使刃脚在同一水平面上，承垫木下应用 0.3~0.5m 厚的砂垫层填实，高差应不大于 3cm；相邻两块承垫木高差应不大于 0.5cm。

承垫木顶面应与刃脚底面紧贴，使沉井重力均匀分布于各垫木上。承垫木可单根或几根编成一组铺设，但组与组之间须留有 0.2~0.3m 的空隙，以便能顺利地将承垫木抽出。

4. 模板及其拆除

为了加快施工进度，目前现场已采用整体拼装式井孔模板。钢制模板具有强度大、周转次数多等优点。

沉井非承重的侧模在混凝土强度达到设计强度的 50% 时便可拆除；刃脚下的侧模，在混凝土强度达到设计强度的 75% 时方可拆除。当混凝土强度达设计强度的 100% 时，沉井方可下沉。

5. 施工缝处理

当沉井结构较高时，必须设置施工缝，并应妥善处理，以防发生隐患，沉井井壁的水平施工缝，不得留在底板凹槽、凸榫或沟、洞处，距离应为 20~30cm。同时，沉井井壁及框架均不宜设置竖向施工缝。

施工缝有平缝、凸式或凹式施工缝和钢板止水施工缝。

（二）沉井下沉

1. 排水开挖下沉

在渗水量小、土质稳定的地层中宜采用排水开挖下沉。排水开挖下沉常用人工或风动工具，或在井内用小型反铲挖土机，在地面用抓斗挖土机分层开挖。

排水开挖下沉施工时，挖土方法视土质情况而定。

对于一般土层，应从中间开始逐渐向四周挖，每层挖土层 0.4~0.5m，在刃脚处留 1~1.5m 台阶，然后沿沉井井壁每 2~3m 一段，向刃脚方向逐层全面、对称、均匀地开挖土层，每次挖去 5~10cm，当土层经不住刃脚的挤压而破裂时，沉井便在自重作用下均匀破土下沉。

对于坚硬土层，当刃脚内侧土台挖平后仍下沉很少或不下沉，可从中部向下挖深约 40~50cm，并继续向四周均匀扩挖，使沉井平稳下沉，当土垄挖至刃脚，沉井仍不下沉或下沉不平稳时，则须按平面布置分段的次序逐段对称地将刃脚下挖空，并挖出刃脚外壁10cm，每段挖完用小卵石填塞夯实，待全部挖空回填后，再分层去掉回填的小卵石，可使沉井均匀减少承压而平衡下沉。

对于岩层，应先按顺序挖去风化或软质岩层，一般采用风镐或风铲，当须采用爆破方法除土下沉时，要经有关部门批准，并严格控制药量。岩层可按顺序打眼爆破进行开挖，开挖时，可用斜炮眼，斜度大致与刃脚内侧平面平行，伸出刃脚约15～20cm，使开挖宽度超过刃脚5～10cm，开挖深度宜为40cm左右。采用松动方式进行爆破，炮孔深度1.3m，以1m×1m梅花形交错排列，使炮孔伸出刃脚口外15～30cm，使开挖宽度超出刃脚口5～10cm，下沉时，顺刃脚分段顺序，每次挖1m宽即进行回填，如此逐段进行，至全部回填后，再去除土堆，使沉井平稳下沉。

2. 不排水开挖下沉

不排水开挖下沉适用于大量涌水、翻砂、土质不稳定的土层。不排水开挖下沉常采用抓斗挖土法和水枪冲土法进行开挖。采用抓斗挖土方法时，须用吊车吊住抓斗挖掘井底中央部分的土，逐渐使井底形成锅底状。

对于砂或砾石类土层，一般当锅底比刃脚低1～1.5m时，沉井即可靠自重下沉，刃脚下的土即被挤向中央锅底。若要使沉井继续下沉，则只须从井孔继续进行抓土。在黏质土或紧密土中刃脚下的土不易向中央坍塌，则应配以射水管松土。

多井孔的沉井，最好每个井孔配置一套抓土设备，可同时均匀挖土，并缩短抓斗倒孔时间，否则应逐孔轮流抓土，使沉井均匀下沉。

采用水枪冲土下沉方法时，水枪冲土系统主要包括高压水泵、供水管路、水枪等。高压水沿供水管路输送到水枪，在水枪喷嘴处形成一股高速射流，冲击工作面土层，并破坏其结构，形成混渣浆，同时，由空气吸泥机将泥渣浆排到地面，以完成沉井挖土任务。施工时，应使高压水枪冲入井底的泥浆量和渗入的水量与水力吸泥机吸出的泥浆量保持平衡。

3. 射水下沉

射水下沉是抓斗挖土和水枪冲土两种方法的辅助方法，一般须辅以高压射水松动及冲散土层以便抓吸土。施工时，须用预先设在沉井外壁的水枪，借助高压水冲刷土层，使沉井下沉。

4. 泥浆润滑下沉

泥浆润滑下沉沉井的方法，是在沉井外壁周围与土层间设置泥浆隔离层，以减小土壤与井壁的摩阻力，使沉井下沉。

5. 不排水下沉

不排水下沉的沉井，在刃脚下，已掏空仍不下沉时，可在井内抽水以减小浮力，使沉井下沉。

第二节　桥梁下部结构施工

一、钢筋工程施工

(一) 钢筋配料

1. 钢筋下料长度

钢筋下料长度是指下料时钢筋的实际长度，这与图纸上标注的长度并不完全一致。

实际工程计算中，影响钢筋下料长度计算的因素很多，如混凝土保护层厚度，钢筋弯折后发生的变形，图纸上钢筋尺寸标注方法的多样化，弯折钢筋的直径、级别、形状、弯心半径以及端部弯钩的形状等。在计算下料长度时，这些因素都应该考虑。

2. 钢筋配料单

第一，在施工时，根据施工图纸、库存材料及各钢筋的下料长度，按不同规格、形状的钢筋顺序填制配料单，内容包括工程名称、工程部位、构件名称、图号、钢筋编号、钢筋规格、钢筋形状尺寸简图、下料长度、根数、质量等。

第二，列入加工计划的配料单，将每一编号的钢筋制作一块料牌作为钢筋加工的依据，并在安装中作为区别各工程部位、构件和各种编号钢筋的标志。应严格对钢筋配料单和料牌进行校核，以免返工浪费。

第三，钢筋配料过程中应注意以下两点：

①钢筋配料时，若须接长钢筋，应考虑接头搭接、加工损失等长度，统筹考虑接头位置，尽量使接头位于内力较小处，错开布置，并要充分考虑下料后所余段长度的合理使用。

②钢筋的形状和尺寸应满足设计要求，并有利于加工安装，还要考虑施工需要的附加钢筋。

(二) 钢筋加工

1. 钢筋除锈

（1）不做除锈处理

当钢筋表面有淡黄色轻微浮锈时可不必处理。

（2）除锈处理

对于大量的除锈，可在钢筋冷拉或钢筋调直机调直过程中完成；少量的钢筋除锈可采用电动除锈机或喷砂法；局部除锈可采用人工用钢丝刷或砂轮等方法，也可将钢筋通过砂箱往返搓动除锈。

（3）不使用

如除锈的钢筋表面有严重的麻坑、斑点等已伤蚀截面时，应降级使用或剔除不用，带有蜂窝状锈迹的钢丝不得使用。

2. 钢筋调直

钢筋重制前应先调直，钢筋调直的方法包括机械调直、冷拉调直和人工调直，钢筋宜优先使用机械方法调直。目前，常用的钢筋调直机具有钢筋除锈、调直和下料剪切三个功能，因此也称为钢筋调直切断机。钢筋调直时，应根据钢筋的直径选用调直模和传送压辊，恰当掌握调直模偏移量和压辊的压紧程度，并要求调直装置两端的调直模一定要与前后导轮在同一轴心线上，钢筋表面伤痕应不使截面面积减少 5% 以上。

采用冷拉法进行调直时，HPB235 钢筋冷拉率不得大于 2%，HRB335、HRB400 钢筋冷拉率不得大于 1%。

钢筋人工调直可采用锤直或扳直的方法。锤直时，可把钢筋放在工作台上用锤敲直；扳直时，把钢筋放在卡盘扳柱间，把有弯的地方对着扳柱，然后用扳手卡口卡住钢筋，扳动扳手就可使钢筋调直。

3. 钢筋切断

第一，应将相同规格钢筋长短搭配，合理统筹配料，一般先断长料，后断短料，以减少损耗。

第二，避免短尺量长料产生累积误差。

第三，切断后的钢筋断口不得有劈裂、缩头、马蹄形或起弯现象，否则应切除。

（三）钢筋连接

1. 钢筋绑扎连接

第一，受拉区域内，HPB235 钢筋绑扎接头的末端应做成弯钩，HRB335、HRB400 钢筋可不做弯钩。

第二，直径不大于 12mm 的受压 HPB235 钢筋的末端，以及轴心受压构件中任意直径的受力钢筋的末端，可不做弯钩，但搭接长度不得小于钢筋直径的 35 倍。

第三，钢筋接头处，应在中心和两端至少 3 处用绑丝绑牢，且钢筋不得滑移。

第四，受拉钢筋绑扎接头的搭接长度，应符合规定要求；受压钢筋绑扎接头的搭接长度，应取受拉钢筋绑扎接头长度的 0.7 倍。

第五，施工中钢筋受力分不清受拉或受压时，应符合受拉钢筋的规定。

2. 钢筋焊接连接

第一，调伸长度的选择，应随着钢筋牌号的提高和钢筋直径的加大而增长。

第二，烧化留量的选择，应根据焊接工艺方法确定。当采用连续闪光焊时，闪光过程应较长，烧化留量应等于两根钢筋在断料时切断机刀口严重压伤部分，再加 810mm；当采用闪光—预热闪光焊时，应区分一次烧化留量和二次烧化留量，一次烧化留量应不小于 10mm，二次烧化留量应不小于 6mm。

第三，需要预热时，宜采用电阻预热法。预热留量应为 1~2mm，预热次数应为 1~4 次，每次预热时间应为 1.5~2s，间歇时间应为 3~4s。

第四，顶锻留量应为 3~7mm，并应随钢筋直径的增大和钢筋牌号的提高而增加。

当 HRBF335 钢筋、HRBF400 钢筋、HRBF500 钢筋或 RRB400W 钢筋进行闪光对焊时，与热轧钢筋相比，应减小调伸长度，提高焊接变压器级数，缩短加热时间，快速顶锻，形成快热快冷条件，使热影响区长度控制在钢筋直径的 60% 之内。

变压器级数应根据钢筋牌号、直径、焊机容量以及焊接工艺方法等具体情况选择。

HRB500、HRBF500 钢筋焊接时，应采用预热闪光焊或闪光–预热闪光焊工艺。当接头拉伸试验发生脆性断裂或弯曲试验不能达到规定要求时，还应在焊机上进行焊后热处理。

在闪光对焊生产中，当出现异常现象或焊接缺陷时，应查找原因，采取措施，及时消除。

3. 钢筋机械连接

第一，从事钢筋机械连接的操作人员应经专业技术培训，考核合格后，方可上岗。

第二，钢筋采用机械连接接头时，其应用范围、技术要求、质量检验、采用的设备、施工安全、技术培训等应符合《钢筋机械连接技术规程》（JGJ 107—2016）的相关规定。

第三，当混凝土结构中钢筋接头部位温度低于−10℃时，应进行专门的试验。

第四，形式检验应由国家、省部级主管部门认定的有资质的检验机构进行，并应按国家现行标准《钢筋机械连接技术规程》（JGJ 107—2016）规定的格式出具试验报告和评定结论。

第五，带肋钢筋套筒挤压接头的套筒两端外径和壁厚相同时，被连接钢筋直径相差不得大于 5mm。套筒在运输和储存中不得被腐蚀和沾污。

第六，同一结构内机械连接接头不得使用两个生产厂家提供的产品。

第七，在同条件下经外观检查合格的机械连接接头，应以每 300 个为一批（不足 300 个也按一批计），从中抽取 3 个试件做单向拉伸试验，并做出评定。如有 1 个试件抗拉强度不符合要求，应再取 6 个试件复验；如再有 1 个试件不合格，则该批接头应判为不合格。

二、模板、支架和拱架工程施工

（一）模板、支架和拱架设计

1. 主要荷载设计

设计模板、支架和拱架时应按规定进行荷载组合。

2. 稳定设计

验算水中支架稳定性时，应考虑水流荷载和流水、船只及漂流物等冲击荷载；验算模板、支架和拱架的抗倾覆稳定时，各施工阶段的稳定系数均不得小于 1.3。

3. 刚度设计

第一，结构表面外露的模板挠度为模板构件跨度的 1/400。

第二，结构表面隐蔽的模板挠度为模板构件跨度的 1/250。

第三，拱架和支架受载后挠曲的杆件，其弹性挠度为相应结构跨度的 1/400。

第四，钢模板的面板变形值为 1.5mm。

第五，钢模板的钢棱、柱箍变形值为 L/500 及 B/500（L 为计算跨度，B 为柱宽度）。

4. 拱度设计

模板、支架和拱架的设计中应设施工预拱度。

5. 预应力混凝土结构模板设计

设计预应力混凝土结构模板时，应考虑施加预应力后构件的弹性压缩、上拱及支座螺栓或预埋件的位移等。

（二）模板、支架和拱架制作与安装

1. 模板、支架和拱架制作

第一，钢框胶合板模板的组配面板宜采用错缝布置。

第二，高分子合成材料面板、硬塑料或玻璃钢模板，应与边肋及加强肋连接牢固。

2. 模板、支架和拱架安装

第一，模板与混凝土接触面应平整、接缝严密。

第二，支架立柱必须落在有足够承载力的地基上，立柱底端必须放置垫板或混凝土垫块。支架地基严禁被水浸泡，冬期施工必须采取防止冻胀的措施。

第三，支架通行孔的两边应加护桩，夜间应设警示灯。施工中易受漂流物冲撞的河中支架应设牢固的防护设施。

第四，安装拼架前，应对立柱支承面标高进行检查和调整，确认合格后方可安装。在风力较大的地区，还应设置风缆。

第五，安设支架、拱架过程中，应随安装随架设临时支撑。采用多层支架时，支架的横垫板应水平，立柱应铅直，上下层立柱应在同一中心线上。

第六，安装模板应符合下列规定：

①支架、拱架安装完毕，经检验合格后方可安装模板。

②安装模板应与钢筋工序配合进行，妨碍绑扎钢筋的模板，应待钢筋工序结束后再安装。

③安装墩、台模板时，其底部应与基础预埋件连接牢固，上部应采用拉杆固定。

④模板在安装过程中，必须设置防倾覆设施。

第七，当采用充气胶囊做空心构件芯模时，模板安装应符合下列规定：

①胶囊在使用前应经检查确认无漏气。

②从浇筑混凝土到胶囊放气止，应保持气压稳定。

③使用胶囊内模时，应采用定位箍筋与模板连接固定，防止上浮和偏移。

④胶囊放气时间应经试验确定，以混凝土强度达到能保持构件不变形为准。

第八，浇筑混凝土和砌筑前，应对模板、支架和拱架进行检查和验收，合格后方可施工。

（三）模板、支架和拱架拆除

1. 拆除顺序

第一，模板、支架和拱架拆除应按设计要求的程序和措施进行，遵循"先支后拆、后支先拆"的原则。支架和拱架应按几个循环卸落，卸落量宜由小渐大。每一循环中，在横向应同时卸落，在纵向应对称均衡卸落。

第二，预应力混凝土结构的侧模应在预应力张拉前拆除，底模应在结构建立预应力后拆除。

2. 拆除时间

第一，非承重侧模应在混凝土强度能保证结构棱角不损坏时方可拆除，混凝土强度宜为2.5MPa以上。

第二，芯模和预留孔道内模应在混凝土抗压强度能保证结构表面不发生塌陷和裂缝时方可拔出。

第三，钢筋混凝土结构的承重模板、支架和拱架的拆除，应符合设计要求。

第四，浆砌石、混凝土砌块拱桥拱架的卸落应符合下列规定：

①浆砌石、混凝土砌块拱桥应在砂浆强度达到设计要求强度后卸落拱架，设计未规定时，砂浆强度应达到设计标准值的80%以上。

②跨径小于10m的拱桥宜在拱上结构全部完成后卸落拱架，中等跨径实腹式拱桥宜在护拱完成后卸落拱架，大跨径空腹式拱桥宜在腹拱横墙完成（未砌腹拱圈）后卸落拱架。

③在裸拱状态卸落拱架时，应对主拱进行强度及稳定性验算并采取必要的稳定措施。

三、桥梁墩台施工

（一）混凝土墩台施工

1. 制作与安装墩台模板

（1）拼装模板

拼装模板是各种尺寸的标准模板利用销钉连接，并与拉杆、加筋构件等组成墩台所需形状的模板。

应用特点：拼装式模板在厂内加工制造，板面平整、尺寸准确，体积小、质量轻，拆装容易、快速，运输方便。

（2）整体吊装模板

整体吊装模板是将墩台模板水平分成若干段，每段模板组成一个整体，在地面拼装后吊装就位。

应用特点：安装时间短，无须设施工接缝，加快了施工进度，提高了施工质量；将拼装模板的高空作业改为平地操作，有利于施工安全；模板刚性较强，可少设拉筋或不设拉筋，节约钢材；可利用模外框架做简易脚手架，无须另搭施工脚手架；结构简单，装拆方便，对建造较高的桥墩较为经济。

（3）组合型钢模板

组合型钢模板以各种长度、宽度及转角标准构件，用定型的连接件将钢模板拼成结构用模板。

应用特点：体积小、质量轻、运输方便、装拆简单、接缝紧密，适用于在地面拼装、整体吊装的结构。

2. 混凝土浇筑

（1）重力式墩台混凝土浇筑

重力式墩台混凝土宜水平分层浇筑，每次浇筑高度宜为 1.5~2m。墩台混凝土分块浇筑时，接缝应与墩台截面尺寸较小的一边平行，邻层分块接缝应错开，接缝宜做成企口形。分块数量：墩台水平截面面积在 200m² 内，不得超过两块；在 200~300m²，不得超过 3 块。每块面积不得小于 50m²。

（2）柱式墩台混凝土浇筑

浇筑柱式墩台混凝土时，应铺一层同配合比的水泥砂浆。柱式墩台混凝土宜一次连续浇筑完成。柱身高度内有系梁连接时，系梁应与柱同步浇筑。V 形柱式墩台混凝土应对称浇筑。钢管混凝土柱式墩台应采用补偿收缩混凝土，一次连续浇筑完成。

（二）装配式墩台施工

1. 装配式柱式墩台施工

（1）装配式构件安装

基础杯口的混凝土强度必须达到设计要求，方可进行预制构件的安装。

预制柱安装前，应对杯口长、宽、高进行校核，确认合格，杯口与预制件接触面均应凿毛处理，埋件应除锈并校核位置，合格后开始安装。预制柱安装就位后应采用硬木楔或钢楔固定，并加斜撑保持柱体稳定，在确保稳定后方可摘去吊钩，并应及时浇筑杯口混凝土,待混凝土硬化后拆除硬楔,二次浇筑混凝土,待杯口混凝土达到设计强度的75%后方可拆除斜撑。

预制盖梁安装前,应对接头混凝土面做凿毛处理,预埋件应除锈。在柱式墩台上安装预制盖梁时,应对柱式墩台进行固定和支承,确保稳定。盖梁就位时,应检查轴线和各部尺寸,确认合格后方可固定,并浇筑接头混凝土。接头混凝土达到设计强度后,方可卸除临时固定设施。

(2)装配式构件连接接头处理

①承插式接头

将预制构件插入相应的预留孔内,插入长度一般为构件宽度的1.2~1.5倍,底部铺设2cm砂浆,四周以半干硬性混凝土填充。

②钢筋锚固接头

构件上预留钢筋或型钢,插入另一构件的预留槽内,或将钢筋互相焊接,再灌注半干硬性混凝土。

③焊接接头

将预埋在构件中的铁件与另一构件的预埋铁件用电焊连接,外部再用混凝土封闭。

2. 预应力混凝土装配墩施工

预应力混凝土装配墩施工前,应对混凝土构件进行检验,外观和尺寸应符合质量标准和设计要求。

实体墩身浇筑时要按装配构件孔道的相对位置预留张拉孔道及工作孔。装配墩身由基本构件、隔板、顶板及顶帽四种不同形状的构件组成,用高强钢丝穿入预留的上下贯通的孔道内,张拉锚固而成。

墩身装配时,水平拼装缝采用M3.5水泥砂浆,砂浆厚度为15 mm,便于调整构件水平标高,不使误差累积。预应力钢丝束的张拉位置可以在顶帽上,也可在实体墩下。压浆采用纯正泥浆,且应由下而上压注。顶帽上的封锚采用钢筋网罩焊在垫板上,单个或多个连在一起,然后用混凝土封锚。

3. 无承台大直径钻孔埋入空心桩墩施工

第一,成孔深度应大于设计深度,成孔直径应大于设计直径。

第二,桩壁压浆碎石混凝土质量控制标准:桩底与桩节间交界处抛填 $\varphi 5 \sim \varphi 20$ 小石子做过渡段,厚度为0.5m,以避免桩底注浆混凝土收缩缝集中在预制混凝土底节钢板下;抛掷落水高度不大于0.5m;填石粒料应选 $\varphi 20$、$\varphi 40$、$\varphi 40 \sim \varphi 60$ 或 $\varphi 40 \sim \varphi 80$ 间断级配;

压浆水泥应选强度等级 42.5 级及以上普通硅酸盐水泥；水泥浆液流动速度应根据填石空隙率和吸浆量确定，以确保注浆石混凝土抗压强度。

第三，桩周压浆碎石混凝土强度达到 60% 后即可进行桩底高压压浆；压力值以扬压管为控制标准，不超过设计值的 ±1%；桩的上抬量不超过设计值的 ±1%；注浆量应为计算值的 1.2~1.3 倍；闭浆时间应在 15~30min，由闭浆时的吸浆量决定。

（三）砌体墩台施工

第一，同一层石料及水平灰缝的厚度要均匀一致，每层按水平砌筑，丁顺相间，砌石灰缝互相垂直，灰缝宽度和错缝按规定处理。

第二，砌石顺序为先角石，再镶面，后填腹。填腹石的分层厚度应与镶面相同；圆端、尖端及转角形砌体的砌石顺序，应自顶点开始，按丁顺排列接砌镶面石。

第三，圆端形桥墩的砌筑：圆端形桥墩的圆端顶点不得有垂直灰缝，砌石应从顶端开始，然后按丁顺相间排列，安砌四周镶面石。

第四，尖端形桥墩的砌筑：尖端形桥墩的尖端及转角处不得有垂直灰缝，砌石应从两端开始，先砌石块，再砌侧面转角，然后按丁顺相间排列，安砌四周的镶面石。

第三节　桥梁上部结构施工

一、梁（板）桥施工

（一）混凝土梁（板）桥施工

1. 混凝土梁（板）桥支架浇筑施工

（1）模板、支架制作与安装

支架浇筑混凝土施工，首先应在桥孔位置搭设支架，以承受模板、浇筑的钢筋混凝土以及其他施工荷载。其次支架的地基承载力应符合要求，必要时，应采取加强处理或其他措施。

模板、支架制作与安装时，其构件的连接应尽量紧密，以减小支架变形，使沉降量符合预计数值。为保证支架稳定，应防止支架与脚手架和便桥等接触。为防止跑浆现象，模板的接缝必须密合，如有缝隙，应及时采取处理措施，将其塞堵严密。对于建筑物外露面的模板应刨光并涂以石灰乳浆、肥皂水或润滑油等润滑剂。安装支架时，应根据梁体和支架的弹性、非弹性变形，设置预拱度。支架底部还应设良好的排水措施，不得被水浸泡。

（2）混凝土浇筑

①水平分层浇筑

采用水平分层浇筑法施工时，分层的厚度应根据振捣器的能力而定，一般为 0.15～0.3m。

②斜层浇筑

斜层法浇筑混凝土应从主梁两端对称向跨中进行，并在跨中合龙。当采用梁式支架、支点不设在跨中时，应在支架下沉量大的位置先浇筑混凝土，使应该发生的支架变形及早完成。采用斜层浇筑时，混凝土的倾斜角与混凝土的流动性有关，一般为 20°～25°。

③单元浇筑

每个单元的纵横梁可沿其长度方向采用水平分层浇筑、斜层浇筑，在纵梁间的横梁上设置工作缝，并在纵横梁浇筑完成后填缝连接。对于桥面板的浇筑可沿桥全宽一次完成，不设工作缝。但对于桥面板的浇筑应在纵横梁间设置水平工作缝。

2. 混凝土梁（板）桥悬臂浇筑施工

（1）主墩及 0 号块施工

与采用悬臂浇筑法施工的工艺流程基本相似，只有 T 形刚构的 0 号块件无须做临时固结处理。

（2）挂篮设计

进行挂篮结构设计时，挂篮质量与梁段混凝土的质量比值宜控制在 0.3～0.5，特殊情况下不得超过 0.7。允许最大变形（包括吊带变形的总和）为 20mm。施工、行走时的抗倾覆安全系数不得小于 2，自锚固系统的安全系数不得小于 2，斜拉水平限位系统和上水平限位安全系数不得小于 2。

（3）1 号块件施工

0 号箱梁段施工完成后，两端 1 号箱梁段位置同时开始组装挂篮。

首先，吊装车导梁并锚固，随即安装前后横梁、斜拉梁及连接系统。通过前、后横梁利用吊链起吊前、后底横梁，并悬挂固定于前、后横梁上。用吊车和吊链配合安装底纵梁及模板。

其次，吊装外侧模板，安装固定剪力销、内外侧斜拉带，并对称张拉 4 根斜拉带使之受力均匀，偏差不得大于设计要求。

最后，进行混凝土浇筑，两侧 1 号箱梁段同时浇筑，并进行养护。混凝土达到一定强度后，对预应力钢丝束进行张拉，并灌浆。

3. 混凝土梁（板）的装配式梁（板）施工

（1）构件预制

混凝土梁（板）的预制场地应选择在距离安装和使用地点近、运输方便并满足"三通一平"要求的地方。场地选定后，可根据预制构件的加工数量、工期及占地时间等确定场地的范围大小，并根据地基及气候条件，采取必要的排水措施，防止场地被雨水浸泡和发生不均匀沉陷。一般情况下场地要铺两层灰土，且碾压密实，并高出附近地坪。对于长期进行构件预制的场地，可浇筑混凝土或砖砌后抹面。

（2）构件运输

①构件场内运输

混凝土预制构件从工地预制场到桥头或桥孔下的运输称为场内运输。短距离的场内运输可采用龙门架配合轨道平板车来实现，首先由龙门架（或木扒杆）起吊移运构件出坑，其次将其横移至预制构件运输便道，卸落到轨道平车上，最后用绞车牵引至桥头或桥孔下。

②构件场外运输

混凝土预制构件从桥梁预制厂到桥孔或桥头的运输称为场外运输。一般中小跨径的预制板、梁或小构件可用汽车运输。50kN以内的小构件可用汽车吊装卸；大于50kN的构件可用轮胎吊、履带吊、龙门架或扒杆装卸。运输较长的构件时，搁放预制构件前，可在汽车上先垫以长的型钢或方木，构件的支点应放在近两端处，以避免因道路不平、车辆颠簸引起的构件开裂。运输特别长的构件时，应采用大型平板拖车或特制的运梁车运输。

（3）构件安装

预制梁（板）的安装是预制装配式混凝土梁桥施工中的关键性工序，应结合施工现场条件、工程规模、桥梁跨径、工期条件、架设安装的机械设备条件等具体情况，以安全可靠、经济简单和加快施工速度等为原则，合理选择架梁的方法。常见架梁方法有陆地架梁法、浮运架梁法和高空架梁法三种。

4. 混凝土梁（板）桥悬臂拼装施工

（1）悬拼方法

悬拼根据起重吊装方式不同，可分为浮吊拼装法、悬臂吊机拼装法、连续桁架拼装法、缆索起重机拼装法及移动式导梁拼装法等。

（2）拼装接缝处理

悬臂拼装时，预制构件接缝处理分为湿接缝处理和胶接缝处理两大类。不同的施工阶段和不同的施工部位，交叉采用不同的接缝形式。

湿接缝以高强细石混凝土或高强度等级水泥砂浆为接缝材料，虽施工工期较长，但有利于调整预制构件的位置和增强接头的整体性，通常用于拼装与0号块件连接的第一对预制块件。

胶接缝以环氧树脂为接缝材料，有利于消除水分对接头的有害影响。胶接缝主要有平面型、多齿型、单级型和单齿型等形式。齿型和单级型的胶接缝用于块件间摩阻力和黏结力不足以抵抗梁体剪力的情况，单级型的胶接缝有利于施工拼装。

（3）预应力张拉

连续梁（T构）的合龙及体系转换除应符合相关规范规定外，在体系转换前，还应按设计要求张拉部分梁段底部的预应力束，并在悬臂端设置向下的预留度。

连续梁（T构）桥纵向预应力钢筋的布置较多集中于顶板部位，且钢束布置对称于桥墩，因此，拼装每一对对称于桥墩节段用的预应力钢丝束按锚固这一对节段所需长度下料。

（二）钢梁（板）桥施工

1. 钢梁制造

钢梁应由具有相应资质的企业制造，钢梁制造企业应向安装企业提供产品合格证、钢材和其他材料质量证明书和检验报告、施工图、拼装简图、工厂高强度螺栓摩擦面抗滑系数试验报告，焊缝无损检验报告和焊缝重大修补记录、产品试板的试验报告、工厂拼装记录、杆件发运和包装清单。

2. 钢梁安装

（1）钢梁连接

①高强度螺栓连接

第一，安装前应复验出厂所附摩擦面试件的抗滑移系数，合格后方可进行安装。

第二，高强度螺栓使用前应进行外观检查并应在同批内配套使用。

第三，使用前，高强度螺栓应按出厂批号复验扭矩系数，其平均值和标准偏差应符合设计要求。设计无要求时，扭矩系数平均值应为0.11~0.15，其标准偏差应小于或等于0.01。

第四，高强度螺栓应顺畅穿入孔内，不得强行穿入，穿入方向全桥一致。被栓合的板束表面应垂直于螺栓轴线，否则应在螺栓垫圈下面加斜坡垫板。

第五，施拧高强度螺栓时，不得采用冲击拧紧、间断拧紧方法。拧紧后的节点板与钢梁间不得有间隙。

第六，当采用扭矩法施拧高强度螺栓时，初拧、复拧和终拧应在同一工作班内完成。初拧扭矩应由试验确定，可取终拧值的 50%。

第七，施拧高强度螺栓采用的扭矩扳手，应定期进行标定，作业前应进行校正，其扭矩误差不得大于扭矩值的 ±5%。

高强度螺栓终拧完毕必须当班检查。每栓群应抽查总数的 5%，且不得少于 2 套。抽查合格率不得小于 80%，否则应继续抽查，直至合格率达到 80%。

对螺栓拧紧度不足者应补拧，对超拧者应更换、重新施拧并检查。

②工地焊接

第一，首次焊接之前必须进行焊接工艺评定试验。

第二，焊工和无损检测员必须经考试合格取得资格证书后，方可从事资格证书中认定范围内的工作，焊工停焊时间超过 6 个月，应重新考核。

第三，焊接环境温度：低合金钢不得低于 5℃，普通碳素结构钢不得低于 0℃。焊接环境湿度宜不高于 80%。

第四，焊接前应进行焊缝除锈，并应在除锈后 24h 内进行焊接。

第五，焊接前，对厚度 25mm 以上的低合金钢，预热温度宜为 80~120℃，预热范围宜为焊缝两侧 50~80mm。

第六，多层焊接宜连续施焊，并应控制层间温度。每一层焊缝焊完后应在及时清除药皮、熔渣、溢流和其他缺陷后，再焊下一层。

第七，钢梁杆件现场焊缝连接应按设计要求的顺序进行。设计无要求时，纵向应从跨中向两端进行，横向应从中线向两侧对称进行。

第八，现场焊接应设防风设施，遮盖全部焊接处。雨天不得焊接，箱形梁内进行二氧化碳气体保护焊时，必须使用通风防护设施。

（2）钢梁架设

①悬臂拼装法

A. 杆件预拼

为了减少钢梁拼装的桥上的高空作业和吊装次数，应将桥梁单根杆件预先拼装成吊装单元，能在桥下进行的工作尽量在桥下预拼场内进行，以加快施工进度。

B. 杆件拼装

经过预拼合格的杆件，可由提升站吊机把杆件提运至在钢梁上弦平面运行的平板车上，由牵引车运至拼梁吊机下拼装就位。钢梁拼装必须按一定的拼装顺序图进行。在拟定拼装顺序时应考虑拼梁吊杆机的性能和先装的杆件是否妨碍后装杆件的安装与吊机的运行等因素。

拼装时，应尽快将主桁杆件拼成闭合三角形，形成稳定的几何体系，并尽快安装纵横联结系，保证钢梁结构的空间稳定。主桁杆件拼装，应左右两侧对称进行，防止偏载的不利影响。

C. 高强度焊栓施工

高强度焊栓施工时，常用的控制螺栓的预拉力方法是扭角法和扭矩系数法。安装高强螺栓时应设法保证各螺栓中的预拉力达到其规定值，避免超拉或欠拉。

②支架法

在满布支架上安装钢梁时，因钢梁自重支承压在支架上，故冲钉和粗制螺栓总数不得少于孔眼总数的 1/3，其中冲钉不得多于 2/3。孔眼较少的部位，冲钉和粗制螺栓不得少于 6 个或在全部孔眼插入冲钉和粗制螺栓。粗制螺栓只起夹紧板束的作用。

③拖拉法

拖拉法架设钢梁包括全悬臂的纵向拖拉和半悬臂的纵向拖拉。当水流较深且水位稳定，又有浮运设备而搭设中间膺架不便时，可考虑采用半悬臂纵向拖拉；当永久性墩（台）之间不设置任何临时中间支承的情况下应考虑采用全悬臂拖拉。当梁拖到设计位置后，应及时拆除临时连接杆件及导梁、牵引设备等。拆除时应先将导梁或梁的前端适当顶高或落低，使连接杆件处于不受力状态，然后拆除连接栓钉。临时连接杆件和导梁等拆除后，才可以落梁。落梁时钢梁每端至少用两台千斤顶顶梁，以便交替拆除两侧枕木垛。

3. 钢桥涂装

钢梁杆件架设安装完毕并经过检验、除锈、洗刷和干燥后，再进行全部涂漆工作。涂装前应对杆件表面进行质量检查，如有未涂底漆或已涂而部分脱落处需补涂底漆，待底漆干燥后，方可进行涂装施工。

二、拱桥施工

（一）拱桥有支架施工

1. 拱架施工

（1）拱架拼装

拱架可就地拼装或根据起吊设备能力预拼成组件后再进行安装。拱架拼装过程中必须注意各节点、各杆件的受力平衡，并准备好拱顶拆拱设备，以使拱顶装拆自如。

（2）拱架安装

①工字钢拱架安装

工字钢拱架的架设应分片进行。架设每片拱片时，应同时将左、右半片拱片吊至一定高度，并将拱片脚纳入墩台缺口或预埋的工字钢支点上以与拱座铰连接，然后安装拱顶卸拱设备进行合龙。对于横梁、弧形木及支承木，应先安装弧形木再安装支承、横梁及模板。弧形木上应通过操平以检查标高准确，当误差过大时，可在弧形木上加铺垫木或刻槽。横梁应严格按设计安放。

②钢桁架拱架安装

A. 悬臂拼装法

悬臂拼装法适用于拼装式钢桁架拱架安装，拼装时从拱脚起逐节进行，拼装好的节段用滑车组系吊在墩台塔架上。

B. 浮运安装法

拱架拼装后，即可进行安装，为便于拱架进孔与就位，拱架拼装时的矢高，应稍大于设计矢高（预留沉降值）。在拱架进孔后，用挂在墩台上的大滑车和放置在支架上的千斤顶来调整矢高，并用水压仓，以降低拱架，使拱架就位。安装时，拱顶铰须临时捆紧，拱脚铰和铰座位置须稍加调整，以使铰座密合。

C. 半拱旋转法

采用半拱旋转法安装钢桁架拱架的方法与安装工字形钢拱架相似，其不同之处在于钢桁架安装时，起吊前拱脚先安装在支座上，然后用拉索使半拱架向上旋转合龙。

（3）拱架卸落与拆除

由于拱上建筑、拱背材料、连拱等因素对拱圈受力的影响，应选择在拱体产生最小应力时卸架，一般在砌筑完成后 20~30d，待砌筑砂浆强度达到设计强度的 70% 以后才能卸落拱架。

实腹式拱架的卸落应在护拱、侧墙完成后进行，而空腹式拱架的卸落应在拱上小拱横墙完成后、小拱圈砌筑前进行。当必须提前卸架时，应适当提高砂浆（或混凝土）强度或采取其他措施。

拱架卸落时，应设专人用仪器观测拱圈挠度和墩台变化情况，并详细记录。另设专人观察是否有裂缝现象。对于裸拱卸架，应对裸拱进行截面强度及稳定性验算，并采取必要的稳定措施。对于较大拱桥的拱架卸落，一般在设计文件中有明确规定，应按设计规定进行。

拱架卸落的过程实质上是由拱架支承的拱圈的重力逐渐移给拱圈自身来承担的过程，为了使拱圈受力有利，应采取一定的卸架程序和方法。

2. 拱圈施工

（1）石料及混凝土预制块砌筑拱圈

石料及混凝土预制块砌筑拱圈施工时，对于跨径小于10m的拱圈，当采用满布式拱架砌筑时，可从两端拱脚起顺序向拱顶方向对称、均衡地砌筑，最后在拱顶合龙。当采用拱式拱架砌筑时，宜分段、对称先砌拱脚和拱顶段。跨径10～25m的拱圈，必须分多段砌筑。先对称地砌拱脚和拱顶段，再砌1/4跨径段，最后砌封顶段；跨径大于25m的拱圈，砌筑程序应符合设计要求。宜采用分段砌筑或分环分段相结合的方法砌筑。必要时可采用预压载，边砌边卸载的方法砌筑。分环砌筑时，应待下环封拱砂浆强度达到设计强度的70%以上后，再砌筑上环。

石料及混凝土预制块砌筑拱圈施工时，应在拱脚和各分段点设置空缝。空缝的宽度在拱圈外露面应与砌缝一致，空缝内腔可加宽至30～40mm。空缝的填塞应由拱脚逐次向拱顶对称进行，也可同时填塞。空缝填塞应在砌筑砂浆强度达到设计强度的70%后进行，应采用M20以上半干硬水泥砂浆分层填塞。

（2）拱架上浇筑混凝土拱圈（拱肋）

在拱架上浇筑混凝土拱圈（拱肋）时，根据拱圈（拱肋）跨径不同应采取不同的浇筑方法。

跨径小于16m的拱圈或拱肋混凝土，应按拱圈全宽从拱脚向拱顶对称、连续浇筑，并在混凝土初凝前完成。当预计不能在限定时间内完成时，则应在拱脚处预留一个隔缝并最后浇筑隔缝混凝土。

跨径大于或等于16m的拱圈或拱肋，可分段浇筑，也可纵向分隔浇筑。

3. 钢管混凝土拱施工

（1）钢管拱肋安装

首先钢管拱肋成拱过程中，应同时安装横向联结系，未安装横向联结系的不得多于一个节段，否则应采取临时横向稳定措施。各节段间环焊缝的施焊应对称进行，并应采用定位板控制焊缝间隙，同时，应注意环焊缝施焊不得采用堆焊。

（2）钢管混凝土浇筑

管内混凝土宜采用泵送顶升压注施工，由两拱脚至拱顶对称均衡地连续压注完成。

大跨径拱肋钢管混凝土应根据设计加载程序，宜分环、分段并隔仓由拱脚向拱顶对称均衡压注。钢管混凝土压注前应清洗管内污物，润湿管壁，先泵入适量水泥浆再压注混凝土，直至钢管顶端排气孔排出合格的混凝土时停止。压注过程中拱肋变位不得超过设计规定。

压注混凝土完成后应关闭倒流截止阀。

（二）拱桥无支架施工

1. 塔架法

塔架法进行拱桥施工是以临时设立桥台上的塔架立柱，将拱圈（拱肋）浇筑一段系吊一段的浇筑施工方法。施工时应按拱的跨径、矢跨比、桥宽等来确定塔架的高度和受力大小。斜吊杆可使用预应力钢筋或吊带，其数量视所系吊杆拱段长度和位置而定，要仔细进行工艺设计并计算。灌注拱圈混凝土施工一般用设在已浇筑完拱段上的悬臂吊篮逐段浇筑。亦可用吊架浇筑，吊架后端固定在已完成拱段上，前端系吊在塔架上。由拱脚两个半拱对称施工，最后在拱顶合龙。

2. 悬臂浇筑法

悬臂浇筑法进行拱桥施工是为将拱圈、拱上立柱和预应力混凝土桥面板等同时施工，而一边浇筑一边构成拱架的悬臂浇筑方法。施工时，预应力钢筋临时作为桁架的斜拉杆和桥面板的明索，将桁架锚固在后面桥台上。

3. 钢筋骨架法

钢筋骨架法进行拱桥施工时应先将拱圈的全部钢筋骨架按设计形状和尺寸制成并安装在拱圈相应位置，然后用系吊在它上面的吊篮逐段浇筑混凝土。由两侧拱脚开始，对称、逐段浇筑，最后在拱顶合龙。钢筋骨架施工，钢筋骨架不但要满足拱圈需要，而且起到临时拱架作用，因此，钢筋骨架应有相应的刚度，施工时要对钢筋骨架进行预压，以防浇筑混凝土后变形，破坏已浇筑混凝土与钢筋结合。

（三）拱桥转体施工

1. 平面转体施工

（1）有平衡重转体施工

第一，转体平衡重可利用桥台或另设临时配重。

第二，箱形拱、肋拱宜采用外锚扣体系，桁架拱、刚架拱宜采用内锚扣（上弦预应力钢筋）体系。

第三，当采用外锚扣体系时，扣索宜采用精轧螺纹钢筋、带镦头锚的高强钢丝、预应力钢绞线等高强材料，安全系数不得低于2。扣点应设在拱顶点附近，扣索锚点高程不得低于扣点。

第四，当采用内锚扣体系时，扣索可利用结构钢筋或在其杆件内另穿入高强钢筋。完成桥体转体合龙，当浇筑接头混凝土达到设计强度时，应解除扣索张力。利用结构钢筋做锚索时，应验算其强度。

第五，张拉扣索时的桥体混凝土强度应达到设计要求，当设计无要求时，应不低于设计强度的80%，扣索应分批、分级张拉。扣索张拉至设计荷载后，应调整张拉力使桥体合龙高程符合要求。

第六，转体合龙应符合下列要求：

①应控制桥体高程和轴线，合龙接口相对偏差不得大于10mm。

②合龙应选择当日最低温度进行。当合龙温度与设计要求偏差3℃或影响高程差±10mm时，应修正合龙高程。

③合龙时，宜先采用钢楔临时固定，再施焊接头钢筋，浇筑接头混凝土，封固转盘。在混凝土达到设计强度的80%后，再分批、分级松扣、拆除扣、锚索。

第七，牵引转动时应控制速度，角速度宜为0.01~0.02rad/min；桥体悬臂端线速度宜为1.5~2.0m/min。

（2）无平衡重转体施工

第一，应利用锚固体系代替平衡重。锚碇可设于引道或边坡岩层中。桥轴向可利用引桥的梁作为支承，或采用预制、现浇的钢筋混凝土构件作为支承。非桥轴向（斜向）的支承应采用预制或现浇的钢筋混凝土的构件。

第二，转动体系的下转轴宜设置在桩基上。扣索宜采用精轧螺纹钢筋，靠近锚块处宜接以柔性工作索。设于拱脚处的上转轴的轴心应按设计要求与下转轴的轴心设置偏心距。

第三，尾索引拉宜在立柱顶部的锚梁（锚块）内进行，操作程序同后张预应力施工。尾索张拉荷载达到设计要求后，应观测1~3d，如发现索间内力相差过大，应再进行一次尾索张拉，以求均衡达到设计内力。

第四，扣索张拉前应在支承以及拱轴线上（拱顶3/8、1/5、1/8跨径处）设立平面位置和高程观测点，在张拉前和张拉过程中应随时观测。每索应分级张拉至设计张拉力。

第五，拱体旋转到距设计位置约5°时，应放慢转速；距设计位置差1°时，可停止外力牵引转动，借助惯性就位。

第六，当拱体采用双拱肋平转安装时，上下游拱体宜同步对称向桥轴线旋转。

第七，当拱体采用两岸各预制半跨，平转安装就位，拱顶高程超差时，宜采用千斤顶张拉、松懈扣索的方法调整拱顶高差。

第八，当台座和拱顶合龙口混凝土达到设计强度的 80% 后，方可对称、均衡地卸除扣索。

第九，尾索张拉、扣索张拉、拱体平转、合龙卸扣等工序，必须进行施工观测。

2. 竖向转体施工

第一，竖向转体法施工适用于混凝土肋拱、钢筋混凝土拱。

第二，应根据提升能力确定转动单元，宜以横向连接为整体的双肋为一个转动单元。

第三，角速度宜控制在 $0.005 \sim 0.01 \text{rad/min}$。

第四，合龙混凝土和转动铰封填混凝土达到设计强度后，方可拆除提升体系。

3. 平竖结合转体施工

拱桥采用转体施工时，由于河岸地形条件的限制，可能遇到既不能在设计标高处预制半拱，也不能在桥位竖直平面内预制半拱的情况。在这种情况下，拱体只能在适当位置预制后，既须平转，又须竖转才能就位，即平竖法结合转体施工。这种平竖法结合转体施工的基本方法与前述方法相似，但其转轴构造较为复杂，一般不选用；只有当地形、施工条件适合时，混凝土肋拱、刚架拱、钢管混凝土的施工可选用此法。

（四）拱上结构施工

1. 泄水管

拱桥除在桥面和台后设排水设施外，对于渗入拱腹内的水应通过防水层汇集于预埋在拱腹内的泄水管排出。

泄水管可采用管径为 $6 \sim 10 \text{cm}$ 的铸铁管、混凝土管或陶管，严寒地区可适当增大管径，但应不大于 15cm。泄水管进口处周围防水层应做成集水坡，并用大块碎石做成倒滤层，以防堵塞。泄水管外露长度应不小于 10cm，以防流水污染结构物。泄水管不宜过长，且不能用弯管做泄水管。

2. 防水层

（1）沥青麻布防水层

沥青麻布防水层主要用于冰冻地区的砖石拱桥。其做法常用"三油二布"，即三层沥青两层麻布。

防水层铺设前，应用水泥砂浆抹平拱背，待水泥砂浆凝固后再涂 1～2 层沥青漆。铺设时，沥青应保持适宜温度，使其能涂均匀。麻布应由低向高循环敷设，搭接长度应不小于 10cm。

当防水层经过拱圈及拱上结构的伸缩缝或变形缝时，应做成 U 形。

当防水层处于泄水管处时，应紧贴泄水管漏斗之下敷设，以防止向防水层底漏水。

（2）石灰三合土防水层

石灰三合土防水层主要用在非冰冻地区，其厚度可在 10cm 左右。铺设前将拱背按排水方向做成一定的坡度，并砌抹平整。为确保防水效果，最好涂抹一层沥青。

（3）胶泥防水层

胶泥防水层主要用在非冰冻地区的较小跨径拱桥，铺设时应严格控制含水量，以防干裂。

3. 伸缩缝及变形缝

伸缩缝的宽度一般为 2~3cm，缝内填料可用锯末加沥青配合制成。预制板锯末与沥青的比例一般为 1:1，施工时将预制板嵌入。上缘一般做成能活动而不透水的覆盖层。伸缩缝内的填充料，亦可采用沥青砂或其他适当材料。

第四节　桥面系及附属工程施工

一、桥面系施工

（一）排水设施施工

桥面排水设施主要包括汇水槽、泄水口及泄水管。汇水槽、泄水口顶面高程应低于桥面铺装层 10~15mm。泄水管下端至少应伸出构筑物底面 100~150mm。泄水管宜通过竖向管道直接引至地面或雨水管线，其竖向管道应采用抱箍、卡环、定位卡等预埋件固定在结构物上。

（二）桥面防水层施工

下雨时，雨水在桥面必须能及时排出，否则将影响行车安全，也会对桥面铺装和梁体产生侵蚀，影响梁体耐久性。桥面防水层应设在钢筋混凝土桥面板与铺装层之间，尤其在主梁受负弯矩作用处。桥面防水层应按设计要求设置，主要由垫层、防（隔）水层与保护层三部分组成。其中，垫层多做成三角形，以形成桥面横向排水坡度。垫层不宜过厚或过薄。当厚度超过 5cm 时，宜用小石子混凝土铺筑；厚度在 5cm 以下时，可只用 1∶3 或 1∶4 水泥砂浆抹平。水泥砂浆的厚度不宜小于 2cm，垫层的表面不宜光滑。有的梁桥防水层可由桥面铺装来充当。

桥面应采用柔性防水，不宜单独铺设刚性防水层。桥面防水层使用的涂料、卷材、胶黏剂及辅助材料必须符合环保要求。桥面防水层的铺设应在现浇桥面结构混凝土或垫层混凝土达到设计要求强度，经验收合格后进行。桥面防水层应直接铺设在混凝土表面上，不得在二者间加铺砂浆找平层。

（三）桥面铺装层施工

1. 沥青混合料桥面铺装层施工

在水泥混凝土桥面上铺筑沥青铺装层前，应在桥面防水层上撒布一层沥青石屑保护层，或在防水黏结层上撒布一层石屑保护层，并用轻碾慢压。沥青铺装宜采用双层式，底层宜采用高温稳定性较好的中粒式密级配热拌沥青混合料，表层应采用防滑面层。铺装后宜采用轮胎或钢筒式压路机进行碾压。

2. 水泥混凝土桥面铺装层施工

第一，铺装层的厚度、配筋、混凝土强度等应符合设计要求。结构厚度误差不得超过 20mm。

第二，铺装层的基面（裸梁或防水层保护层）应粗糙、干净，并于铺装前湿润。

第三，桥面钢筋网应位置准确、连续。

第四，铺装层表面应做防滑处理。

第五，水泥混凝土施工工艺及钢纤维混凝土铺装的技术要求应符合相关规定。

3. 人行天桥塑胶混合料面层施工

第一，人行天桥塑胶混合料的品种、规格、性能应符合设计要求和标准的规定。

第二，施工时的环境温度和相对湿度应符合材料产品说明书的要求，风力超过 5 级（含 5 级）、雨天或雨后桥面未干燥时，严禁铺装施工。

第三，塑胶混合料均应计量准确，严格控制拌和时间。拌和均匀的胶液应及时运到现场铺装。

第四，塑胶混合料必须采用机械搅拌，应严格控制材料的加热温度和撒布温度。

第五，人行天桥塑胶铺装宜在桥面全宽度内两条伸缩缝之间，一次连续完成。

第六，塑胶混合料面层终凝之前严禁行人通行。

（四）桥梁伸缩装置施工

1. 填充式伸缩装置安装

第一，预留槽宜为 50cm 宽、5cm 深，安装前预留的槽基面和侧面应进行清洗和烘干。

第二，梁端伸缩缝处应黏固止水密封条。

第三，填料填充前应在预留槽基面上涂刷底胶，热拌混合料应分层摊铺在槽内并捣实。

第四，填料顶面应略高于桥面，并撒布一层黑色碎石，用压路机碾压成形。

2. 齿形钢板伸缩装置安装

第一，底层支承角钢应与梁端锚固筋焊接。

第二，支承角钢与底层钢板焊接时，应采取防止钢板局部变形措施。

第三，齿形钢板宜采用整块钢板仿形切割成型，经加工后按序号置入。

第四，安装顶部齿形钢板，应按安装时气温经计算确定定位值。齿形钢板与底层钢板端部焊缝应采用间隔跳焊，中部塞孔焊应间隔分层满焊。焊接后齿形钢板与底层钢板应密贴。

第五，齿形钢板伸缩装置宜在梁端伸缩缝处采用 U 形铝板或橡胶板止水带防水。

3. 橡胶伸缩装置安装

第一，安装橡胶伸缩装置应尽量避免预压工艺。气温在 5℃ 以下时，不宜安装橡胶伸缩装置。

第二，安装前应对伸缩装置预留槽进行修整，使其尺寸、高程符合设计要求。

第三，锚固螺栓位置应准确，焊接必须牢固。

第四，伸缩装置安装合格后应及时浇筑两侧过渡段混凝土，并与桥面铺装接顺。每侧混凝土宽度不宜小于 0.5m。

（五）地袱、缘石、挂板施工

桥梁上部结构混凝土浇筑安装支架卸落后，应进行地袱、缘石、挂板的施工。施工时，地袱、缘石、挂板的外侧线形应平顺，伸缩缝必须全部贯通，并与主梁伸缩缝相对应。预制或石材地袱、缘石、挂板安装应与梁体连接牢固。挂板安装时，直线段宜每隔 20m 设一个控制点，曲线段宜每隔 3~5m 设一个控制点，并采用统一模板控制接缝宽度，确保其外形流畅、美观。尺寸超差和表面质量缺陷的挂板不得使用。

二、附属结构施工

（一）隔声和防眩装置安装

1. 声屏障安装

声屏障加工模数应根据桥梁两伸缩缝之间长度确定，声屏障安装时，必须与钢筋混凝土预埋件牢固连接，声屏障应连续安装，不得留有间隙，在桥梁伸缩缝部位应按设计要求处理。安装时应选择桥梁伸缩缝一侧的端部为控制点，依序安装。5级以上大风时不得进行声屏障安装。

2. 防眩板安装

防眩板安装应与桥梁线形一致，防眩板的荧光标识面应迎向行车方向，板间距、遮光角均应符合设计要求。

（二）梯道施工

梯道即梯形道，是城市竖向规划建设的步行系统，人行梯道按其功能和规模可分为三级：一级梯道为交通枢纽地段的梯道和城市景观性梯道；二级梯道为连接小区间步行交通的梯道；三级梯道为连接组团间步行交通或入户的梯道。梯道平台和阶梯顶面应平整，不得反坡造成积水。

钢结构梯道制造与安装，应符合相关规范规定。梯道每升高 1.2~1.5m 宜设置休息平台，二、三级梯道连续升高超过 5.0m 时，除应设置休息平台外，还应设置转折平台，且转折平台的宽度不宜小于梯道宽度。

（三）桥头搭板施工

桥头搭板一般包括现浇桥头搭板和预制桥头搭板两种，施工前，均应保证桥梁伸缩缝贯通、不堵塞，且与地梁、桥台锚固牢固。

现浇桥头搭板基底应平整、密实，在砂土上浇筑时应铺 3~5cm 厚水泥砂浆垫层。

预制桥头搭板安装时应在与地梁、桥台接触面铺 2~3cm 厚水泥砂浆，搭板应安装稳固不翘曲。预制板纵向留灌浆槽，灌浆应饱满，砂浆达到设计强度后方可铺筑路面。

（四）防冲刷结构施工

桥梁防冲刷结构主要包括锥坡、护坡、护岸、海墁及导流坝等，防冲刷结构的基础埋置深度及地基承载力应符合设计要求。锥坡、护坡、护岸、海墁结构厚度应满足设计要求。

干砌护坡时，护坡土基应夯实并达到设计要求的压实度。砌筑时应纵横挂线，按线砌筑。须铺设砂砾垫层时，砂砾料的粒径不宜大于5cm，含砂量不宜超过40%。施工中应随填随砌，边口处应用较大石块，砌成整齐坚固的封边。

栽砌卵石护坡应选择长径扇形石料，长度宜为25~35cm。卵石应垂直于斜坡面，长径立砌，石缝错开。基脚石应浆砌。

栽砌卵石海墁宜采用横砌方法，卵石应相互咬紧，略向下游倾斜。

第六章 路桥工程施工

第一节 路桥工程施工技术概述

一、路桥工程施工技术概论

（一）道路桥梁施工技术管理

1. 道路桥梁施工技术管理概念

施工技术与管理是指工程施工单位对施工技术工作进行的一系列组织领导、协调和控制等活动的总称，是实现工程项目控制目标所采取的必要手段。公路与桥梁施工技术与管理的任务和目的是按路桥工程设计图纸的要求，严格执行施工规程、国家的相关技术规范和标准，科学有序地组织施工单位的各项施工工作；建立正常的公路与桥梁施工技术流程和管理办法；建立工程全面质量管理体系；不断革新施工工艺和施工技术；在保证工程质量和工期的前提下降低工程施工成本；不断积累新技术实施中的经验教训，不断提升施工单位的技术水平。

2. 道路桥梁施工技术与管理中的要素

第一，施工中要严格执行技术操作规程，贯彻规范的管理制度。道路桥梁工程是我国的基础工程，我国对施工过程有着很严格的法规，一些技术都有严格的流程，所以要加强监督使施工各方严格遵守流程。

第二，做任何一项工作收集和整理施工技术资料、借鉴其他人的工作管理经验能对即将开展的工程管理起到启示作用。

第三，加强对施工进程的监督如建立质量控制监督小组来对工程进行情况进行监督控制，对施工技术进行研究。

第四，建立与工程施工紧密相关的管理制度。如建立施工图纸的会审、技术责任制、技术交底等制度，对于桥梁工程施工技术与管理涉及一系列基本的施工技术管理制度的准确理解，是桥梁工程施工技术与管理中的一个重要组成部分，技术责任制等制度管理方法能够加深人们对这些施工技术的理解，从而有效地保障施工质量。

（二）道路桥梁施工质量管理的重要性

1. 在工程效用方面的重要性

随着科学技术的发展及市场竞争的日益激烈，质量管理越来越引起人们的重视，尤其是在道路桥梁施工建设方面，任何一个细节出现问题都能影响到整个过程，项目在使用时的效益也会受到直接影响，如果因此返工，那么其给企业和国家带来的损失不可估量。近年来，先后有桥路坍塌和路面损坏的现象发生，使国家的财产受到了很大损失，更是严重威胁了人们的生命财产安全，所以质量管理就是道路桥梁工程施工阶段的生命线。

2. 在施工企业信誉及效益面的重要性

靠质量树立信誉，靠信誉开拓市场，靠市场增加效益，靠效益谋求发展，这四条规则是企业的立本之基，对于道路施工单位更是如此，在激烈的市场竞争角逐中，企业只有把质量管理作为自身的立命之本，走质量效益型道路的经营战略才能高效可持续发展。一项工程的质量能体现一个企业的信誉，是其形象展示的窗口。一个企业能走多远，其信誉是起决定性作用的，而信誉则是由质量体现的。

3. 在社会发展方面的重要性

道路桥梁工程的质量安全有利于改善人们的出行条件，促进社会经济的快速发展，它更有利于我国和谐社会的建设，保证我国社会主义建设的长治久安。

二、路桥工程施工技术分析

（一）道路桥梁施工要点分析及注意事项

1. 道路与桥梁施工要点

（1）路基

路基是道路施工的基础，也就是在地面表层按照其设计线形以及断面的具体规定进行填筑，或者向下开挖，在这系列过程中形成的岩土结构被称为路基。道路的路基在具体的施工过程中，需要注意两方面。一方面，要对松铺的厚度进行严格的把控。在进行基层作业时，将松铺的厚度控制在合理范围内，再进行初压；初压完成后继续以人工的方式对其进行修整。另一方面，要使基层保持平整。在进行正式施工前，必须保证基层干净清洁，如果发现表面有异物，必须在第一时间清除干净，从而保持基层的平整。如果后续检测基层平整度不达标，还需要进行再次调整。

（2）路面

在当前阶段，我国的道路多为沥青混凝土路面。沥青路的优点十分显著，如路面平整、耐磨性强、施工时间短、易于维修养护等。为了有效保证沥青路面的质量，必须选择最适宜的材料并且对混合料的配合比进行合理的控制，然后控制好各个环节的温度。除此之外，还需要严格控制含水量，如果含水量过高将导致压实工作难以进行。除了沥青混凝土路面，水泥混凝土路面也比较常见，也就是将道路的路面以水泥混凝土作为应用材料，在具体施工时，需要注意的内容如下：首先，根据试验得出的配合比进行精准的配料，水泥的具体使用量必须严格控制误差；其次，要对含水量进行实时检测，从而确定用水量以及水灰比。

（3）桥隧

桥隧工程对于道路建设具有非常重要的意义，进行桥隧施工需要注意以下内容：首先，关于桥梁的设计必须满足其使用性能，并且具备一定的抗洪防险能力；其次，选择最适宜的桥位，在选择大桥、特大桥时需要将桥位设置在河道比较平稳的地带；最后，尽量考虑施工地的取材问题，坚持因地制宜的原则，节约经济成本。

2. 道路与桥梁施工的注意事项

（1）保证地面的干净清洁

为了有效保证在施工环节中排水状况良好，必须于路基两侧建造排水系统，也就是排水沟。进行填筑时，先保留横坡范围，在此期间继续向两边进行填筑。如果遇到雨水天气，则需要停止施工，从而保证填土的含水量在标准范围内。

（2）切实考虑主塔施工的现实情况

在进行主塔施工时，其施工方式需要根据截面的具体高度进行选择，同时受到塔形的影响。如主塔的高度不超过80m，可以选择翻模施工方式。但是因为这种施工方式具有一定的危险性，尤其是在进行拆卸和提升模板时危险系数更高，所以需要在施工区域设置安全围栏。

（二）道路桥梁施工后的技术分析

一般而言，在开展混凝土的后期养护工作时，应注意如下事项：结合工程施工现场的环境条件，在拆除模板以后，采用遮盖物覆盖、浇水、混凝土养护剂或养护膜等方法养护混凝土，并将养护周期控制在 12h 以上，以提高混凝土的强度及避免路面开裂。在混凝土施工中，难免因外界因素或施工工艺等的影响而出现混凝土泌水、模板漏浆等施工问题，并进一步导致混凝土工程产生砂带、气泡和孔洞等施工缺陷，从而对混凝土工程的美观及质量产生不利影响。对此，混凝土工程在拆模以后应严格检查其整体质量，并及时针对发现的问题采取修补和清理作业，以提高混凝土工程表面的平整度和压实度。另外，一旦发现混凝土存在开裂现象，应立即选用玻璃纤维布进行修补，并将其粘在开裂处的表面。

（三）道路桥梁施工技术分析

1. 路基施工

路基施工是道路桥梁施工中的一个重要组成部分，路基施工技术的关键在于压实和碾压工作，在具体施工过程中，一定要结合国家关于道路施工的标准和规范，选用适宜的施工设备，对路基进行压实。在压实路基时，还应该考虑桥头跳车情况发生的可能性，并做好必要的预防措施。

2. 路面施工

要做好路面施工工程，首先要准备好必要的施工材料，并严格审核建筑材料的质量，审核合格的建筑材料应该进行妥善保管，以免由于自然原因而影响建材的质量。首先，为了确保材料的质量，一定要对其进行定期的检查，从根源上提高道路与桥梁工程的质量安全。其次，在道路与桥梁施工中，对所有资源进行科学配置，这样不仅可以降低各项资源的浪费，提高资源的利用率，而且可以促进工程的进度加快，将道路与桥梁工程施工的工期缩短。再次，对于在施工过程中所涉及的施工参数以及标准数值等数据，也要进行严格的验证，不能随意设置相关数值，以免在施工过程中出现误差，进而引发重大的安全事故，威胁到施工人员的生命财产安全。最后，在地面施工的时候，要注意施工所在地的具体运输情况，在施工时进行必要的交通疏导与管制，以免因车辆行驶对施工造成阻碍，同时减少施工对周围居民正常生活的影响。

3. 桥梁部分

桥梁施工是道路工程中的重点和难点，除了施工技术的要求较高之外，同时存在诸多隐性问题，影响工程的质量安全。因此，在桥梁施工过程中，除了要做好各项桥梁施工之外，对于其中的附属工程也要加以重视，对旁站进行严格监督，进而强化桥梁部分的质量安全，从整体上提高道路工程技术水平，确保车辆的运行需求。尤其是在安装模板的时候，一定要保持模板的整洁度与平整度，这样在安装的时候才能够保证桥梁的稳定，使模块之间的接缝处也更加密封。在桥梁施工过程中，有时候会用到一些产品构件，虽然只是一个不起眼的部件，但是如果其质量存在问题，也会对道路桥梁工程整体安全性埋下隐患，因此，为了提高桥梁的质量水平，严禁使用质量不合格的材料。

（四）道路桥梁工程隐患问题的解决对策

1. 道路桥梁施工管理问题的解决措施

第一，从建筑材料质量抓起，建立建筑材料质量检验部门，严格审核所用材料的等级，例如工程所用水泥混凝土的等级的确定，是否易开裂等；工程所用钢筋的把关，钢筋是否易生锈、韧性如何等；重视桥梁铺装层的质量管理，注重辅助材料的使用管理，等等。工程质量的提高依赖于原材料的质量保证。

第二，建立健全道路桥梁施工的质量责任体系以及桥梁施工质量管理的激励体系。缺少严格的责任体系是我国施工项目出现质量问题无人负责、互相推脱的重要原因。严格的责任体系和严格的激励体系要求项目施工人员做好日常施工项目的安全检查监督工作，哪一个环节出现问题会立即反映给项目管理人员，每一岗位都有自己的责任。责任到人，责任到岗，使每个施工人员都充满着工作责任感和工作激情。

第三，注重提高道路桥梁施工人员的素质也是解决道路桥梁技术与管理差的途径之一。可以通过定期给工作人员进行培训来提高工作人员的素质，培训内容既要包括注重施工人员技术方面的培训，又要包括施工日常安全责任方面的培训。

2. 道路桥梁工程设计技术问题的解决策略

（1）根据实际情况，合理设计方案

道路与桥梁工程设计方案作为其施工和运营的重要前提，设计人员应该从实际情况出发，合理选取设计方案，保证道路与桥梁工程的安全性和耐久性，为人们的出行安全提供最为有力的保障。做好道路与桥梁工程设计工作是保证各项工作开展的前提，也是促进道路与桥梁工程建设和发展的重要标志。设计人员应该从实际情况出发，注重设计范围，考虑土质结构，加大道路与桥梁工程的主体设计，注重实际模拟，保证设计方案符合相关标准，便于协调好施工技术的各个方面，避免设计安全性问题的残留。同时，设计人员应该从实际出发，注重对现代化的设计理念和设计技术的运用，保证设计的高质量和高标准，有效地降低风险的发生，为道路与桥梁工程的安全施工奠定基础。

（2）注重和加强道路设计人员的专业培养

在道路与桥梁工程设计的过程中，为了有效地保证工程设计的合理、科学、有效，首先要做的工作便是注重对设计人员的专业培训，提升设计人员的专业知识和专业技能。只有设计人员的专业技能提升，才能有效地保证道路与桥梁工程的设计质量和效率。所以，加强设计人员的专业培训具有重要的作用和意义。道路与桥梁工程设计作为一项繁杂的事务，不仅注重设计的合理性，也注重设计评估的准确性。首先，相关部门应该通过专家讲座、实践培训等方式，促进设计人员之间的交流和沟通，拓展设计人员的设计视野，培养设计人员的安全意识，注重转变设计人员的设计观念，提升设计人员对道路与桥梁工程的风险评估，有效地降低设计中所存在的安全隐患问题；其次，应该注重理论知识和实际操作相结合，多为设计人员提供实践的机会，使设计人员在实践中不断发现问题、分析问题和解决问题，从而有效地保证设计工作的质量和效率。

第二节　路桥工程施工质量控制

一、路桥施工前的准备工作

在整个道路桥梁工程的施工中，施工前的准备工作是保证整项工程施工质量的基础和前提，其内容主要包括六方面。一是联合监理单位、建设单位和图纸设计单位按要求审核施工图纸，注意一旦在审核中发现图纸存在问题，应立即采取措施加以解决，以提高施工图纸的完整性和科学合理性。二是在混凝土施工前，依据审核通过的施工图纸，确定施工内容并加以细化，特别要关注后浇带、施工缝等特殊部位的施工。三是在混凝土施工前，组织施工人员进行技术交底，确保全体工作人员都熟知混凝土施工内容和施工工艺等，并组织开展安全与质量培训教育，以提高全体员工的安全意识和质量意识，使之能自觉按操作规范完成施工作业。四是在施工机械设备进场前，组织开展检修工作，以保证其正常运转。五是按质量要求购进原材料，比如按工程强度要求和水泥性能选用水泥；选择具有色泽均匀、强度高、级配好等特征的碎石料；在选择骨料时，将其粒径控制在 $0.5 \sim 3cm$、含泥量低于 1% 及在加骨料前清除其中的杂质，按水泥级配等要求选用减水剂及按工程实际确定掺入比例等。六是科学确定配合比，注意严控混凝土的初凝和终凝时间坍落度、水灰比等，以免混凝土在施工中出现泌水现象，其中应将混凝土的坍落度和初凝时间分别控制在 $8 \sim 10cm$、$2 \sim 4h$ 及混凝土的含气量低于 1.7%，另外还应注意不同使用部位的混凝土对配合比的要求不尽相同，具体应按施工设计要求加以确定。

二、路桥工程施工质量管理

（一）施工质量管理的主要工作

1. 施工准备阶段的质量管理工作

第一，充分研究和理解有关设计文件的要求，对设计图纸、说明书、工艺要求、施工计划等，要充分研究和理解；同时，还要掌握工程地质、水文勘测等有关资料。

第二，认真做好施工组织计划工作，协调好各种关系，包括基层施工单位之间的工种之间、工序之间、资源之间的关系。

第三，加强对工程所用材料的准备和检验工作，对工程使用和普用材料一定要做计算和检测工作。

第四，做好机械设备配置和检修，要保证机械正常运转和安全生产，还要对新设备进行调试和对操作人员进行培训教育。

2. 施工过程的质量检查测试

第一，加强施工管理和施工过程中的质量检查，发现问题及时处理。

第二，建立健全工程质量检查和验收规章制度、建立严格的自检和质量监理制度，有条件时应实行社会监理。

第三，采用全面质量管理方法做好质量控制和分析。

（二）道路工程施工质量评定

1. 工程质量等级

"质检标准"规定的工程质量等级评定，是以分项工程为基础，按"优良"与"合格"两个等级，依先分项工程，再分部工程，最后是单位工程的次序逐级评定。道路工程质量无"废品"等级，不合格的工程不能验收交工。

（1）分项工程评定

所有分项工程各检验项目均合格，扣除外观不良分等，实测项目评定分达到 70 分以上为合格，85 分以上为优良。

（2）分部工程评定

所有分项工程的合格，该分部工程为合格；如其中主要分项工程为优良，且各分项工程的平均分 85 分以上，则该分部工程评为优良。

（3）单位工程评定

所有分部工程的合格，该单位工程为合格；如其中主要分部工程为优良，且各分部工程的平均分 85 分以上，且无加固、补强工程，则该单位工程评为优良。

2. 评定原则

第一，凡是不合格的分项工程，允许加固、补强，满足设计要求后，可按合格等级进入分部工程评定。但如加固、补强后改变了结构外形或造成历史缺陷者不得评为优良。

第二，经返工重做的工程可以重新评定其质量等级。

第三，凡是评为合格的工程，如经整修后复验，确实符合优良标准者，亦可评为优良。

三、路桥施工中的质量控制

（一）模板施工

在混凝土施工中，模板施工尤为关键，且在具体施工中，应注意如下施工要点：一是按模板安装牢固、拆卸便捷的原则设计模板，并将模板的平整性、稳定性、密实性、强度和刚度等考虑其中，以防模板出现变形或浆液流失等现象；二是在选择模板材料时，按要求控制其吸水性、耐腐蚀性及表面平整光滑度，同时可按不同构件的规格和形状等，选择相应的模板材料，比如圆形构件一般选用钢模板，T 形、E 形等复杂构件尽量选用竹胶板等；三是按要求做好模板的前处理工作，比如针对钢模板应抛光处理其内表面，以提高混凝土的光洁度；同时重视细节处理，比如在固定模板螺栓时，保证其牢固性，以防混凝土表面开裂及方便拆卸模板。

（二）混凝土的制作

混凝土的浇捣是建筑施工中的关键环节，它直接影响到混凝土结构的质量和耐久性。浇捣过程中，需要严格遵循施工规范和标准，确保混凝土的均匀性和密实度。

首先，浇捣前的准备工作至关重要。这包括检查模板的稳定性和密封性，确保没有缝隙和漏洞，以及清理模板内的杂物和水分。此外，还需要根据设计要求和混凝土的配比，准备好适量的水泥、砂、石子和水。

在浇捣过程中，应采用分层浇筑的方法，每层的厚度通常不超过 30 厘米，以确保混凝土的均匀性和密实度。同时，使用振动棒对混凝土进行振捣，以消除气泡和空隙，提高混凝土的密实度和强度。振动棒的使用应均匀分布，避免局部过度振捣或漏振。

浇捣完成后，需要对混凝土表面进行抹平和压实，以确保表面平整和美观。随后，进行适当的养护，包括覆盖保湿材料和定期洒水，以保持混凝土表面的湿润，促进水泥的水化反应，提高混凝土的强度和耐久性。

在整个浇捣过程中，还需要对混凝土的坍落度进行实时监测，以确保其符合施工要求。坍落度是衡量混凝土流动性和可塑性的重要指标，对混凝土的施工性能和最终质量有着直接影响。

混凝土的浇捣是一个复杂而精细的过程，需要施工人员具备专业的技能和严谨的态度。通过合理的施工方案、严格的质量控制和科学的养护措施，可以确保混凝土结构的质量和耐久性，为建筑的长期稳定使用打下坚实的基础。

（三）混凝土的浇捣

混凝土的浇筑和振捣是整个混凝土施工项目的核心内容，其对整个道路桥梁工程的影响也是最为明显和直接的。因此，在混凝土浇筑中要做到如下四点：一是要严控混凝土的送料时间，以免混凝土在送料结束前便出现初凝现象；二是按逐车测量的原则检测混凝土的坍落度，以免因混凝土的坍落度控制不当而影响其质量；三是在分层浇筑混凝土时，应按浇筑分层厚度比振动器高度低 20cm 的原则选择型号适中的平板振捣器；四是在两次色彩匹配合格以后，再开展后续施工。

四、路桥施工质量问题的解决对策

（一）设计一个可行的和科学的施工方案

在施工之前，应根据实际情况和需求设计道路建设和桥梁建设项目详细施工过程，制订可行的和科学的施工方案。例如，为了为残疾人提供便利，在人行道上可以选择那些色彩斑斓的类型或设计一个特殊的残疾人通道，不仅达到了工程美观的要求，也有很强的实用性。

（二）严格检测道路建设和桥梁建设工程的施工质量

在建设的过程中，负责道路和桥梁建设项目的施工人员必须积极配合好建筑工程质量检测工作的质量检验人员，确保施工质量。检验人员必须及时检查施工质量的问题，尤其是关键部位的管理，更加应该加强检验，一旦发现可疑问题，必须立即找出原因并采取措施及时解决。

（三）重视道路建设和桥梁建设工程材料的选择

1. 保证混凝土施工材料的质量

必须严格控制相关的材料和施工机械的质量。混凝土施工中需要的材料包括水泥、钢铁和沙子等，还要对其他材料进行严格的检查，以确保建筑材料符合规定要求，保证建筑工程施工的质量。为了确保高质量的原材料，必须谨慎对待对原材料供应商的选择，选择的供应商应该有更大的规模和更高的可信度。此外，建筑工程施工设计中，应明确具体的原材料的比例和详细的原材料的来源和标准等问题。采购材料过程中必须严格按照设计、采购标准的要求，以确保高质量的混凝土结构，提供安全的整体效果。

2. 注意管理预应力混凝土技术的应用

在项目的早期阶段，应结合设计图纸和施工现场检查的所有细节，对每个环节施工质量的问题进行严格控制和管理，确保预应力混凝土结构的施工质量，以满足道路和桥梁工程建设的要求，同时加强对预应力相关技术的应用管理，以更好地提高道路和桥梁工程混凝土结构的质量。

3. 对灌浆技术和其他方面的技术严格控制

在预应力混凝土技术应用于道路和桥梁建设工程的过程中，在灌浆和锚固施工阶段，应严格遵守建设标准和施工质量的规定要求，从根本上对建设的质量进行保证。实施灌浆施工，预应力钢筋应具有较高的拉伸应力。在建设的时候，调整预应力钢筋拉应力，首先进行拉应力的扩张，然后快速灌浆，灌浆同时必须保证灌浆质量。也应该对泥浆的配置、速度和灌浆时间进行严格控制，从而有效地提高预应力混凝土结构的施工质量。

五、混凝土冬季浇筑施工的质量控制

道路桥梁工程是一项施工工期较长的工事，因此不可避免地会在冬季安排施工作业，那么如何控制混凝土冬季施工的质量成了整个工程成败的关键，即在冬季施工中，混凝土的水化速度一般会在 3d 以内达到峰值，且在 4h 以后持续下降；在上层混凝土的放热作用下，下层混凝土的温度会有明显增高；若昼夜温差与气温变动保持在平衡状态，则不会对混凝土的表面温度产生太大影响，同时混凝土表面及断面的温度会随之下降，并使其内部温度达到均衡状态，从而有效规避了温度应力所致的开裂现象。针对上述情况，在浇筑混凝土时，当环境温度低于-10℃时，应采用暖棚法加温处理直径大于 25mm 的钢筋，同时将混凝土及其细薄截面混凝土结构的灌注温度分别控制在 5℃ 和 10℃ 以上，注意持续灌注分层混凝土，且每一层的灌注厚度应大于 20cm。另外，在清理新旧混凝土的施工缝时，为保证上一层混凝土的强度大于 1.2MPa，在新的混凝土浇筑中，应先铺设厚度为 15mm 的低水灰比水泥砂浆，之后再浇筑新混凝土。

第三节　路桥工程施工组织与管理

一、施工组织管理概述

（一）公路工程基本建设程序

1. 项目建议书

根据国民经济发展的长远规划和公路网建设规划，提出项目建议书。项目建议书应对拟建项目的目的、要求、主要技术标准、原材料及资金来源等提出文字说明。项目建议书是进行各项前期准备工作和进行可行性研究的依据。项目建议书不是项目的最终决策，项目建议书一经批准，即着手进行可行性研究。

2. 可行性研究

可行性研究是基本建设前期的重要组成部分，是建设项目立项、决策的主要依据。大中型工程、高等级公路及重点工程项目（含国防、边防公路）均应进行可行性研究，小型项目可适当简化。

公路建设项目可行性研究的任务是：在对拟建工程地区社会、经济发展和公路网状况进行充分的调查研究、评价、预测和必要的勘察工作的基础上，对项目建设的必要性、经济合理性、技术可行性、实施可能性，提出综合性研究论证报告。

3. 设计文件

（1）初步设计

初步设计应根据批复的可行性研究报告、测设合同及勘测资料进行编制。初步设计的目的是确定设计方案，必须进行多设计方案比选才能确定最合理的设计方案。设计方案确定后，拟定修建原则，计算工程数量和主要材料数量，提出初步施工方案，编制设计概算，提供文字说明和有关图表资料。初步设计文件经审查批复后，即作为订购主要材料、机具、设备等及联系征用土地、拆迁等事宜，进行施工准备，编制施工图设计文件和控制建设项目投资等的依据。

（2）技术设计

按三阶段设计的项目，应进行技术设计。技术设计应根据初步设计的批复意见、勘测设计合同要求，进一步勘测调查，分析比较，解决初步设计中尚未解决的问题，落实技术方案，计算工程数量，提出修正的施工方案，编制修正设计概算，批准后即作为施工图设计的依据。

（3）施工图设计

无论几阶段设计，都要进行施工图设计。两阶段（或三阶段）施工图设计应根据初步设计（或技术设计）的批复意见、勘测设计合同，到现场进行详细勘察测量，确定道路中线及各种结构物的具体位置和设计尺寸，确定各项工程数量，提出文字说明和有关图表资料，做出施工组织计划，并编制施工图预算，向建设单位提供完整的施工图设计文件。施工图设计文件一般由以下资料组成：总说明书、总体设计、路线、路基、路面及排水、桥梁涵洞、隧道、路线交叉、交通工程及沿线设施、环境保护、渡口码头及其他工程、筑路材料、施工组织计划、施工图预算、附件。

4. 列入年度基本建设计划

当建设项目的初步设计和概算报上级审查批准后，才能列入国家基本建设年度计划，这是国家对基本建设实行统一管理的手段。年度计划是年度建设工作的指令性文件，一经确定后，如果需要增加投资额或调整项目时，必须上报原审批机关批准。

5. 施工准备

公路工程涉及面广，为了保证施工的顺利进行，建设单位、勘测设计单位、施工单位和银行等都应在施工准备阶段充分做好各自的准备工作。施工单位应首先熟悉图纸并进行现场核对，编制实施性施工组织设计和施工预算，同时组织先遣人员、部分机具、材料进场，进行施工测量、修筑便道及生产、生活临时设施，组织材料及技术物资的采购、加工、运输、供应、储备，并提出开工报告。

6. 工程施工

施工准备工作完成后，施工单位必须按上级下达的开工日期或工程承包合同规定的日期开始施工。在建设项目的整个施工过程中，应严格执行有关的施工技术规程，按照设计要求，确保工程质量，安全施工。坚持施工过程组织原则，加强施工管理，大力推广应用新技术、新工艺，尽量缩短工期，降低工程造价，做好施工记录，建立技术档案。

7. 竣工验收、交付使用

建设项目的竣工验收是公路工程基本建设全过程的最后一个程序。竣工验收包括对工程质量、数量、工期、生产能力、建设规模和使用条件的审查。对建设单位和施工企业编报的固定资产移交清单、隐蔽工程说明和竣工决算（竣工验收时，建设单位必须及时编制竣工决算，核定新增固定资产的价值，考核分析投资效果）等进行细致检查。当全部基本建设工程经过验收合格，完全符合设计要求后，应立即移交给生产部门正式使用。对存在的问题要明确责任，确定处理措施和期限。

（二）公路建设项目的组成

1. 基本建设项目

基本建设项目又称建设项目，一般指符合国家总体建设计划，能独立发挥生产能力或满足生活需要，其项目书经批准立项和可行性研究报告经批准的建设任务。如工业建设中的一座工厂、一座矿山，民用建设中的一个居民区、一幢住宅、一所学校等都为一个建设项目。公路建设项目，一般指建成后可以发挥其使用价值和投资效益的一条公路或一座独立的大中型桥梁或一座隧道。

按国家计划及建设主管部门的规定，一个建设项目应有一个总体设计。在总体设计的范围内可以由若干个单项工程组成（如一个建设项目划分为几个标段），经济上实行统一核算，行政上实行统一管理，也可以分批分期进行修建。

2. 单项工程

单项工程又称为工程项目，它具有独立的设计文件，在竣工后能独立发挥设计规定的生产能力或效益的一项工程。如工业建筑中的生产车间、办公楼，民用建筑中的教学楼、图书馆、宿舍楼等。公路建设的单项工程一般指独立的桥梁工程、隧道工程，这些工程一般包括与已有公路的接线，建成后可以独立发挥交通功能。但一条路线中的桥梁或隧道，在整个路线未修通前，并不能发挥交通功能，也就不能作为一个单项工程。

3. 单位工程

单位工程是单项工程的组成部分，是指在单项工程中具有单独设计文件和独立施工条件，并可单独作为成本计算对象的部分。如单项工程中的生产车间的厂房修建、设备安装，公路工程中同一合同段内的路线、桥涵等。由此可见，单位工程一般不能独立发挥生产能力和使用效益，一个单位工程可以包含若干分部工程。

4. 分部工程

分部工程是单位工程的组成部分，一般是按单位工程中的主要结构、主要部位来划分的。

5. 分项工程

分项工程是分部工程的组成部分，是根据分部工程划分的原则，再进一步将分部工程分成若干个分项工程。分项工程是按照不同的施工方法、不同的施工部位、不同的材料、不同的质量要求和工作难易程度来划分的，是该预算定额的基本定量单位，故也称为工程定额子目或工程细目。一般来说，分项工程只是建筑或安装工程的一种基本构成要素，是为了确定建筑或安装工程费用而划分出来的一种假定产品，以此作为分部工程的组成部分。因此，分项工程的独立存在是没有意义的。

二、施工组织设计

（一）施工组织设计的任务与作用

1. 施工准备工作

第一，现场调查，即调查地物地貌、水文地质、资源供应及施工运输条件；

第二，图纸会审与技术交底；

第三，编制施工组织设计；

第四，编制施工预算，下达施工任务，签订分包协议；

第五，组织劳力、机械、材料进场；

第六，测量放线，"三通一平"，按平面布置图搭设临时生产、生活设施；

第七，外部协作，办理施工执照，申办封闭交通手续。

2. 现场施工管理与调度

第一，编制和下达施工作业计划，制定劳动组合与施工作业程序，工程任务划分；

第二，建立施工组织管理体系，形成生产指挥系统；

第三，开展现场技术管理、质量管理、材料管理、机械设备管理、安全文明施工管理及施工现场的平面管理与环境管理；

第四，建立现场调度会议制度，定期分级召开生产调度会议；

第五，推行施工任务书与包工合同，加强基层作业队（班、组）管理。

3. 竣工验收与工程结算

（1）工程收尾、清场、返修补修

工程分级检查验收，工程量核实、签证与工程结算，交工会议与签订保修协议。

（2）当承担大中型市政工程施工项目时，应实行"项目法"管理施工组织设计是规划和指导拟建工程从施工准备到竣工验收全过程的一个综合性的技术经济文件，是沟通工程设计和施工之间的桥梁，是指导现场施工的法规。它的作用是全面规划、布置施工生产活动；制定先进合理的技术和组织措施；确定先进合理、切实可行的施工方案；节约使用人力、物力和加强各方面的协调配合，保证有节奏地连续施工，全面完成施工任务，以便企业以最小的消耗，取得最大的经济效益。

（二）施工组织设计的一般原则

第一，认真贯彻党和国家对基本建设的各项方针和政策。

第二，严格遵守国家和合同规定的工程竣工及交付使用期限。

第三，合理安排工程开展程序和施工顺序。建筑施工的特点之一是产品的固定性，因此使建筑施工在同一场地上同时或者先后交叉进行。没有前一阶段的工作，后一阶段的工作就不能进行，同时它们之间又是交错搭接地进行，顺序反映客观规律要求，交叉则反映争取时间的努力。

第四，在选择施工方案时，要积极采用新材料、新设备、新工艺和新技术，努力为新结构的推行创造条件；要注意结合工程特点和现场条件，使技术的先进适用性和经济合理性相结合，防止单纯追求先进而忽视经济效益的做法；还要符合施工验收规范、操作规程的要求和遵守有关防火、保安及环保等规定，确保工程质量和施工安全。施工方案的选择必须进行多方案比较。比较时应做到实事求是，在多个方案中选择最经济、最合理的，一切从实际出发，以数据来定方案，数据一定要准确，结论要有理、有力。

第五，对于那些必须进入冬、雨季施工的工程，应落实季节性施工措施，以增加全年的施工天数，提高施工的连续性和均衡性。建筑施工周期长，多属露天作业，不可避免地受到天气和季节的影响，主要是冬、雨季的影响。因此，如何克服冬、雨季所造成的不利影响是关键问题。主要措施有两条：一是在安排进度时，将受季节影响较大的施工项目安排在有利的天气进行，将受天气影响较小的项目安排在冬、雨季进行；二是采取一定的措施，保证冬、雨季施工的质量与进度。

第六，尽量利用正式工程已有设施，以减少各种临时设施；尽量利用当地资源，合理安排运输、装卸与储存作业，以减少物资运输量，避免二次搬运；精心进行场地规划布置，以节约施工用地，不占或少占农田。

第七，必须注意根据地区条件和构件条件，通过技术经济比较，恰当地选择预制方案或现场浇筑方案。确定预制方案时，应贯彻工厂预制与现场预制相结合的方针，努力提高建筑工业化程度，但不能盲目追求装配化程度的提高。

第八，要贯彻先进机械、简易机械和改进机械相结合的方针，恰当选择自行装备、租赁机械或机械化分包施工等方式，但不能片面强调提高机械化程度指标。

第九，制定节约能源和材料措施。

第十，要贯彻"百年大计、质量第一"和预防为主的方针，从各方面制定保证质量的措施，预防和控制影响工程质量的各种因素。

第十一，要贯彻"安全为了生产，生产必须安全"的方针，建立健全各项安全管理制度，制定安全施工的措施，并在施工过程中经常进行检查和督促。

（三）施工组织设计阶段的方案

1. 施工组织总设计

施工组织总设计即施工组织大纲，它是以群体工程若干个单项工程为对象，在初步设计阶段或扩大初步设计阶段编制的战略性和方针性的全面规划和总体部署，是指导整个工程施工全过程的组织、技术、经济的综合性设计文件。它将建设项目视为一个系统，对影响全系统的重大战略问题进行预测和决策，预见工程建设的进程和发展，预见可能发生的矛盾，从而把握全局，取得主动，指导做好施工前的准备工作，其内容比较概括、粗略。它是施工单位编制年度施工计划和单位工程施工组织设计的依据。

2. 单位工程施工组织设计

单位工程施工组织设计是以单位工程为对象，在接到施工图纸资料后，并在主体工程开工之前，编制的统筹规划和施工部署，由直接组织施工的单位编制。如确定具体的施工组织、施工方法、技术措施等。内容比施工组织总设计详细、具体，是指导该单位工程施工全过程的组织、技术、经济的综合性文件，也是施工企业编制季度、月度计划的依据。

3. 分部分项工程施工组织设计

（1）施工方案制定的原则

第一，制定方案必须从实际出发，符合现场的实际情况，有实现的可能性。所制订方案在资源、技术上提出的要求应该与当时已有的条件或在一定时间内能争取到的条件相吻合，否则是不能实现的。

第二，施工方案的制订必须满足合同要求的工期。按工期要求投入生产，交付使用，发挥投资效益。

第三，施工方案的制订必须确保工程质量和施工安全。工程建设是百年大计，要求质量第一，保证施工安全是员工的权利和社会的要求。因此，在制订方案时应充分地考虑工程质量和施工安全，并提出保证工程质量和施工安全的技术组织措施，使方案完全符合技术规范、操作规范和安全规程的要求。如在质量方面制定工序质量控制标准、岗位责任制与经济责任制和质量保障体系等。

第四，在合同价控制下，尽量降低施工成本，使方案更加经济合理，以增加施工生产的盈利。从施工成本的直接费用和间接费用中找出节约的途径，采取措施控制直接消耗，从而减少非生产人员，挖掘潜力，使施工费用降到最低，不突破合同价，取得好的经济效益。

（2）施工方法的选择

①施工方法选择的依据

正确地选择施工方法是确定施工方案的关键。各个施工过程均可采用多种施工方法进行施工，而每一种施工方法都有其各自的优势和使用的局限性。因此，要从若干可行的施工方法中选择最可行、最经济的施工方法，选择施工方法的依据主要有：

第一，工程特点。主要指工程项目的规模、构造、工艺要求、技术要求等方面。

第二，工期要求。要明确本工程的总工期和各分部、分项工程的工期是紧迫、正常与充裕三种情况的哪一种。

第三，施工组织条件。主要指气候等自然条件，施工单位的技术水平和管理水平，所需设备、材料、资金等供应的可能性。

第四，工程扩建。要求采用的施工方法必须保证既有工程的安全和行车的安全。

第五，设计图纸。主要指根据设计图纸的要求，确定施工方法。如隧道施工设计要求用新奥法施工，确保施工质量和安全，且保证要求的工期，那么在做施工准备时必须按新奥法施工要求做准备。

第六，施工方案的基本要求。主要是指根据制定施工方案的基本要求确定施工方法。对于任何工程项目都有多种施工方法可供选择，但究竟采用何种方法，将对施工方案的内容产生巨大影响。

②施工方法的确定与机械选择的关系

公路工程施工机械的合理组合也是公路建设中选择施工机械时应遵循的原则之一。施工机械的合理组合分为技术性能组合和类型、数量组合。施工机械技术性能的合理组合包括以下三个方面：

第一，主要机械与配套机械的组合。配套机械的工作容量、生产率和数量应稍大一点，以便充分发挥主要机械的作业效率。例如，自卸运输车的车厢容积应是挖掘机铲斗工作容量的 3~5 倍，但不要大于 8 倍。

第二，主要机械与辅助机械的组合。辅助机械的生产率应略大一些，以便充分发挥主要机械的生产率。

第三，牵引车与其他机具的组合。两者要互相适应，以便获得最佳的联合作业效益。

③施工机械类型与其数量的合理组合

施工机械类型及数量宜少不宜多。根据道路建设项目的作业内容，尽可能地选用大工作容量、高作业效率的相同类型的施工机械。一般来说，组合的施工机械台数适当减少，有利于提高协同作业的效率。施工机械品种、规格单一时，便于施工过程中的调度、管理和维护。并列组合只依靠一套施工机械组合作业，当主要施工机械发生故障时，就会造成建设项目全线停工。若选用两套或多套施工机械并列作业，则可避免或减少全线停工现象的发生。沥青路面施工中多采用两套沥青摊铺机、压路机并列作业即为典型实例。在多年的公路工程施工实践中，从实际出发，根据道路建设项目和施工机械保有量（机型、规格、数量），可采用如下不同的方法选配施工机械：

第一，根据道路建设项目作业内容选择施工机械。以路基工程施工为例，路基工程作业内容包括土石方挖掘、铲运、填筑、压实、修整及挖沟等基本内容，以及伐树除根、松土、爆破、表层清理和处置等辅助作业，每种作业可根据工程类别选择机械与设备。

第二，根据道路建设项目工程量选择施工机械。在公路建设项目的施工期限内，按照施工计划中的月作业强度和日作业量选择施工机械。

第三，根据运输距离和道路情况选择施工机械。在沥青路面施工中，为保证沥青混合料摊铺工序所需温度（≥110℃）和压实工序所需温度（≥90℃），自卸车运输沥青混合料的距离不宜超过30km。在路基工程施工中，选择施工机械时应考虑运输机械的经济运距和道路条件。

第四，根据土质选择施工机械。在路基工程施工中，土壤是施工机械作业的主要对象，其性质和状态直接关系到施工机械的作业质量、作业效率和成本，因此土质是选择施工机械的重要根据之一。根据土壤性质和状态，可选择推土机、装载机、平地机、挖掘机等，压实机械有光面压路机、轮胎压路机、振动压路机等土方施工机械。

第五，根据气象条件选择施工机械。雨水会迅速改变土壤状态，特别是黏土。因此，选择施工机械时要充分考虑道路建设项目施工期间的气象情况。如久晴不下雨、土质干燥时，可选择轮式施工机械进行作业；反之，长期下雨、土壤过分潮湿和作业场地及道路泥泞时，则选用履带式施工机械进行作业为宜。

④施工机械的选择和优化

施工机械对施工工艺、施工方法有直接影响，施工机械化是现代化大生产的显著标志，对加快建设速度、提高工程质量、保证施工安全、节约工程成本起着至关重要的作用。因此，选择施工机械成为确定施工方案的一个重要内容，应主要考虑下列问题：

第一，在选用施工机械时，应尽量选用施工单位现有机械，以减少资金的投入，充分发挥现有机械效率。若现有机械不能满足工程需要，则可考虑租赁或购买。

第二，机械类型应符合施工现场的条件。施工条件指施工场地的地质、地形、工程量大小和施工进度等，特别是工程量和施工进度计划，是合理选择机械的重要依据。一般来说，为了保证施工进度和提高经济效益，工程量大应采用大型机械，工程量小则应采用中小型机械，但也不是绝对的。如一项大型土方工程，由于施工地区偏僻，道路、桥梁狭窄或载重量限制大型机械的通过，如果只是专门为了它的运输问题而修路、桥，显然是不经济的，因此应选用中型机械施工。

第三，在同一建筑工地上施工机械的种类和型号应尽可能少。为了便于现场施工机械的管理及减少转移，对于工程量大的工程应采用专用机械；对于工程量小而分散的工程，则应尽量采用多用途的施工机械。

第四，要考虑所选机械的运行费用是否经济，避免大机小用。施工机械的选择应以能满足施工的需要为目的。如本来土方量不大，却用了大型土方机械，结果不到一星期就完工了，但大型机械的台班费、进出场的运输费、便道的修筑费以及折旧费等固定费用相当庞大，使运行费用过高，超过缩短工期所创造的价值。

第五，施工机械的合理组合。选择施工机械时，要考虑各种机械的合理组合，这样才能使选择的施工机械充分发挥效率。合理组合是指主机与辅机在台数和生产能力上的相互适应，作业线上的各种机械互相配套的组合。主机与辅机的组合：一定要在设法保证主机充分发挥作用的前提下，考虑辅机的台数和生产能力。作业线上各种机械的配套组合：一种机械化施工作业线是由几种机械联合作业组合成一条龙施工，才能具备整体生产能力，如果其中某种机械的生产能力不适应作业线上的其他机械，或机械可靠性不好，都会使整条作业线的机械发挥不了作用。如在桥梁工程中的混凝土拌和机、塔吊、吊斗的一条龙施工，就存在合理配套组合的问题。

第六，选择施工机械时应从全局出发统筹考虑。从全局出发就是不仅考虑本项工程，而且考虑所承担的同一现场或附近现场其他工程的施工机械的使用。这就是说，从局部考虑去选择机械是不合理的，应从全局的角度进行考虑。

⑤施工顺序的选择

施工顺序是指施工过程或分项工程之间施工的先后次序，它是编制施工方案的重要内容之一。安排好一个施工项目的施工顺序，要考虑到以下几个方面的因素：

第一，统筹考虑各施工过程之间的关系。在工程施工过程中，任何相邻的施工过程之间总是有先有后，有些是由于施工工艺的要求而固定不变的，也有些不受工艺限制，有一定的灵活性。

第二，考虑施工方法和施工机械的要求。如桥梁工程的基础是钻孔灌注桩，施工方法采用钻孔机钻孔，在安排每个基础每根桩的施工顺序时相邻桩不能顺序施工，否则会发生塌孔现象，所以必须间隔施工。采用间隔施工时，钻机移动的次数会增多，而钻机移动需要拆卸和重新安装，很费时间。此时必须采取措施合理安排桩基的施工顺序，既要保证钻机移动得最少，又要保证钻孔安全，还能加快施工进度。

第三，考虑施工工期与施工组织的要求。合理的施工顺序与施工工期有较密切的关系，施工工期影响到施工顺序的选用，如有些建筑物，由于工期要求紧张，采用逆作法施工，这样便导致施工顺序的较大变化。

一般情况下，满足施工工艺条件的施工方案可能有多个，因此，还应考虑施工组织的要求，通过对方案的分析、对比，选择经济、合理的施工顺序。通常，在相同条件下，应优先选择能为后续施工过程创造良好施工条件的施工顺序。

第四，考虑施工质量的要求。确定施工顺序时，应以充分保证工程质量为前提。当有可能出现影响工程质量的情况时，应重新安排施工顺序或采取必要的技术措施。

第五，考虑当地的气候条件和水文要求。在安排施工顺序时，应考虑冬季、雨季、台风等气候的影响，特别是受气候影响大的分部工程应尤为注意。在南方施工时，应从雨季考虑施工顺序，可能因雨季而不能施工的应安排在雨季前进行。如土方工程不能安排在雨季施工。在严寒地区施工时，则应考虑冬季施工特点安排施工顺序。桥梁工程应特别注意水文资料，枯水季节宜先施工位于河中的基础等。

第六，安排施工顺序时应考虑经济和节约，降低施工成本。合理安排施工顺序，加速周转材料的周转次数，并尽量减少配备的数量。通过合理安排施工顺序可缩短施工期，减少管理费、人工费、机械台班费等，降低工程成本，给项目带来显著的经济效益。

第七，考虑施工安全要求。在安排施工顺序时，应力求各施工过程的搭接不会产生不安全因素，以避免安全事故的发生。

⑥技术组织措施的设计

组织措施是施工企业为完成施工任务，保证工程工期，提高工程质量，降低工程成本，在技术上和组织上所采取的措施。企业应该把编制技术组织措施作为提高技术水平的关键，改善经营管理。通过编制技术组织措施，结合企业内部实际情况，很好地学习和推广同行业的先进技术和行之有效的组织管理经验。

技术组织措施。A. 提高劳动生产率和机械化水平，加快施工进度方面的技术组织措施。例如，推广新技术、新工艺、新材料，改进施工机械设备的组织管理，提高机械的完好率、利用率，科学地进行劳动组合等方面的措施。B. 提高工程质量、保证生产安全方面的技术组织措施。C. 施工中节约资源，包括节约材料、动力、燃料和降低运输费用的技术组织措施。为使编制技术组织措施的工作经常化、制度化，企业应分段编制施工技术组织措施计划。

工期保证措施。A. 施工准备抓早、抓紧。尽快做好施工准备工作，认真复核图纸，进一步完善施工组织设计，落实重大施工方案，积极配合业主及有关单位办理征地拆迁手续。主动疏通地方关系，取得地方政府及有关部门的支持，施工中遇到问题而影响进度时，要统筹安排，及时调整，确保总体工期。B. 采用先进的管理方法（如网络计划技术等）对施工进度进行动态管理。以投标的施工组织进度和工期要求为依据，及时完善施工组织设计，落实施工方案，报监理工程师审批。根据施工情况变化，不断进行设计、优化，使工序衔接、劳动力组织、机具设备、工期安排等有利于施工生产。C. 建立调度指挥系统，全面、及时掌握并迅速、准确地处理影响施工进度的各种问题。对工程交叉和施工干扰应加强指挥和协调，对重大关键问题超前研究，制定措施，及时调整工序，调动人、财、物、机，保证工程的连续性和均衡性。D. 加强物资供应计划的管理。每月、每旬提出资源使用计划和进场时间。E. 对控制工期的重点工程，优先保证资源供应，加强施工管理和控制。如现场昼夜值班制度、及时调配资源和协调工作等。

保证质量措施。保证质量的关键是对工程对象经常发生的质量通病制定防治措施，从全面质量管理的角度，把措施落到实处，建立质量保证体系，保证"PDCA 循环"的正常运转，全面贯彻执行国际质量认证标准。对采用的新工艺、新材料、新技术和新结构，必须制定有针对性的技术措施，以保证工程质量。常见的质量保证措施有：质量控制机构和创优规划；加强教育，提高项目全员综合素质；强化质量意识，健全规章制度；建立分部、分项工程的质量检查和控制措施；技术、质量要求比较高，施工难度大的工作，成立科技质量攻关小组——全面质量管理体系中 QC 攻关小组，确保工程质量；全面执行和贯彻标准、行业指导书，保证工序质量和工作质量。

工程安全施工措施。安全施工措施应贯彻安全操作规程，对施工中可能发生安全问题的环节进行预测，提出预防措施。杜绝重大事故和人身伤亡事故的发生，把一般事故减少到最低限度，确保施工的顺利进展。

安全施工措施的内容包括：全面推行和执行职业安全健康管理体系标准，在项目开工前，进行详细的危险辨识，制定安全管理制度和作业指导书；建立安全保证体系，项目部和各施工队设专职安全员，专职安全员属质检科，在项目经理和副经理的领导下，履行保证安全的一切工作；利用各种宣传工具，采用多种教育形式，使职工树立"安全第一"的思想，不断强化安全意识，使安全管理制度化、教育经常化；各级领导在下达生产任务时，必须同时下达安全技术措施；检查工作时，必须总结安全生产情况，提出安全生产要求，把安全生产贯彻到施工的全过程中去；认真执行定期安全教育、安全讲话、安全检查制度，设立安全监督岗，发挥群众安全人员的作用，对发现的事故隐患和危及工程、人身安全的事项，要及时处理，并做记录，及时改正，落实到人；施工临时结构前，必须向员工进行安全技术交底，对临时结构必须进行安全设计和技术鉴定，合格后方可使用。

施工环境的保护措施：为了保护环境，防止污染，尤其是防止在城市施工中造成污染，出台防止污染的措施。主要包括以下几个方面：积极推行和贯彻环境管理体系标准，制定相应的环境保护管理制度和作业指导书；对施工环境保护意识进行宣传教育，提高对环境保护工作的认识；保护施工场地周围的绿色覆盖层及植物，防止水土流失。

（四）施工组织计划内容

1. 概况

第一，简要说明工程名称，施工单位、建设单位及监理机构、设计单位、质检站名称，合同开工日期和施工日期，合同价（中标价）。

第二，简要介绍拟建工程的地理位置、地形地貌、水文、气候、降雨量、雨季、交通运输、水电情况。

第三，施工组织机构设置及职责部门之间的关系。

第四，工程结构、规模，主要工程数量表。

第五，合同特殊要求，如业主提供结构材料、指定分包商等。

2. 施工平面部署

第一，简要说明可供使用的土地、设施、周围环境、环保要求，需要保护或注意的情况。

第二，施工总平面布置必须以平面布置图表示，并应标明拟建工程平面位置、生产区、生活区、预制场、材料场、爆破器材库位置。

第三，施工总平面布置可用一张图，也可用多张相关的图表示，图上无法表示的，应用文字简单叙述。

3. 技术规范及检验标准

第一，明确本工程所使用的施工技术规范和质量检验评定标准。

第二，注明本工程所使用的作业指导书的编号和标题。

4. 施工顺序及主要工序的施工方法

（1）施工顺序

一般应以流程图表示各分项工程的施工顺序和相关关系，必要时附以文字简要说明。

（2）施工方法

施工方法是施工组织设计重点叙述的部分，它包含主要分项工程的施工方法，重点叙述技术难度大、工种多、机械设备配合多、经验不足的工序和结构关键部位。对于常规的施工工序则简要说明。

5. 质量保证计划

第一，明确工程质量目标。

第二，确定质量保证措施。

6. 安全劳保技术措施

安全劳保技术措施包括水上作业、高空作业、夜间作业、起吊安装、预应力张拉、爆破作业、汽车运输和机械作业等安全措施，安全用电、防水、防火、防风、防洪的措施，机械、车辆多工种交叉作业的安全措施，操作者安全环保的工作环境所需要采取的措施，拟建工程施工过程中工程本身的防护和防碰撞措施，维持交通安全的标志措施。所有措施应遵守行业和公司各类安全技术操作规程和各项预防事故的规定，应由项目部的安全部门负责人审核后定稿。

7. 施工总进度计划

第一，施工总进度计划用网络图和横道图表示。

第二，计划一般以分项工程划分并标明工程数量。

第三，将关键线路（工序）用粗线条（或双线）表示。

第四，根据施工强度配备各类机械设备。

8. 物资需用量计划

第一，本计划用表格表示，并将施工材料和施工用料分开。

第二，计划应注明由业主提供或自行采购。

第三，计划一般按月提出物资需用量，以分项工程为单位计算需用量。

第四，本计划同时附有物资计划汇总表，将配备品种、规格、型号的物资汇总。

9. 机械设备使用计划

第一，机械设备使用计划一般用横道图表示。

第二，计划应说明施工所需机械设备的名称、规格、型号、数量等。

第三，计划应标明最迟的进场时间和总的使用时间。

第四，必要时，可注明某一种设备是租用外单位或自行购置。

10. 劳动力需用量计划

第一，劳动力需用量计划以表格表示。

第二，计划应将各技术工种和普通杂工分开，根据总进度计划需要，统计各月工种最多和最少人数。

第三，计划应说明本单位各工种自有人数和需要调配或雇用人数。

（五）实施施工组织设计

工程中标后，对于单位工程和分部工程，应在指导性施工组织设计的基础上分别编制实施性的施工组织设计。

实施性施工组织设计的任务是：①它是用来直接指挥施工的计划，这是它的核心内容，因此，应具体制订出按工作日程安排的施工进度计划；②根据施工进度计划，具体计算出劳动力、机具、材料等的日程需要量，并规定工作班组及机械在作业过程中的移动路线及日程；③在施工方法上，要结合具体情况考虑到工程细目的施工细节，具体到能按所定施工方法确定工序、劳动组织及机具配备；④工序的划分、劳动力的组织及机具的配备，既要适应施工方法的需要，考虑工作班组的组织结构和设备情况，又要最有效地发挥班组的工作效率，便于实行分项承包和结算，还要切实保证工程质量和施工安全；⑤要考虑到当发生意外情况时留有调节计划的余地，如因故中途必须停止计划项目的施工时，要准备机动工程，调动原计划安排的班组继续工作，避免窝工。

实施性施工组织设计，必须具体、详细，以达到指导施工的目的，但应避免过于复杂、烦琐。

在某些特定情况下，针对工程的具体情况有时还需要编制特殊的施工组织设计，如以下几种情况：①某些特别重要和复杂，或者缺乏施工经验的分部、分项工程，如复杂的桥梁基础工程、站场的道岔铺设工程、特大构件的吊装工程、隧道施工中的喷锚工程等，为了保证施工的工期和质量，有必要编制专门的施工组织设计，但是，编制这种特殊的施工组织设计，其开工与竣工的工期要与总体施工组织设计一致；②对一些特殊条件下的施工，如严寒、雨季、沼泽地带和危险地区（如隧道中通过瓦斯地层的施工）等，需要采取一些特殊的技术措施，有必要为之专门编制施工组织设计，以保证施工的顺利进行，以及质量要求和人员的安全；③某些施工时间长的项目，即跨越几个年度的项目，在编制指导性施工组织设计或实施性施工组织设计时，不可能准确地预见到以后年度各种施工条件的变化，因而也不可能完全切实或详尽地进行施工安排，因此，需要对原定项目施工总设计在某一年进一步具体化或做相应的调整与修正。这时，就有必要编制年度的项目施工组织总设计，用以指导施工。指导性项目施工组织设计是整个项目施工的龙头，是总体的规划。在这个指导文件规划下，再深入研究各个单位工程，从而制定实施性的施工组织设计和特殊的施工组织设计。在编制项目指导性施工组织设计时，可能对某些因素和条件未预见到，而这些因素或条件却是影响整个部署的。这就需要在编制了局部的施工组织设计后，再对全局性的指导性施工组织设计做必要的修正和调整。

三、施工组织的方法

（一）顺序作业法

根据工程结构施工程序和工艺流程，按照先后顺序施工操作，以固定的程序组织施工称为顺序作业法。主要特点如下：

第一，没有充分利用工作面进行施工，工期较长。

第二，每天投入施工的劳动力、材料、机具的种类比较少，有利于资源供应的组织工作。

第三，施工现场的组织、管理比较简单。

第四，不强调分工协作，若由一个作业队完成全部施工任务，不能实现专业化生产，不利于提高劳动生产率；若按工艺专业化原则成立专业作业队，各专业队不能连续作业，劳动力和材料的使用可能不均衡。

（二）平行作业法

根据工程结构施工程序和工艺流程，大量人员机械施工操作，按照固定的程序组织施工称为平行作业法。主要特点如下：

第一，充分利用工作面进行施工，（总）工期较短。

第二，每天同时投入施工的劳动力、材料和机具数量较大，影响资源供应的组织工作。

第三，如果各工作面之间须共用某种资源时，施工现场的组织管理比较复杂，协调工作量大。

第四，不强调分工协作，此点与顺序作业法相同。

（三）流水作业法

流水施工是一种科学、有效的工程项目施工组织方法，它建立在分工协作的基础上，实行专业化施工，充分利用工作时间和操作空间，减少非生产性劳动消耗，保证工程施工连续、均衡、有节奏地进行，从而对提高工程质量、降低工程造价、缩短工期有着显著作用。流水作业施工就是由固定组织的工人在若干个工作性质相同的施工环境中依次连续工作的一种施工组织方法。工程施工中，可以采用依次施工（亦称顺序施工法）、平行施工和流水施工等组织方式。对于相同的施工对象，当采用不同的作业组织方法时，其效果也各不相同。

流水施工组织的具体步骤是：将拟建工程项目的全部建造过程，在工艺上分解为若干个施工过程，在平面上划分为若干个施工段，在竖向上划分为若干个施工层，然后按照施工过程组建专业工作队（或组），并使其按照规定的顺序依次连续地投入各施工段，完成各个施工过程。当分层施工时，第一施工层各个施工段的相应施工过程全部完成后，专业工作队依次、连续地投入第二、第三到第 N 施工层，有节奏、均衡、连续地完成工程项目的施工全过程，这种施工组织方式称为流水施工。例如，吊顶的班组在 10 层工作一周完成任务后，第二周立即转移到 11 层干同样的工作，然后第三周再到 12 层工作，别的工作队也是这样。此种作业法既能充分利用时间又能充分利用空间，大大缩短了工期，同时克服了平行作业法资源高度集中的缺点，所以流水作业法是一种先进有效的作业组织法。流水作业法可保证生产的连续性和均衡性，而生产的连续性和均衡性势必使各种材料均衡使用，消除工作组的施工间歇，从而可以大大缩短工期，一般可缩短 1/3~1/2。

流水施工方式是一种先进、科学的施工方式，由于在工艺过程划分、时间安排和空间布置上进行统筹安排，将会给相应的项目部带来显著的经济效果，具体可归纳为以下几点：前后施工过程衔接紧凑，消灭了不必要的时间间歇，使施工得以连续进行，后续施工过程尽可能提前在不同的工作面上开展，从而加快施工进度，缩短工程工期；各个施工过程均采用专业班组操作，可提高工人的熟练程度和操作技能，同时，工程质量也易于保证和提高；采用流水施工，使得劳动力和其他资源的使用比较均衡，从而可避免出现劳动力和资源使用大起大落的现象，减轻施工组织者的压力，为资源的调配、供应和运输带来方便；由于工期的缩短、工作效率提高、资源消耗等因素共同作用，可以减少临时设施及其他一些不必要的费用，从而降低工程造价。

流水施工的优点是：各工作队可以实行专业化施工，从而为工人提高技术熟练程度以及改进操作方法和生产工具创造了有利条件，可充分提高劳动生产率。劳动生产率得到提高，相应可以减少工人人数和临时设施数量，从而可以节约投资，降低成本，同时专业化施工有助于保证工程质量。

流水施工具有以下特点：①科学地利用了工作面，争取了时间，总工期趋于合理；②工作队及其工人实现了专业化生产，有利于改进操作技术，可以保证工程质量和提高劳动生产率；③工作队及其工人能够连续作业，相邻两个专业工作队之间可实现合理搭接；④每天投入的资源量较为均衡，有利于资源供应的组织工作；⑤为现场文明施工和科学管理创造了有利条件。

上述经济效果都是在不需要增加任何费用的前提下取得的。可见，流水施工是实现施工管理科学化的重要组成内容，是与建筑设计标准化、施工机械化等现代施工内容紧密联系、相互促进的，是实现企业进步的重要手段。

四、网络计划法

网络计划技术既是一种科学的计划方法，又是一种有效的生产管理方法。主要有单代号网络图、双代号网络图。与横道图计划管理方法相比，网络计划技术具有如下特点：

第一，网络计划把整个施工过程中各有关工作组成一个有机的整体，因而能全面而明确地反映出各工序之间的相互制约和相互依赖的关系，能够清楚地看出全部施工过程在计划中是否合理。

第二，网络计划可以通过时间参数计算，能够在工作众多、错综复杂的计划中，找出影响工程进度的关键工作，便于管理人员集中精力抓住施工中的主要矛盾，确保按期竣工，避免盲目抢工。

因为在通常情况下，当计划内有 10 项工作时，关键工作只有 3~4 项，占 30%~40%；有 100 项工作时，关键工作只有 12~15 项，占 12%~15%；有 5000 项工作时，关键工作也不过 150~160 项，占 3%~4%。据说，世界上曾经有过 10 000 项工作的计划，其中关键工作只占 1%~2%。

第三，通过利用网络计划中反映出来的各工作的机动时间，可以更好地运用和调配人力与设备，节约人力、物力，达到降低成本的目的。

第四，通过对计划的优劣比较，可在若干可行性方案中选择最优方案。

第五，在计划的执行过程中，当某一工作因故提前或拖后时，能从计划中预见到它对其他工作及总工期的影响程度，便于及早采取措施以充分利用有利的条件或有效地消除不利的因素。

第六，它还可以利用现代化的计算工具计算机，对复杂的计划进行计算、绘图、检查、调整与优化。

网络计划的缺点是从图上很难清晰地看出流水作业的情况，也难以根据一般网络图算出人力及资源需求量的变化情况。

可见，网络计划技术的最大特点就在于它能够提供施工管理所需的多种信息，有利于加强工程管理。所以，网络计划技术已不仅是一种编制计划的方法，而且是一种科学的工程管理方法。它有助于管理人员合理地组织生产，做到心中有数，知道管理的重点应放在何处，怎样缩短工期，在哪里挖掘潜力，如何降低成本。在工程管理中提高应用网络计划技术的水平，必能进一步提高工程管理的水平。

五、机械化施工组织

（一）机械化施工组织的作用

施工机械在城市建设、交通运输、能源开发、国防建设中起着十分重要的作用，是国家经济建设不可或缺的技术装备，是确保工程质量、降低工程造价、减轻劳动强度、提高经济效益和社会效益的重要手段。

土石方机械包括推土机、装载机、挖掘机、铲运机、平地机、凿岩机以及石料破碎、筛分机械等几个重要机种，它们是工程机械中用途最广泛的一大类机械，也是公路建设特别是高等级公路建设中土石方工程中的主要施工机械。同时，土石方机械还广泛应用于铁路、水利、矿山、港口、机场、农田及国防等工程建设中，在国民经济建设中起着重要作用。在公路路基工程中，土石方机械担负着土石方的铲装、填挖、运输、整平等作业，它具有施工速度快、作业质量高、生产效率高等优点，是现代公路建设中不可缺少的机种。土石方机械的作业对象是各种土、砂、石等物料。在进行施工作业时，机械承受负荷重、外载变化波动大、工作场地条件差、环境比较恶劣，因此，要求土石方机械具有良好的低速作业性、足够的牵引力、整机的高可靠性和较高的作业生产能力。

由于现代工程的大型化，土石方机械继续向大型化方向发展，以适应巨大工程机械化施工的需要；同时，为满足道路与桥梁建设、环保和窄小场地以及小型土石方工程的要求，小型、多功能、机动性好的机种也得到进一步的发展。现代计算机、电子和激光等技术的发展以及这些技术在土石方机械上的应用，将大大提高土石方机械的自动控制和智能化程度。同时，省力操纵、安全防护、降低噪声、提高可靠性及驾驶人员的舒适性等，将是土石方机械今后继续发展的方向。

（二）施工机械组织措施

施工机械使用管理的基本要求是保持机械的良好技术状态，正确使用和优化组合，发挥机械的效能，以做到安全、优质、高效、低消耗地完成施工生产任务。

机械技术状态是指机械所具有的工作能力，包括性能、精度、效率、运动参数、安全、环保、能源消耗等所处的状态及其变化情况。机械在使用过程中，由于受到各种力的作用和环境条件、使用方法、工作规范、工作持续时间长短等影响，使机械应有的功能和技术状态水平不断发生变化而有所降低或劣化。要控制这种变化过程，除了应创造适合机械工作的环境和条件外，正确使用机械是控制机械技术状态变化和延缓工作能力下降的先决条件。

评定机械技术状态达到完好标准的要求，主要有以下三点：

第一，机械性能良好。机械的性能和精度能稳定地满足施工生产工艺要求，动力部分应能达到规定的功率。

第二，机械运转正常。部件齐全，安全防护装置良好，操纵、控制系统灵敏可靠，机械的牵引力和工作装置的效率应正常。

第三，燃料、动能、润滑油料以及材料、配件等消耗正常，基本无漏油、漏水电现象，外表清洁整齐。

凡不符合上述三项要求的机械，不应称为完好机械。机械完好的具体标准，应能对机械做出定量分析和评价，各行业主管部门根据总的要求结合行业机械特点制定。

正确使用机械是机械使用管理的基本要求，它包括技术合理和经济合理两个方面的内容。

技术合理就是按照机械性能、使用说明书、操作规程以及正确使用机械的各项技术要求使用机械；经济合理就是在机械性能允许范围内，能充分发挥机械的效能，以较低的消耗得到较高的经济效益。

根据技术合理和经济合理的要求，机械的正确使用主要应达到以下三个标准。①高效率。机械使用必须使其生产能力得以充分发挥。在综合机械化组合中，至少应使其主要机械的生产能力得以充分发挥。机械如果长期处于低效运行状态，那就是不合理使用的主要表现。②经济性。在机械使用已经达到高效率时，还必须考虑经济性的要求。使用管理的经济性，要求在可能的条件下，使单位实物工程的机械使用费成本最低。③机械非正常损耗防护。机械正确使用追求的高效率和经济性必须建立在不发生非正常损耗的基础上，否则就是不正确使用，而是拼机械，吃老本。机械的非正常损耗是指由于使用不当而导致机械早期磨损、事故损坏以及各种使机械技术性能受到损害或缩短机械使用寿命等现象。

在机械化施工中，机械的选用和组合是否合理，将直接关系到施工进度、质量和成本，是优质、高产、低耗地完成施工生产任务和充分发挥机械效能的关键。

必须做到以下几点：

1. 编好机械使用计划

根据施工组织设计编制机械使用计划。编制时要采用分析、统筹、预测等方法，计算机械施工的工程量和施工进度，作为选择调配机械类型、台数的依据，以尽量避免大机小用、早要迟用，既要保证施工需要，又不使机械停置，或不能充分发挥其效率。

2. 通过经济分析选用机械

任何工程配备的施工机械，不仅有机种上的选用，还有机型、规格上的选择。在满足施工生产要求的前提下，对不同类型的机械施工方案，从经济性进行分析比较。即将几种不同的方案，计算单位实物工程的成本费，取其最小者为经济最佳方案。对于同类型的机械施工方案，如果其规格、型号不相同，也可以进行分析比较，按经济性择优选用。

3. 合理组合机械

机械施工是多台机械的联合作业，合理的组合和配套才能最大限度地发挥每台机械的效能。合理组合机械的原则是：①尽量减少机械组合的机种类，机械组合的机种数越多，其作业效率会越低，影响作业的概率就会增多，如组合机械中一种机械发生故障，将影响整个组合作业；②注意机械能力相适应的组合，在流水作业中使用组合机械时，必须对组合的各种机械能力进行平衡，如作业能力不平衡时，会出现一台或几台机械能力过剩，发挥不出机械的正常效能；③机械组合要配套和平列化，在组织机械化施工时，必须注意机械配套，而且要注意分成几个系列的机械组合，同时平列地进行施工，以免组合中一台机械损坏造成全面停工；④组合机械应尽可能简化机型，以便于维修和管理；⑤尽量选用具有多种作业装置的机械，以利于一机多用。

4. 重视机械的配套使用

要使选用的机械达到高效率，必须做到合理配套，主要有以下几个方面：①工序机械配套，如土石工程中，不仅有挖土、运土机械（挖掘机、推土机、运输车等），还要有平整、压实机械（平地机、压路机、振动夯、洒水车等），要做到机种和工序配套；②机械的规格、能力配套，如自卸汽车应和挖掘、装载机的容量相适应；③同一台机械的主机、副机和一机多用的配套；④组合机械中应以关键及重型机械为基准，其他配套机械都应以确保关键及重型机械充分发挥效能为选配标准。

5. 提高机械操作人员素质

施工机械是由操作人员直接掌握的，机械使用的好坏、生产效率的高低与工作人员的高度责任心和熟练的操作技术有关。因此，必须做好下列工作：①合理配备机械操作和维修人员，根据机械类型和作业班次，按照定额配备技术等级符合机械技术要求的操作和维修人员；②所有机械操作人员都应经过专业技术培训，按照应知、应会要求进行考核，合格者获得操作证，凭证操作机械；③坚持定人、定机，建立岗位责任制及交接班制度；④新工人在独立使用机械时，必须经过对机械的结构性能、安全操作、维护要求等方面的技术知识教育和实际操作及基本功的培训；⑤严格执行机械使用安全技术规程和使用监督检查制度，定期开展机械使用检查评比活动。

6. 施工机械的现场管理

施工机械现场管理就是机械进入施工现场的管理工作，目的是维持机械良好的技术状况，保证施工的连续、均衡、协调和高效。机械施工现场准备包括场地准备、机械准备、机械安装、机械组织准备等，这些准备工作可以同时进行或穿插进行。

第一，施工场地准备。根据施工现场条件和施工顺序，考虑机械停放、机械作业、行驶路线、管线路设置、材料堆放等位置关系，合理布置施工场地。

第二，施工场地要做好"三通一平"，要为机械使用提供良好的工作环境。需要构筑基础的机械（塔式起重机、施工升降机等），要预先构筑好符合规定要求的轨道基础或固定基础。一般机械的安装场地必须平整坚实，四周要有排水沟。

第三，设置为机械施工必需的临时设施，主要有停机场、机修所、油库，以及固定使用的机械工作棚等。其设置要点是：位置要选择得当，布置要合理，便于机械施工作业和使用管理，符合安全要求，建造费用低，以及交通运输方便等条件。

第四，根据施工机械作业时的最大用电量和用水量，设置相应的电和水，保证机械施工用电、用水的需要。

7. 机械进场运输

机械进场应选择合理的运输方式，尤其是距离较远的施工现场。选择运输方式的原则应以保证安全和按时投入施工为前提，综合考虑机械的体积、质量、行走装置、运输工具和条件、运输距离和装卸能力、运输费用等情况，经计算和评价确定。

8. 机械施工组织准备

机械施工组织准备应以施工计划为依据，以有利于施工指挥、调度和协作为原则。

（1）编制作业班组

机械作业班组一般按机械类型或作业地点编制。由于施工机械种类繁多，工作性质和内容各不相同，因此，应根据施工任务和现场具体情况确定。总的要求是规定各班组的机械和人员组成、作业内容和职责要求等。

（2）确定作业班制

机械作业班应根据施工进度计划确定，并在实施中根据施工进度情况随时调整，以保证按时完成施工任务。机械作业班制可分为单班制、双班制和三班制，在一般情况下，以采用双班制效率较高。

（3）配备维修力量

根据机械数量及作业班次配备相应的维修力量。机械数量较多的施工现场应设置维修所，维修人员一般为操作人员的 $1/4 \sim 1/3$，工种应根据需要配备，维修机具也应尽量配套。

9. 机械施工计划的协调

在机械施工计划中，有总的施工进度计划、短期（月、旬、日）施工作业计划、各工序（或流水作业）之间的机械协作计划、机械保养修理计划、物资供应计划等，这些计划互相联系、互相制约，只要一个计划执行不好，就会影响整个施工进度计划的完成。现场管理就是要根据机械施工的特点，注意各种计划的执行情况及有关信息，发现某计划失调或不平衡时应及时采取措施进行协调，并注意以下几点：

（1）机械施工进度计划和维修计划的协调

在编制机械施工进度计划时，应考虑机械的保养和修理时间，在确定保养和修理日期时，应考虑对施工生产的影响，尽量使保养、修理的停机时间不过分集中；对于施工高潮阶段，保养、修理应穿插进行，保养、修理周期也应适当提前或滞后。总之，应根据施工需要进行合理调节，使机械施工与维修作业基本均衡。

（2）机械施工作业计划和供应计划的协调

机械施工作业计划的执行取决于各项供应计划的实现，为此，应把材料、配件等供应计划统一在施工作业计划中，使机械施工计划有可靠的物质保证。在施工过程中，应随时掌握材料、配件的库存及消耗动态，做出预测及调节措施。如发现计划失调，应立即进行调整。

（3）机械施工计划应留有余地

机械施工中存在一些不可预见的因素变化（如气候、不明地质以及事故等），须随之调整，因此，机械施工长期计划应留有余地；对于施工短期计划的余地，一般应留在第四季度或年末月份，以利于年度计划的完成并为明年施工做好准备。

10. 机械施工组织调度

机械施工组织调度应以施工计划为依据，对机械施工过程中各阶段、各工序进行组合排列和协调，以达到机械施工的连续和均衡。

全面了解和掌握机械施工进度以及影响进度的有关因素，统筹安排，合理调节，如重点工程的机械、人力和材料应优先安排，保证供给；受气候影响较大的施工项目，应在有利季节组织施工等。

合理组织机械施工必须把空间组织和时间组织结合起来，做出统一的施工组织安排。如流水作业，可按照工序或机械种类合理布置，要求达到工作面排列系统化、机械运行单向化、作业时间同步化，以缩短机械作业循环时间，提高生产率。

在施工过程中，当某一工序的机械发生故障或某一计划失调时，应从劳动组织或技术综合分析，采取果断措施，进行调度。为此，应广泛收集施工过程中的各种信息措施，还应建立信息反馈系统，提高组织调度效率。为了做好组织调度工作，应有科学的预见性和预防措施，如防洪、防火、防质量事故等。此外，在不影响竣工期的情况下，备留一些工程项目，作为施工淡季时调节备用。

第七章　道路工程施工项目管理

第一节　道路施工项目进度控制

一、道路施工项目进度控制概述

(一) 施工项目进度控制的概念内涵

施工项目进度控制是指对施工项目各阶段中的工作内容、工作顺序、持续时间及工作之间的相互搭接关系等进行计划并付诸实施，然后在计划实施过程中经常检查实际进度是否按计划进行，一旦发现出现偏差，应在分析偏差产生原因的基础上采取有效措施排除障碍或调整、修改原进度计划后再付诸实施，如此循环，直至施工项目竣工验收、交付使用的过程。进度控制的对象是施工，进度控制的最终目的是确保项目进度的实现。

(二) 施工项目进度控制的主体

施工项目进度控制的主体是以项目管理者身份参与工程建设活动的业主单位、设计单位、施工承包单位、建设监理单位，各方均需要从各自不同的角度参与施工项目进度控制的组织与实施工作。

(三) 施工项目进度控制的任务

第一，业主方进度控制的任务是控制整个项目实施阶段的进度，包括控制设计准备阶段的工作进度、设计工作进度、施工进度、物资采购工作进度，以及项目动用前准备阶段的工作进度。

第二，设计方进度控制的任务是依据设计任务委托合同对设计工作进度的要求控制设计工作进度，这是设计方要履行的合同义务。另外，设计方应尽可能使设计工作的进度与招标、施工和物资采购等工作进度相协调。

在国际上，设计进度计划主要是指各设计阶段的设计图纸（包括有关的说明）的出图计划，并在出图计划中标明每张图纸的出图日期。

第三，施工方进度控制的任务是依据施工任务委托合同对施工进度的要求控制施工进度，这是施工方要履行的合同义务，在进度计划编制方面，施工方应视项目的特点和施工进度控制的需要，编制不同深度的控制性、指导性和实施性施工进度计划，以及编制不同计划周期（年度、季度、月度和旬）的施工计划等。

第四，供货方进度控制的任务是依据供货合同对供货的要求控制供货进度，这是供货方要履行的合同义务。供货进度计划应包括供货的所有环节，如采购、加工制造、运输等。

（四）施工项目进度控制的总目标

施工项目进度控制是施工项目建设管理中与质量控制、投资控制并列的三大目标之一。它们之间有着相互依赖和相互制约的关系。进度加快，需要增加投资，但工程一旦能提前使用就可以提高投资效益。同时进度加快可能影响工程质量，而对质量控制严格，则又有可能影响进度，但若因质量的严格控制而不致返工，又会加快进度。

施工项目进度控制的总目标是确保项目既定目标工期的实现，或者在保证施工质量和不因此而增加施工实际成本的条件下，适当缩短施工工期。

二、道路施工项目进度控制策略

（一）施工项目进度控制原理

1. 系统原理

（1）施工项目进度计划系统

施工项目进度计划系统是施工项目进度实施和控制的依据。施工项目进度计划包括施工项目总进度计划、单位工程进度计划、分部分项工程进度计划、材料计划、劳动力计划、季度和月（旬）作业计划等。这些计划形成了一个进度控制目标按工程系统构成、施工阶段和部位等逐层分解、编制对象从大到小、范围由总体到局部、层次由高到低、内容由粗到细的完整的计划系统。计划的执行则由下而上，从月（旬）作业计划、分项分部工程进度计划开始，逐级按进度计划控制，最终完成施工项目总进度计划。

（2）施工项目进度组织系统

施工项目进度组织系统是实现施工项目进度计划的组织保证。施工项目的各级负责人，从项目经理、各子项目负责人到计划人员、调度人员、作业队长、班组长以及其他有关人员，共同组成了施工项目进度组织系统。这个组织系统既要严格执行进度计划要求、落实和完成各自的职责和任务，又要随时检查、分析计划的执行情况，在发现实际进度与计划进度发生偏离时，能及时采取有效措施进行调整、解决。也就是说，施工项目进度组织系统既是施工项目进度的实施组织系统，又是施工项目进度的控制组织系统；既要承担计划实施赋予的生产管理和施工任务，又要承担进度控制任务，对进度控制负责。这样才能保证总进度目标的实现。

2. 动态控制原理

施工项目进度目标的实现过程是一个随着项目的施工进展以及相关因素的变化不断进行调整的动态控制过程。施工项目按计划实施，但面对不断变化的客观实际，施工活动的轨迹往往会产生偏差。当出现实际进度超前或落后计划进度时，控制系统就要做出应有的反应：分析偏差产生的原因，采取相应的措施，调整原来计划，使施工活动在新的起点上按调整后的计划继续运行；当新的干扰影响施工进度时，新一轮调整、纠偏又开始了。施工项目进度控制活动就这样循环往复进行，直至预期计划目标实现。

3. 信息反馈原理

反馈是控制系统把信息输送出去，又把其作用结果返送回来，并对信息的再输出施加影响。

施工项目进度控制的过程实质上就是对有关施工活动和进度的信息不断收集、加工、汇总、反馈的过程。施工项目信息管理中心要对收集的施工进度和相关影响因素的资料进行加工分析，由领导做出决策后，向下发出指令，指导施工或对原计划做出新的调整、部署；基层作业组织根据计划和指令安排施工活动，并将实际进度和遇到的问题随时上报。由于每天都有大量的内外部信息、纵横向信息流进流出，因而必须建立健全一个关于施工项目进度控制的信息网络，使信息传递准确、及时、畅通，反馈灵敏、有力，只有这样才能确保施工项目的顺利实施和如期完成。

4. 弹性原理

施工项目进度控制中应用弹性原理，首先表现在编制施工项目进度计划时，要考虑影响进度的各类因素出现的可能性及其变化的影响程度，进度计划必须保持充分弹性，要有预见性；其次是施工项目进度控制应具有应变能力，当遇到干扰，工期拖延时，要能够利用进度计划的弹性，或缩短有关工作的时间，或改变工作之间的逻辑关系，或增减施工内容、工程量，或改进施工工艺、方案等有效措施，对施工项目进度计划做出及时调整，缩短剩余计划工期，最后达到预期的计划目标。

5. 封闭循环原理

施工项目进度控制是从编制项目施工进度计划开始的，由于影响因素的复杂性和不确定性，在计划实施的全过程中，需要连续跟踪检查，不断地将实际进度与计划进度进行比较，如果运行正常可继续执行原计划；如果发生偏差，应在分析其产生的原因后，采取相应的解决措施和办法，对原进度计划进行调整和修订，然后再进入一个新的计划执行过程。这个由计划、实施、检查、比较、分析、纠偏等环节组成的过程就形成了一个封闭循环回路。而施工项目进度控制的全过程就是在许多这样的封闭循环回路中不断得到有效的调整、修正与纠偏，最终实现总目标的。

（二）施工项目进度控制的措施

1. 管理信息措施

第一，建立对施工进度能有效控制的监测、分析、调整、反馈信息系统和信息管理工作制度。

第二，随时监控施工过程的信息流，实现连续、动态的全过程进度目标控制。

2. 组织措施

第一，建立施工项目进度实施和控制的组织系统。

第二，制定进度控制工作制度，如检查时间、方法，召开协调会议时间，参与人员等。

第三，落实各层次进度控制人员、具体任务和工作职责。

第四，确定施工项目进度目标，建立施工项目进度控制目标体系。

第五，组织开展劳动竞赛，建立激励机制，对完成或超额完成生产任务的班组实行表扬和奖励，以充分调动其生产积极性。

3. 技术措施

第一，尽可能采用先进施工技术、方法和新材料、新工艺、新技术，保证进度目标的实现。

第二，落实施工方案，在发生问题时，能适时调整工作之间的逻辑关系，加快施工进度。

4. 合同措施

第一，以合同形式保证工期进度的实现：①工程招投标时，合同中要求工期的确定应科学合理，并允许投标工期在平衡投标报价中发挥作用；②工程进度款既是对施工单位履约程度的量化，又是推进项目运转的动力，工程进度控制要牢牢把握这一关键，并在合同约定支付方式中加以体现，以确保阶段性进度目标的顺利实现；③合同约定中应明确合同工期顺延的申报条件和许可条件。

第二，要保持总进度控制目标与合同总工期相一致，分包合同的工期与总包合同的工期相一致。

第三，供货、供电、运输、构件加工等合同规定的提供服务时间要与有关的进度控制目标相一致。

5. 经济措施

第一，落实实现进度目标的保证资金。

第二，签订并实施关于工期和进度的经济承包责任制。

第三，建立并实施关于工期和进度的奖惩制度。

（三）施工项目进度控制目标体系

施工项目进度控制总目标是依据施工项目总进度计划确定的。

施工项目进度控制总目标是从总的方面对项目建设提出的工期要求。但在施工活动中，施工单位往往是通过对最基础的分部分项工程的施工进度控制来保证各单项（位）工程或阶段工程进度控制目标的完成，进而实现施工项目进度控制总目标。因而需要将施工项目进度控制总目标进行一系列的从总体到细部、从高层次到基础层次的层层分解，一直分解到在施工现场可以直接调度控制的分部分项工程或作业过程的施工为止。在分解中，每一层次的进度控制目标都限定了下一级层次的进度控制目标，而较低层次的进度控制目标又是较高一级层次进度控制目标得以实现的保证，于是就形成了一个自上而下层层约束、由下而上级级保证、上下一致的多层次的进度控制目标体系，如可以按单位工程或分包单位分解为交工分目标，按承包的专业或施工阶段分解为完工分目标，按年、季、月计划分解为时间分目标。

第二节 道路施工项目成本管理

一、道路施工项目成本管理概述

（一）施工成本的定义

施工成本是指在道路施工项目的施工过程中所发生的全部生产费用的总和，包括所消耗的原材料、辅助材料、构配件等费用，周转材料的摊销费或租赁费，施工机械的使用费或租赁费，支付给生产工人的工资、奖金、工资性质的津贴，以及进行施工组织与管理所产生的全部费用支出等。道路施工项目施工成本由直接成本和间接成本组成。

（二）成本目标与计划成本目标

道路施工项目施工成本管理应从工程投标报价开始，直至项目保证金返还为止，贯穿于项目实施的全过程。成本作为项目管理的一个关键性目标，包括责任成本目标和计划成本目标，它们的性质和作用不同。前者反映公司对施工成本目标的要求，后者是前者的具体化。

根据成本运行规律，成本管理责任体系应包括公司层和项目经理部。公司层的成本管理除生产成本以外，还包括经营管理费用；项目经理部应对生产成本进行管理。公司层贯穿于项目投标、实施和结算过程，体现效益中心的管理职能；项目经理部则着眼于执行公司确定的施工成本管理目标，发挥现场生产成本控制中心的管理职能。

（三）施工成本管理的任务和环节

1. 施工成本预测

施工成本预测是在施工项目施工前对施工成本进行的估算，是施工项目成本决策与计划的依据。施工成本预测，通常是对施工项目计划工期内影响其成本变化的各个因素进行分析，比照近期已完施工项目或将完工施工项目的成本（单位成本），预测这些因素对工程成本中有关项目（成本项目）的影响程度，预测出工程的单位成本或总成本。施工企业通过成本预测，可以在满足项目业主和本企业要求的前提下，选择成本低、效益好的最佳成本方案，并能够在施工项目成本形成过程中，针对薄弱环节，加强成本控制，从而克服盲目性，提高预见性。

道路施工项目主要包含的施工成本预测内容有工、料、机费用的预测，施工方案引起费用变化的预测，辅助工程费的预测，大型临时设施费的预测，小型临时设施费、工地转移费的预测，以及成本失控的风险预测等。

2. 施工成本计划

施工成本计划是以货币形式编制施工项目在计划期内的生产费用、成本水平、成本降低率以及为降低成本所采取的主要措施和规划的书面方案。它是建立施工项目成本管理责任制、开展成本控制和核算的基础，是项目降低成本的指导文件，是设立目标成本的依据。

3. 施工成本控制

施工成本控制是在施工过程中，对影响施工成本的各种因素加强管理，并采取各种有效措施，将施工中实际发生的各种消耗和支出严格控制在成本计划范围内，通过动态监控并及时反馈，严格审查各项费用是否符合标准，计算实际成本和计划成本之间的差异并进行分析，进而采取多种措施，减少或消除施工中的损失浪费。

道路施工项目施工成本控制应贯穿于项目从投标阶段直至保证金返还的全过程，它是企业全面成本管理的重要环节。施工成本控制可分为事先控制、事中控制（过程控制）和事后控制。在项目的施工过程中，须按动态控制原理对实际施工成本的发生过程进行有效控制。

4. 施工成本核算

施工成本核算包括两个基本环节：一是按照规定的成本开支范围对施工费用进行归集和分配，计算出施工费用的实际发生额；二是根据成本核算对象，采用适当的方法，计算出该施工项目的总成本和单位成本。施工成本管理需要正确及时地核算施工过程中发生的各项费用，计算施工项目的实际成本。施工项目成本核算所提供的各种成本信息，是成本预测、成本计划、成本控制、成本分析和成本考核等各个环节的依据。

施工成本核算一般以单位工程为对象，也可以按照承包施工项目的规模、工期、结构类型、施工组织和施工现场等情况，结合成本管理要求，灵活划分成本核算对象。

5. 施工成本分析

施工成本分析是在施工成本核算的基础上，对成本的形成过程和影响成本升降的因素进行分析，以寻求进一步降低成本的途径，包括有利偏差的挖掘和不利偏差的纠正。施工成本分析贯穿于施工成本管理的全过程，它是在施工成本的形成过程中，主要利用施工项目的成本核算资料（成本信息），与目标成本、预算成本以及类似的施工项目的实际成本等进行比较，了解成本的变动情况；同时，也要分析主要技术经济指标对成本的影响，系统地研究成本变动的因素，检查成本计划的合理性，并通过成本分析，深入研究成本变动的规律，寻找降低施工项目成本的途径，以便有效地进行成本控制。成本偏差的控制、分析是关键，纠偏是核心。要针对分析得出的偏差产生的原因，采取切实措施，加以纠正。

（四）施工成本管理的措施概述

1. 施工成本管理的基础工作

第一，统一组织内部施工项目成本计划的内容和格式。其内容应能反映施工成本的划分、各成本项目的编码及名称、计量单位、单位工程量计划成本及合计金额等。这些施工成本计划的内容和格式应由各个企业按照自己的管理习惯和需要进行设计。

第二，建立企业内部施工定额并保持其适应性、有效性和相对的先进性，为施工成本计划的编制提供支持。

第三，建立生产资料市场价格信息的收集网络和必要的派出询价网点，做好市场行情预测，保证采购价格信息的及时性和准确性。同时，建立企业的分包商、供应商评审注册名录，发展稳定、良好的供方关系，为编制施工成本计划与采购工作提供支持。

第四，建立已完项目的成本报告报表等资料的归集、整理、保管和使用管理制度。

第五，科学设计施工成本核算账册体系、业务台账、成本报告报表，为施工成本管理的业务操作提供统一的范式。

2. 施工成本管理的措施

（1）组织措施

组织措施一方面是从施工成本管理的组织方面采取的措施。施工成本控制是全员的活动，如实行项目经理责任制，落实施工成本管理的组织机构和人员，明确各级施工成本管理人员的任务和职能分工、权利和责任。施工成本管理不仅是专业成本管理人员的工作，各级项目管理人员都负有施工成本控制责任。

组织措施的另一方面是编制施工成本控制工作计划、确定合理详细的工作流程。想要做好施工采购计划，就要通过生产要素的优化配置、合理使用、动态管理，有效控制实际成本；加强施工定额管理和施工任务单管理，控制活劳动和物化劳动的消耗；加强施工调度，避免因施工计划不周和盲目调度造成窝工损失、机械利用率降低、物料积压等现象。成本控制工作只有建立在科学管理的基础之上，具备合理的管理体制、完善的规章制度、稳定的作业秩序、完整准确的信息传递，才能取得成效。组织措施是其他各类措施的前提和保障，而且一般不需要增加额外的费用，运用得当可以取得良好的效果。

（2）技术措施

施工过程中降低成本的技术措施，包括：进行技术经济分析，确定最佳的施工方案；结合施工方法，进行材料使用的比选，在满足功能要求的前提下，通过代用、改变配合比、使用外加剂等方法降低材料消耗的费用；确定最合适的施工机械、设备使用方案；结合项目的施工组织设计及自然地理条件，降低材料的库存成本和运输成本；应用先进的施工技术，运用新材料，使用先进的机械设备；等等。在实践过程中，也要避免仅从技术角度选定方案而忽视对其经济效果的分析论证。

技术措施不仅对解决施工成本管理过程中的技术问题是不可缺少的，而且对纠正施工成本管理目标偏差也有相当重要的作用。因此，运用技术纠偏措施的关键：一是要能提出多个不同的技术方案；二是要对不同的技术方案进行技术经济分析比较，以选择最佳方案。

（3）经济措施

经济措施是最易为人们所接受和采用的措施。管理人员应编制资金使用计划，以确定、分解施工成本管理目标。对施工成本管理目标进行风险分析，并制定防范性对策。对各种支出，应认真做好资金的使用计划，并在施工中严格控制各项开支。及时准确地记录、收集、整理、核算实际支出的费用。对各种变更，及时做好增减账，及时落实业主签证，及时结算工程款。通过偏差分析和未完工工程预测，可发现一些潜在的可能引起未完工程施工成本增加的问题，对这些问题应以主动控制为出发点，及时采取预防措施。因此，经济措施的运用绝不仅仅是财务人员的事情。

二、道路施工项目成本计划

（一）施工成本计划的类型

1. 竞争性成本计划

竞争性成本计划是施工项目投标及签订合同阶段的估算成本计划。这类成本计划以招标文件中的合同条件、投标者须知、技术规范、设计图纸和工程量清单为依据，以有关价格条件说明为基础，结合调研、现场踏勘、答疑等情况，根据施工企业自身的工料消耗标准、施工水平、价格资料和费用指标等，对本企业完成投标工作所需要支出的全部费用进行估算。在投标报价过程中，该计划虽也着力考虑降低成本的途径和措施，但总体上比较粗略。

2. 指导性成本计划

指导性成本计划是选派项目经理阶段的预算成本计划，是项目经理的责任成本目标。

它是以合同价为依据，按照企业的预算定额标准编制的设计预算成本计划，且一般情况下确定的是责任总成本目标。

3. 实施性成本计划

实施性成本计划是项目施工准备阶段的施工预算成本计划，它是以项目实施方案为依据，以落实项目经理责任目标为出发点，采用企业的施工定额通过施工预算的编制而形成的实施性施工成本计划。

（二）施工预算

施工预算是编制实施性成本计划的主要依据，是施工单位为了加强企业内部的经济核算，在施工图预算的控制下，依据企业内部的施工定额，以建筑安装单位工程为对象，根据施工图纸、施工定额、施工及验收规范、标准图集、施工组织设计（或施工方案）编制的单位工程（或分部分项工程）施工所需的人工、材料和施工机械台班用量的技术经济文件。它是施工企业的内部文件，同时是施工企业进行劳动调配、物资技术供应、控制成本开支、进行成本分析和班组经济核算的依据。施工预算不仅规定了单位工程（或分部分项工程）所需人工、材料和施工机械台班用量，还规定了工种的类型，工程材料的规格、品种，所需各种机械的规格，以便有计划、有步骤地合理组织施工，从而达到节约人力、物力和财力的目的。

（三）编制施工成本计划的方法

1. 按施工成本构成编制施工成本计划的方法

施工成本可以按成本构成分解为人工费、材料费、施工机具使用费和企业管理费等，施工企业应在此基础上，编制按施工成本构成分解的施工成本计划。

2. 按施工项目组成编制施工成本计划的方法

大中型工程项目通常是由若干单项工程构成的，而每个单项工程又包括了多个单位工程，每个单位工程又是由若干个分部分项工程所构成。因此，首先要把项目总施工成本分解到单项工程和单位工程中，再进一步分解到分部工程和分项工程中。

在完成施工项目成本目标分解之后，接下来就要具体地分配成本，编制分项工程的成本支出计划，从而形成详细的成本计划表。

在编制成本支出计划时，要在项目总体层面上考虑总的预备费，也要在主要的分项工程中安排适当的不可预见费，以避免在具体编制成本计划时，可能出现个别单位工程或工程量表中某项内容的工程量计算有较大出入，偏离原来的成本预算。因此，应在项目实施过程中对其尽可能地采取一些措施。

3. 按施工进度编制施工成本计划的方法

按施工进度编制施工成本计划，通常可在控制项目进度的网络图的基础上，进一步扩充得到，即在建立网络图时，一方面确定完成各项工作所需花费的时间，另一方面确定完成这一工作合适的施工成本支出计划。在实践中，将工程项目分解为既能方便地表示时间，又能方便地表示施工成本支出计划的工作是不容易的，通常如果项目分解程度对时间控制合适的话，则对施工成本支出计划可能分解过细，以至于不可能对每项工作都确定其施工成本支出计划；反之亦然。因此，在编制网络计划时，在充分考虑进度控制对项目划分要求的同时，还要考虑确定施工成本支出计划对项目划分的要求，做到两者兼顾。

三、道路施工项目成本控制

（一） 施工成本控制及其特点

施工成本控制是在项目成本的形成过程中，对生产经营所消耗的人力资源、物资资源和费用开支进行指导、监督、检查和调整，及时纠正将要发生和已经发生的偏差，把各项生产费用，控制在计划成本的范围之内，以保证成本目标的实现。

施工成本控制具有主动性、综合性、超前性的特点。

（二） 施工成本控制的原则

1. 开源与节流相结合的原则

降低项目成本，需要一面增加收入，一面节约支出。在成本控制中，要求做到每发生一笔金额较大的成本费用时，都要查一查有无与其相对应的预算收入，是否支大于收。在经常性的分部分项工程成本核算和月度成本核算中，也要进行实际成本与预算收入的对比分析，以便从中探索成本节超的原因，纠正项目成本的不利偏差，提高项目成本的降低水平。

2. 全面控制原则

（1） 项目成本的全员控制

项目成本涉及项目组织中各个部门、单位和班组的工作业绩，也与每个职工的切身利益有关。施工项目成本管理（控制）需要项目建设者的全员参与。

（2）项目成本的全过程控制

项目成本的全过程控制是指在施工项目确定以后，自施工准备开始，经过工程施工到竣工交付使用后的保修期结束的每一项经济业务，都要纳入成本控制的轨道，既不能疏漏，又不能时紧时松，要使施工项目成本自始至终置于有效的控制之下。

3. 中间控制原则

中间控制原则，又称动态控制原则，对于具有一次性特点的施工项目成本来说，应该特别强调项目成本的中间控制。因为施工准备阶段的成本控制，只是根据上级要求和施工组织设计的具体内容确定成本目标、编制成本计划、制定成本控制的方案，为今后的成本控制做好准备。而竣工阶段的成本控制，由于成本盈亏已经基本定局，即使发生了偏差，也已来不及纠正。因此，把成本控制的重心放在主要施工阶段上，则是十分必要的。

4. 目标管理原则

目标管理是贯彻执行计划的一种方法。实行项目目标管理责任制，也就是施工项目开工时，把计划逐一分解，提出进一步的具体要求，并落实到执行计划的部门、单位甚至个人。目标管理的内容包括目标的设定和分解，目标的责任到位和执行，检查目标的执行结果，评价目标和修正目标，形成目标管理的 PDCA 循环，即按照计划、执行、检查、处理的顺序进行质量管理，并且循环不止地进行下去的科学程序。

5. 节约原则

节约人力、物力、财力的消耗，是提高经济效益的核心，也是成本控制的一项最主要的基本原则。

（三）施工成本控制的分类

1. 按成本控制的对象分

施工成本控制按成本控制的对象可分为人工成本控制、材料成本控制、机械成本控制和费用成本控制。

2. 按成本发生时间分

（1）事前施工成本控制（基础）

事前施工成本控制包含施工项目开工前项目管理规划的评审、施工项目成本制度控制及体系的建立等内容。

（2）事中施工成本控制（重点）

事中施工成本控制即工程成本形成全过程的控制，包括项目施工中计划成本的分析和控制、项目施工中分部和分层工程的成本控制、项目施工中与计划同步跟踪的费用控制等内容。

（3）事后施工成本分析

事后施工成本分析即对成本计划的执行情况进行分析，包括竣工结算、废旧材料的利用和回收、减少返修费用等内容。

（四）施工成本控制的依据

1. 工程承包合同

施工成本控制要以工程承包合同为依据，围绕降低工程成本这个目标，从预算收入和实际成本两方面出发，研究节约成本、增加收益的有效途径，以求获得最大的经济效益。

2. 进度报告

进度报告提供了对应时间节点的工程实际完成量、工程施工成本实际支付情况等重要信息。施工成本控制工作正是通过将实际情况与施工成本计划相比较，找出二者之间的差别，分析偏差产生的原因，从而采取措施改进以后的工作。此外，进度报告还有助于管理者及时发现工程实施中存在的隐患，并在可能造成重大损失之前采取有效措施，尽量避免损失。

3. 工程变更

在项目的实施过程中，由于各方面的原因，工程变更是很难避免的。工程变更一般包括设计变更、进度计划变更、施工条件变更、技术规范与标准变更、施工次序变更和工程量变更等。工程一旦出现变更，工程量、工期、成本都有可能发生变化，从而使得施工成本控制工作变得更加复杂和困难。因此，施工成本管理人员应当通过对变更要求中各类数据的计算、分析，及时掌握变更情况，包括已发生工程量、将要发生工程量、工期是否拖延、支付情况等重要信息，判断变更以及变更可能带来的索赔额度等。

除上述几种施工成本控制的主要依据外，有关施工组织设计、分包合同等文件资料也都是施工成本控制的依据。

（五）施工成本的过程控制方法

1. 人工费的控制

（1）人工费的影响因素

第一，社会平均工资水平。建筑安装工人人工单价必须和社会平均工资水平趋同。社会平均工资水平取决于经济发展水平。

第二，生产消费指数。生产消费指数的提高会导致人工单价的提高，以减少生活水平的下降，维持原来的生活水平。生活消费指数的变动则取决于物价的变动，尤其取决于生活消费品物价的变动。

第三，劳动力市场供需变化。劳动力市场如果供不应求，人工单价就会提高；供过于求，人工单价就会下降。

第四，政府推行的社会保障和福利政策也会影响人工单价的变动。

第五，经会审的施工图、施工定额、施工组织设计等决定人工的消耗量。

（2）控制人工费的方法

第一，制定先进合理的企业内部劳动定额，严格执行劳动定额，并将安全生产、文明施工及零星用工下达到作业队进行控制。全面推行全额计件的劳动管理办法和单项工程集体承包的经济管理办法，以不超出施工图预算人工费指标为控制目标，实行工资包干制度。认真执行按劳分配的原则，使职工个人所得与劳动贡献相一致，充分调动广大职工的劳动积极性，以提高劳动效率。把工程项目的进度、安全、质量等指标与定额管理结合起来，提高劳动者的综合能力，实行奖励制度。

第二，提高生产工人的技术水平和作业队的组织管理水平，根据施工进度、技术要求，合理搭配各工种工人的数量，减少和避免无效劳动。不断地改善劳动组织，创造良好的工作环境，改善工人的劳动条件，提高劳动效率。合理调节各工序人数安排情况，安排劳动力时，应尽量做到技术工不做普通工的工作，高级工不做低级工的工作，避免技术上的浪费，既要加快工程进度，又要节约人工费用。

第三，加强职工的技术培训和多种施工作业技能的培训，不断提高职工的业务技术水平和熟练操作程度，培养一专多能的技术工人，提高作业工效。提倡技术革新和推广新技术，提高技术装备水平和工厂化生产水平，提高企业的劳动生产率。

第四，实行弹性需求的劳务管理制度。对施工生产各环节上的业务骨干和基本的施工力量，要保持相对稳定。对短期需要的施工力量，要做好预测、计划管理，通过企业内部的劳务市场及外部协作队伍进行调剂。严格做到项目部的定员能随工程进度要求及时进行调整，进行弹性管理。要打破行业、工种界限，提倡一专多能，提高劳动力的利用效率。

2. 施工机械使用费的控制

（1）台班数量

第一，根据施工方案和现场实际情况，选择适合项目施工特点的施工机械，编制设备需求计划，合理安排施工生产，充分利用现有机械设备，加强内部调配，提高机械设备的利用率。

第二，保证施工机械设备的作业时间，安排好生产工序的衔接，尽量避免停工、窝工，尽量减少施工中所消耗的机械台班数量。

第三，核定设备台班定额产量，实行超产奖励办法，加快施工生产进度，提高机械设备单位时间的生产效率和利用率。

第四，加强设备租赁计划管理，减少不必要的设备闲置和浪费，充分利用社会闲置机械资源，提高机械设备单位时间的生产效率和利用率。

（2）台班单价

第一，加强现场设备的维修、保养工作，降低大修、经常性修理等各项费用的开支，提高机械设备的完好率，最大限度地提高机械设备的利用率，避免因使用不当造成机械设备的停置。

第二，加强机械操作人员的培训工作，不断提高操作技能，提高施工机械台班的生产效率。

第三，加强配件的管理，建立健全配件领发料制度，严格按油料消耗定额控制油料消耗，做到修理有记录，消耗有定额，统计有报表，损耗有分析。通过经常分析总结，提高修理质量，降低配件消耗，减少修理费用的支出。

第四，降低材料成本。做好施工机械配件和工程材料采购计划，降低材料成本。

第五，成立设备管理领导小组，负责设备调度、检查、维修、评估等具体事宜。对主要部件及其保养情况建立档案，分清责任，便于尽早发现问题，找到解决问题的办法。

3. 施工分包费用的控制

分包工程价格的高低，必然对项目经理部的施工项目成本产生一定的影响。因此，施工项目成本控制的重要工作之一是对分包价格的控制。项目经理部应在确定施工方案的初期就确定需要分包的工程范围。决定分包范围的因素主要是施工项目的专业性和项目规模。对分包费用的控制，主要是要做好分包工程的询价、订立平等互利的分包合同、建立稳定的分包关系网络、加强施工验收和分包结算等工作。

第三节　道路施工项目技术管理

一、道路施工项目技术管理概述

（一）道路施工项目技术管理的概念

道路施工项目技术管理，是指以合同条款和技术规范为依据，通过一定的组织系统，按照规定的程序，运用各种有效和必要的方法，使工程最终质量达到一定的标准，以满足设计要求、实现设计目的的一系列管理活动。

道路施工项目技术管理一般指与技术保障、技术数据、技术文件有关的管理活动，通常包括施工机械设备选型配置、工程进度设计编制与控制、技术方案的选择和编制、施工过程中日常技术管理、工程测量管理、工程试验管理、工程变更管理、工程技术资料和档案管理等工作。

施工项目技术管理，在很大程度上决定着企业的经济效益、企业信誉乃至企业的存亡，因此一定要重视技术管理工作，而做好技术管理工作，应尊重科学，按科学的要求进行施工；应将技术管理工作与经济效益结合起来，在保证质量的前提下，也要保证经济效益。

（二）道路施工项目技术管理的特点

1. 技术管理具有系统性特点

道路合同要求采用项目法施工，项目管理机构应是集人、材、物于一体的实体项目部。然而在实施中为了便于管理，项目经理部结合工程的实际分布情况设置作业分部或工区，负责相应管段内的工程内容，并且道路工程大都地质或地形复杂、技术难度大、技术含量高。因此，道路施工项目的技术管理具有点多面广、技术复杂、资料烦琐等特点，需要多方合作才能完成（是全员参与的多方位的管理活动）。所以，系统的管理显得尤为重要。

2. 技术管理具有及时性特点

施工现场的突发事件在施工过程中是经常发生的，尤其是地质多变、结构复杂的工程。因此，技术管理对施工中突发事件必须反应敏捷，处理要及时准确，对施工现场出现的施工隐患也必须周密思考、及时解决，对安全隐患的技术处理更要及时、准确，这样才能避免安全事故的发生。因此，技术管理具有及时性特点。

3. 技术管理受合同管理的指导和制约

合同文件是制约甲、乙双方行为的准则，是甲、乙双方联系的纽带。准确、系统理解合同文件是对每一位参建管理者的基本要求，直接体现管理者水平的高低，直接关系到企业的经济利益。因此，合同管理对施工技术管理具有极强的指导性、制约性。如何结合工程特点利用合同赋予承包人的权利，避免潜在亏损，这就需要我们深入地研究和分析合同，通过有效合同程序，挽回损失，为项目创效益。

（三）道路施工项目技术管理的主要作用

第一，保证施工过程符合施工技术规范和合同文件的要求，使施工生产始终在设计文件和图纸规定的技术及技术标准的控制下正常有序地进行，也就是说使工程始终处于可控状态。

第二，通过技术管理，不断提高技术管理水平和施工人员技术业务素质，依据一定的管理程序，有目的地分析施工中可能存在的技术薄弱环节，从而能预见性地发现和处理问题，并预先采取有针对性的措施，把技术和质量事故隐患消灭在萌芽之中，保证工程施工质量。

第三，通过对技术的动态管理，充分发掘施工中人工、材料及机械设备等资源的潜力，从而在保证工程质量和生产计划的前提下，努力降低工程成本，提高经济效益和提升市场竞争能力。

第四，通过技术管理，积极研究、开发与推广新技术、新工艺、新材料、新设备（"四新"技术），促进工程管理现代化，增加技术储备和技术积累，提高企业竞争能力。

（四）道路施工项目技术管理的基本任务

第一，正确贯彻国家各项技术政策和上级有关技术工作的指示与决定；科学组织各项技术工作，充分发挥技术力量的作用，大力开展技术革新和开发工作，不断采用新技术；开展全面质量管理，确保工程质量，组织安全生产和文明生产。

第二，加强技术研究的组织和技术教育的开展，努力提高机械化施工水平，做好信息情报和技术资料的管理，促进技术管理工作现代化。

（五）道路施工项目技术管理的原则

第一，从企业实际管理情况和要求出发，正确贯彻国家规定的技术政策、规范和规程。

第二，按技术规律要求和科学原理办事，对应用和推广的新技术、新工艺、新材料、创造和革新的成果等，要坚持经过试验做出技术鉴定的原则。

第三，要全面考虑技术工作的经济效益。

二、道路施工项目技术管理的基础工作

（一）建立、健全技术管理的组织机构和技术责任制，构筑技术管理体系

建立与企业生产能力和规模相适应的一套技术管理机构，这是做好技术管理工作的必

要条件。为此，施工企业必须建立和健全集中统一的技术管理系统，从公司到施工队各级组织都要有技术管理的职能机构和技术职能人员，明确各人职责；项目经理部应根据项目规模设项目技术负责人。项目经理部必须在企业总工程师和技术管理部门的指导下，建立技术管理体系。

（二）贯彻和完善各种技术标准、规范和规程

技术标准、技术规范和技术规程是技术标准化的主要内容，是组织现代化施工的重要技术保证，是组织施工和检验、评定各种建筑材料技术性能以及工程质量的依据。

道路工程技术标准和技术规范是对道路工程的技术、质量标准、规格及其检验方法等做出的规定，是道路设计和施工技术的依据。道路工程施工技术规程（包括操作规程）是技术标准、技术规范的具体化，是根据技术标准、技术规范的要求，对施工过程、操作方法、设备和工具的使用、施工安全技术要求等所做的具体规定。

技术规程因地区操作方法和操作习惯不同，一般由地区或企业自行制定执行。制定技术规程时，必须严格按技术标准和技术规范的要求，总结生产实践经验，在合理利用企业现有生产技术条件的同时，尽可能地采用国内外成熟的先进经验，促进企业生产技术的发展。贯彻执行技术标准、技术规范和技术规程的基本要求：组织全体职工学习各种有关技术标准、规范和规程，掌握其内容和要求，牢固树立"百年大计，质量第一"的思想，自觉按照技术标准、规范和规程办事。加强技术监督和检查，发现违反技术标准、规范和规程的行为，任何施工管理人员都有权制止和纠正，对造成严重后果者要进行严肃处理。将技术标准、规范和规程做必要的分解和具体化，如对工程质量标准和操作规程，从原材料开始到每道工序、半成品和成品，对每一个具体工种的施工生产过程都进行分解，从而规定出具体的要求，以便明确奋斗目标，落实到班组和个人。

（三）不断提高职工的技术素质

要提高企业整个技术水平和生产能力，学习和掌握国内外有关先进技术经验，要开展科学技术研究和创新，落实技术标准、技术规范和技术规程的贯彻执行，都必须有赖于全体职工不断提高文化程度和技术水平。为此，要经常组织职工学文化、学技术，组织技术性的操作竞赛或进行必要的技术业务考核。只有这样，才能不断提高企业全体职工的技术素质水平，承担更重要、更复杂的施工生产任务。

（四）做好信息情报和技术资料管理工作

技术信息情报工作的主要内容包括对有关技术资料的收集、整理、报道、交流，有条

件的也可以组织编辑文摘、简介及翻译科技文献等。技术资料管理工作的主要内容包括对技术文件和资料的收发、复制、修改、制定、审批、装订、会签、归档、保管、借用、保密等一系列环节进行系统的科学管理，及时满足施工生产的需要。

（五）建立健全严格的技术管理制度

1. 建立技术责任制

建立健全严格的技术管理制度是把企业各级生产组织的技术工作纳入集中统一的轨道，保证企业各级组织的各种技术岗位都有技术负责人，防止和杜绝施工中责任不清或无人负责的现象，保证工程质量和经济效益。为了达到这个目的，必须建立各级技术领导：工程局或公司设总工程师、处室设主任工程师、施工队设技术队长，实行岗位责任制，使每个技术人员各有专职，各司其事，有职有权有责。

2. 建立图纸会审制度

图纸会审是一项极其严肃和重要的技术工作，认真做好图纸会审，对减少施工图纸中的差错，保证和提高工程质量有重要作用。

在图纸会审以前，施工单位必须组织人员学习施工图纸，熟悉图纸内容要求和特点，并由设计单位进行设计交底，以达到弄清设计意图、发现问题、消灭差错的目的。

图纸会审工作必须有组织、有领导、有步骤地进行，并按工程性质、规模大小、重要程度、特殊要求，分别组织图纸会审。一般由建设单位负责组织，设计单位交底，施工单位参加，进行集体会审。

公司图纸会审的要点：全部设计图纸及说明是否齐全、清楚、明确、有无矛盾，施工的新技术及特殊工程和复杂设备的技术可行性和必要性，重点工程和具有普遍性工程的推行方法是否妥当，设计文件中提出的概算是否合理。

施工队图纸会审的要点：除细致审核细部尺寸及其研究操作上的问题外，还应对技术复杂、要求严格、施工操作困难的分部分项工程采取放大样、做模型，或另绘大样图的方法进行核对；对缺乏经验的新技术、新结构，可先做实物试点，取得经验后进行施工。

（六）编制相应的工程施工技术文件

工程施工技术文件主要包括实施阶段的总体施工组织设计、重大的施工组织设计、施工方案和施工技术措施，单项或分部工程的施工技术措施等。编制和优化施工方案时，应考虑到市场材料、技术、施工工艺和经济效益等因素；在编制施工方案后，还应对所编制的方案进行经济技术比较和质量、安全、进度与成本相结合的综合评估，以确定最佳的施工方案。

（七）建立技术交底制度

做好技术交底工作，严格按照施工组织设计和施工方案施工。通过技术交底，使参与施工的单位和工程技术人员在施工前充分了解和熟悉设计图纸（文件）、施工方法及施工技术要求，便于合理和科学地组织安排施工，确保工程施工进度、施工质量和施工安全目标的实现。

技术交底工作应分级进行，分级管理。

（1）技术复杂（包括推行新技术）的重点工程、重点部位，应由总工程师向主任工程师、技术队长及有关职能部门负责人交底，明确关键性的施工技术问题。

（2）普通工程应由主任工程师参照上述内容进行。

施工队一级的技术交底工作，由施工技术队长负责向技术人员、施工员、质量检查员、安全员以及班组长进行交底时，应对所承担的工程数量、要求期限、图纸内容、测量放样、施工方法、质量标准、技术措施、操作要求和安全措施等方面重点进行技术交底工作。

施工员向班组的交底工作，是各级技术交底的关键。施工员向班组交底时，要结合具体操作部位，贯彻落实上级技术领导的要求，明确关键部位的质量要求、操作及注意事项，制定保证质量、安全的技术措施，对关键性项目、部位以及新技术的推行项目应反复、细致地向操作组进行交底，必要时可做文字交底或示范操作。

（八）建立施工测量、试验和工程变更管理制度

测量工作就是施工的起点，要求必须实行双校核、交叉检查，同时要和施工点附近参照物进行比较核对。施工前应做好交接桩和施工复测工作，包括路基工程的导线、中线、水准点的复测，横断面检查、补测和构筑物定位点、水准点的增设等。施工测量必须严格执行操作制度，换手观测、认真校核，做到测量放线准确无误；测量前应对设计进行专项校核，测量中按规程操作，认真做好测量记录，测量后仔细检查，完善测量资料。

试验工作既关系着施工质量又关系着施工效益，主要包括验证试验、标准试验、工艺试验、抽样试验和验收试验。所有试验原始记录均应作为重要技术管理记录进行保管。

三、道路施工项目技术管理的内容

（一）按施工技术管理的内容组成分

第一，施工技术管理的主要内容包括：开工报告、技术交底、施工测量、设计变更、工程施工测量设备管理、工程试验与检验、施工日志、隐蔽工程及检验批检查验收、内业资料及竣工文件管理。

第二，其他技术管理工作的主要内容包括：创优规划、合同与投标承诺管理、施工工艺设计与控制、技术风险管理、技术质量管理、工程质量验收管理、工期与进度管理、工业产品投产鉴定管理、成品与半成品防护、成本分析与控制、验工计价。

（二）按施工阶段分

1. 施工技术准备阶段的重点内容

（1）工程项目资料交接

工程项目资料主要包括现场考察技术资料、投标答疑资料、投标文件、中标通知书、合同文件、与业主签订的协议、投标承诺、图纸等。

工程项目资料交接过程中应注意检查交接资料是否齐全，并办理交接手续。应保留一套完整的合同文件及设计图纸存档，以便于今后编制竣工文件。应根据需要给相关人员提供资料的复印件。

（2）设计交桩及导线点复测

工程开工前，在业主（或监理）的主持下，由设计单位向施工单位进行交桩，交桩应在现场进行。设计单位应将路线勘测时所设置的导线控制点、水准控制点及其他重要点位的桩位及相关技术资料逐一交给施工单位。

交桩应有交桩记录。在接受桩位时应注意观察桩位是否有移动、损坏甚至缺失现象。如有此类现象发生，应及时提出并提请设计单位进行补桩。接桩后应安排专人负责，采取措施妥善保护。

项目部接受导线控制点、水准控制点的桩位后，要及时对这些控制点进行复测，并将复测的结果报监理工程师审核批准，为下一步的控制测量做好准备。

（3）图纸复核

第一，是否符合现行相关技术标准、规范要求，有无重大原则错误；

第二，现有施工技术水平能否满足设计要求；

第三，是否符合现场和施工的实际条件；

第四，设计是否能够进一步优化；

第五，图纸本身有无矛盾；

第六，图纸中的工程数量表、材料表是否有错误；

第七，控制测量数据是否准确。

图纸复核工作应注意的问题：

第一，应组织参加施工的全体技术人员参与对图纸的复核，不能仅仅局限于几个人；

第二，在图纸复核的过程中要注意全面领会设计意图，不要轻易否定设计；

第三，注意结合现场条件进行图纸复核；

第四，要带着问题进行图纸复核，为设计交底和以后编制实施性施工组织设计及施工技术方案做准备，不要仅仅局限于工程量的复核。

（4）现场核对设计文件

第一，路线与构造物的总体布置、桥涵结构物形式等是否合理，相互之间是否有矛盾和错误；

第二，主要构造物的位置、尺寸、孔径是否恰当；

第三，新建的桥涵结构物等与原有道路、排水系统的衔接是否流畅；

第四，路线的高填深挖地段与设计是否有大的出入，是否合理；

第五，原有的灌溉、排水系统功能是否遭到破坏；

第六，对地质不良地段采取的技术处理措施是否恰当；

第七，设计推荐或投标文件中编制的总体施工方案及临时设施、便道、便桥方案是否合理可行。

（5）为实施性施工组织设计和技术方案补充必要的现场调查资料

第一，施工现场的地形、地貌情况；

第二，工程所在地的地质情况；

第三，水文情况；

第四，当地的气象情况；

第五，当地交通、电力、通信、文物、工程附近的建筑物对施工的干扰情况；

第六，当地的交通、运输条件；

第七，当地水电供应情况；

第八，当地材料供应情况；

第九，当地风俗习惯、医疗条件、通信条件、生活物资供应等情况；

第十，当地政府对建设工程颁布的相关管理规定。

2. 工程项目施工阶段技术管理

（1）开工报告的提报与审批

前期准备工作完成后，提报开工报告。建设项目开工日期，是指建设项目设计文件中规定的任何一项永久性工程第一次正式破土开槽开始施工的日期。

无须开槽的工程，以建筑物组成部分正式打桩日期作为开工日期。铁路建设项目一般均以开始进行土、石方工程日期作为正式开工日期。工程地质勘察、平整场地、旧建筑物的拆除、临时建筑、施工用临时道路和水、电等的施工不算正式开工。分期建设的项目分别按各期工程的开工时间来计算。

（2）技术交底

技术交底的目的是使全体施工人员了解设计意图，熟悉工程内容、特点、技术标准、施工方案、施工程序、工艺要求、质量标准、安全措施、工期要求。在施工生产过程中项目经理部应认真做好向作业队、班组作业人员及配合工种的技术交底工作。

（3）设计变更

第一，设计变更是指自工程初步设计批准之日起至通过竣工验收正式交付使用之日止，对已批准的初步设计文件、技术设计文件或施工图设计文件所进行的修改、完善等活动。

第二，建设单位、监理单位主管部门应当加强对工程设计变更活动的监督管理。施工图的修改权为设计单位及项目设计者所有，施工单位只应按施工图进行施工。未经设计单位及项目设计负责人允许，施工单位无权修改设计。

第三，现场（普遍）涉及设计变更的情况主要包括：经过会审后的施工图，在施工过程中，发现图仍有差错或与实际情况不符；或因施工条件发生变化与施工图的规定不符；或材料、半成品、设备等，与原设计要求不符。

第四，设计变更时变更的内容、手续及要求：

a. 工程设计变更应当符合有关工程强制性标准和技术规范的要求，符合工程质量和使用功能的要求，符合环境保护的要求。

b. 设计变更分为重大、较大和一般设计变更。重大、较大设计变更实行审批制，经批准的设计变更一般不得再次变更。

c. 勘察设计、施工及监理等单位可以向项目法人提出工程设计变更的建议。

d. 设计变更的建议要以书面形式提出，并要注明变更理由。

e. 由于工程勘察设计、施工等有关单位的过失引起工程设计变更并造成损失的，有关单位应当承担相应的费用和相关责任。

第五，新工艺、新技术以及职工提出的合理化建议等得到采纳，需要对原设计进行修改时，均须用"变更设计申请"向设计单位办理修改手续。

第六，重要工程部位及较大问题的变更必须由建设单位、设计单位和施工单位三方进行洽商，由设计单位修改，并向施工单位签发设计变更通知单方为有效。

第七，如果设计工程因做较大变更而影响了建设规模和投资标准，须报请原批准初步设计的主管单位同意后方可修改。

第八，"图纸会审纪要""设计变更通知单""技术联系单"等技术文件，都要有详细的文字记录，一并汇成明细表归入工程档案，其将作为施工和竣工结算的依据。

（4）测量管理

第一，在测量工作的各个程序中实行双检制。

测量队应核对有关设计文件和监理签认的控制网点测量资料，应由两人独立进行，核对结果应做记录并进行签认，成果经项目技术部门主管复核签认，项目总工审核签认后方可使用。

测量外业工作必须有多余观测，并构成闭合检测条件。控制测量、定位测量和重要的放样测量必须坚持"两人两种方法"制度，坚持采用两种不同方法（或不同仪器）或换人进行复核测量。利用已知点进行引测、加点和施工放样前必须坚持"先检测后利用"的原则。

测量后，测量成果必须采用两人独立平行计算进行相互校核，并由测量队对测量成果进行复核签认。

第二，各工点、工序范围内的测量工作，测量组应自检复核签认，分工衔接上的测量工作，由测量队进行互检复核签认。

第三，项目测量队组织对控制网点和测量组设置的施工用桩及重大工程的放样进行复核测量，经项目技术部门主管检查签认、项目总工程师审核签认合格后，报驻地监理工程师审批认可。

第四，项目总工和技术部门负责人要对测量队执行测量复核签认制的情况进行检查，并做好检查记录。

测量记录与资料必须分类整理、妥善保管，作为竣工文件的组成部分归档。测量记录与资料具体包括：项目交接桩资料、监理工程师提供的有关测量控制网点、放样数据变更文件；项目及各工点、各工序测量原始记录，观测方案布置图、放样数据计算书；测量内业计算书、测量成果数据图表；计量器具周期检定文件。

控制测量、每项单位工程施工测量必须分别使用单项测量记录本。测量记录统一使用水平仪簿和经纬仪簿。

一切原始观测值和记录项目应在现场记录清楚，不得涂改，不得凭记忆补记、补绘。

记录中不准连环更改，不合格时应重测。手簿必须填列页次，注明观测者、观测日期、起始时间、终止时间、气象条件、使用的仪器和类型及编号，并详细记载观测时的特殊情况。凡划去的观测记录，应注明原因予以保存，不得撕毁。

测量队应有专人管理原始记录和资料，建立台账，及时收集，按控制测量、单位工程分项整理立卷。项目工程完工，线路贯通竣工测量完成之后，测量队应将项目全部测量记录和资料档案，分类整理装订成册，上交项目部技术部门，经验收合格后，双方办理交接手续。项目部按交工验收的要求将测量记录资料编入竣工文件。

内业计算前应复查外业资料，核对起算数据。计算书要书面整洁，计算清楚，格式统一。计算者、复核者要签认。

第四节 道路施工项目质量管理

一、认知工程项目质量控制体系

（一）质量控制概述

1. 质量和工程质量

质量不仅是指产品质量，也可以是某项活动或过程的工作质量，还可以是质量管理体系运行的质量。质量是由一组固有特性组成的，这些固有特性是指满足顾客和其他相关方的要求的特性，并由其满足要求的程度加以表征。其特性既可以是固有的或赋予的，又可以是定性的或定量的。质量特性是固有的特性，即通过产品、过程或体系设计和开发及其后的实现过程形成的属性。满足要求就是应满足明示的（如合同、规范、标准、技术、文件、图纸中明确规定的）、通常隐含的（如组织的惯例、一般习惯）或必须履行的（如法律、法规、行业规则）需要和期望。顾客和其他相关方对产品、过程或体系的质量要求是动态的、发展的和相对的。

建设工程质量简称工程质量。工程质量是指通过项目实施形成的工程实体的质量，是反映建筑工程满足相关标准规定或合同约定要求的，包括其在安全、使用功能及其在耐久性能、环境保护等方面所有的明显和隐含能力的特性总和。其特性主要表现在适用性、耐久性、安全性、可靠性、经济性及与环境的协调性六个方面，彼此之间是相互依存的，总体而言，它们都是必须达到的基本要求，缺一不可。

工程项目的质量是项目建设的核心，是决定工程建设成败的关键，是实现三大控制目标（质量、投资、进度）的重点。

2. 质量控制和工程项目质量控制

（1）质量控制

质量控制是质量管理的一部分，是致力于满足质量要求的一系列相关活动。这些活动主要包括设定标准、测量结果、评价和纠偏。

质量控制是在明确的质量目标和具体的条件下，通过行动方案和资源配置的计划、实施、检查和监督，进行质量目标的事前预控、事中控制和事后纠偏控制，实现预期质量目标的系统过程。

质量控制包括作业技术和管理活动，也就是包括专业技术和管理技术两个方面。

质量控制应贯穿于产品形成和体系运行的全过程。

（2）工程项目质量控制

工程项目质量总目标是业主提出和决定的，参与各方均应围绕着满足业主要求的质量总目标而努力。工程项目质量控制就是在项目实施的过程中，项目参与各方致力于实现业主要求的项目质量总目标的一系列活动，即致力于满足工程项目质量要求，也就是为了保证工程项目质量满足工程合同、规范标准所采取的一系列措施、方法和手段。工程项目质量要求主要表现为工程合同、设计文件、技术规范标准规定的质量标准。

工程项目质量控制包括建设、勘察、设计、施工、监理各方面的质量控制活动。

工程项目质量控制的任务就是对项目参与各方的工程质量行为及项目工程实体质量的设计质量、材料质量、设备质量、施工安装质量进行控制。施工质量控制是项目质量控制的重点。

3. 质量管理的定义

质量管理是指在质量方面指挥和控制组织（企业）的协调活动。在质量方面的指挥和控制活动，通常包括制定质量方针和质量目标以及质量策划、质量控制、质量保证和质量改进。

质量方针是指由组织（企业）的最高管理者正式发布的该组织（企业）总的质量宗旨和方向。它体现了该组织的质量意识和质量追求，是组织（企业）内部的行为准则，也体现了顾客的期望和对顾客做出的承诺。质量方针是总方针的一个组成部分，由最高管理者批准。

质量目标是指在质量方面所追求的目的，它是落实质量方针的具体要求，它从属于质量方针，应与利润目标、成本目标、进度目标等相协调。质量目标必须明确、具体，应尽量用定量化的语言进行描述，使质量目标容易被沟通和理解。质量目标应分解落实到各部门及项目的全体成员，以便于实施、检查和考核。

质量管理的定义可以说明，质量管理是企业围绕着使产品质量能满足不断更新的质量要求而开展的策划、组织、计划、实施、检查、监督和审核等所有管理活动的总和。它是企业各级职能部门领导的职责，而由企业最高领导（或项目经理）负全责，应调动与质量有关的所有人员的积极性，共同做好本职工作，这样才能完成质量管理的任务。

4. 质量管理体系

（1）建设单位的质量责任

第一，建设单位对其自行选择的设计、施工单位发生的质量问题承担相应责任。

第二，建设单位按合同的约定负责采购建筑材料、建筑构配件和设备时，建设单位应当保证建筑材料、建筑构配件和设备符合设计文件和合同要求，对发生的质量问题，建设单位应承担相应的责任。

（2）勘察、设计单位的质量责任

勘察、设计单位必须按照国家现行的有关规定、工程建设强制性技术标准和合同要求进行勘察、设计工作，并对所编制的勘察、设计文件的质量负责。

（3）施工单位的质量责任

施工单位对所承包的工程项目的施工质量负责。实行总承包的工程，总承包单位应对全部建设工程质量负责。对建设工程勘察、设计、施工、设备采购的一项或多项实行总承包的，总承包单位应对其承包的建设工程或采购的设备的质量负责；实行总分包的工程，分包单位应按照分包合同约定对其分包工程的质量向总承包单位负责，总承包单位与分包单位对分包工程的质量承担连带责任。

（4）工程监理单位的质量责任

工程监理单位应依照法律、法规以及有关技术标准、设计文件和建设工程承包合同，与建设单位签订监理合同，代表建设单位对工程质量实施监理，并对工程质量承担监理责任。监理责任主要有违法责任和违约责任两个方面。如果工程监理单位故意弄虚作假，降低工程质量标准，造成质量事故的，要承担法律责任。若工程监理单位与承包单位串通，牟取非法利益，给建设单位造成损失的，应当与承包单位承担连带赔偿责任。如果监理单位在责任期内，不按照监理合同约定履行监理职责，给建设单位或其他单位造成损失的，属违约责任，应当向建设单位赔偿。

（5）建筑材料、构配件及设备生产或供应单位的质量责任

建筑材料、构配件及设备生产或供应单位对其生产或供应的产品质量负责。

5. 工程质量的政府监督管理体制及管理职能

（1）监督管理体制

国务院建设行政主管部门对全国的建设工程质量实施统一监督管理。国务院铁路、交通、水利等有关部门按国务院规定的职责分工，负责对全国有关专业建设工程质量的监督管理。县级以上地方人民政府建设行政主管部门对本行政区域内的建设工程质量实施监督管理。县级以上地方人民政府交通、水利等有关部门在各自职责范围内，负责本行政区域内专业建设工程质量的监督管理。

政府对工程质量的监督管理具有权威性、强制性、综合性的特点。

（2）管理职能

第一，建立和完善工程质量管理法规。

第二，建立和落实工程质量责任制。

第三，建设活动主体资格的管理。

第四，工程承发包管理。

第五，工程建设程序管理。

（二）工程项目质量控制体系

1. 全面质量管理思想和方法的应用

（1）全面质量管理的思想

①全面质量管理

建设工程项目的全面质量管理，是指项目参与各方所进行的工程项目质量管理的总称，其中包括对工程（产品）质量和工作质量的全面管理。工作质量是工程质量的保证，工作质量直接影响工程质量的形成。建设单位、监理单位、勘察单位、设计单位、施工总承包单位、施工分包单位、材料设备供应商等，任何一方、任何环节的怠慢疏忽或质量责任不落实都会对建设工程质量造成不利影响。

②全过程质量管理

全过程质量管理，是指根据工程质量的形成规律，从源头抓起，全过程推进。主要的

过程有项目策划与决策过程、勘察设计过程、设备材料采购过程、施工组织与实施过程、检测设施控制与计量过程、施工生产的检验试验过程、工程质量的评定过程、工程竣工验收与交付过程、工程回访维修服务过程等。

③全员参与质量管理

按照全面质量管理的思想，组织内部的每个部门和工作岗位都承担着相应的质量职能。组织的最高管理者确定了质量方针和目标，就应组织和动员全体员工参与到实施质量方针的系统活动中去，发挥自己的角色作用。开展全员参与质量管理的重要手段就是运用目标管理方法，将组织的质量总目标逐级进行分解，使之形成自上而下的质量目标分解体系和自下而上的质量目标保证体系，发挥组织系统内部每个工作岗位、部门或团队在实现质量总目标过程中的作用。

（2）质量管理的 PDCA 循环

①计划

计划（Plan）由目标和实现目标的手段组成，所以说计划是一条"目标—手段链"。质量管理的计划职能，包括确定质量目标和制订实现质量目标的行动方案两方面。实践表明质量计划的严谨周密、经济合理和切实可行，是保证工作质量、产品质量和服务质量的前提条件。

建设工程项目的质量计划，是由项目参与各方根据其在项目实施中所承担的任务、责任范围和质量目标，分别编制质量计划而形成的质量计划体系。其中，建设单位的工程项目质量计划，包括确定和论证项目总体的质量目标，制定项目质量管理的组织、制度、工作程序、方法和要求。项目其他各参与方，则根据国家法律法规和工程合同规定的质量责任和义务，在明确各自质量目标的基础上，制订实施相应范围质量管理的行动方案，包括技术方法、业务流程、资源配置、检验试验要求、质量记录方式、不合格处理及相应管理措施等具体内容和做法的质量管理文件，同时应对其实现预期目标的可行性、有效性、经济合理性进行分析论证，并按照规定的程序与权限，经过审批后执行。

②实施

实施（Do）职能在于将质量的目标值，通过生产要素的投入、作业技术活动和产出过程，转换为质量的实际值。为保证工程质量的产出或形成过程能够达到预期的结果，在各项质量活动实施前，要根据质量管理计划进行行动方案的部署和交底。交底的目的在于使具体的作业者和管理者明确计划的意图和要求，掌握质量标准及其实现的程序与方法。在质量活动的实施过程中，要求严格执行计划的行动方案，规范行为，把质量管理计划的各项规定和安排落实到具体的资源配置和作业技术活动中去。

③检查

检查（Check）是指对计划实施过程进行各种检查，包括作业者的自检、互检和专职管理者专检。各类检查也都包含两大方面：一是检查是否严格执行了计划的行动方案，实际条件是否发生了变化，不执行计划的原因；二是检查计划执行的结果，即产出的质量是否达到标准的要求，并对此进行确认和评价。

④处置

处置（Action）就是对质量检查所发现的质量问题，应及时进行原因分析，采取必要的措施予以纠正，保持工程质量形成过程的受控状态。处置分纠偏和预防改进两个方面。前者是采取有效措施，解决当前的质量偏差、问题或事故；后者是将目前质量状况信息反馈到管理部门，反思问题症结或计划的不周，确定改进目标和措施，为今后类似质量问题的预防提供借鉴。

2. 施工企业质量管理体系的建立和认证

（1）质量管理原则的意义

对于一个组织管理者，他若想成功地领导和经营其组织，须采用一种系统的、透明的方式对其组织进行管理。针对所有相关方的需求，实施并保持持续改进组织业绩的管理体系，可以使组织获得成功。一个组织的管理涉及多方面，如质量管理、环境管理、职业健康与安全管理、财务管理等。质量管理是组织各项管理的内容之一，也是组织管理的重要组成部分。

（2）质量管理原则的内容

①以顾客为中心

在当今的经济活动中，任何一个组织都要依存于它们的顾客。组织或企业由于满足或超过了自己顾客的需求，从而获得继续生存下去的动力和源泉。顾客第一，是质量管理理论的第一要义，即以顾客为中心，不断通过 PDCA 循环进行持续的质量改进来满足顾客的需求。

②领导作用

现场质量管理的领导者应该确立统一的宗旨和方向，创造并保持使职工能充分参与实现企业目标的内部环境。领导在企业的质量管理中起着决定性的作用。

③全员参与

各级人员都是组织之本，只有全员充分参与，才能使他们的才干为组织带来收益。产品质量是产品形成过程中全体人员共同努力的结果，其中也包含着为他们提供支持的管理、检查、行政人员的贡献。企业领导应对员工进行质量意识等各方面的教育，激发他们的积极性和责任感，为其能力、知识、经验的提高提供机会，促使其发挥创造精神，鼓励持续改进，给予必要的物质和精神奖励，使全员积极参与，为达到让顾客满意的目标而奋斗。

④过程方法

将相关的资源和活动作为过程进行管理，可以更高效地得到期望的结果。过程方法的原则不仅适用于某些简单的过程，也适用于由许多过程构成的过程网络。ISO 9000族标准是建立在一个过程控制的基础上，对可以进行测量、检查的机会和控制点实行测量、检测和管理，便能控制过程的有效实施。

⑤系统管理

将相互关联的过程作为系统加以识别、理解和管理，有助于组织提高实现其目标的有效性和效率。不同企业应根据自己的特点，建立资源管理、过程实现、测量分析改进等方面的关联关系，并加以控制，即采用过程网络的方法建立质量管理体系，实施系统管理。建立实施质量管理体系的工作内容一般包括：确定顾客期望，建立质量目标和方针，确定实现目标的过程和职责，确定必须提供的资源，规定测量过程有效性的方法，实施测量确定过程的有效性，确定防止不合格并清除产生原因的措施，建立和应用持续改进质量管理体系的过程。

（3）施工企业质量管理体系文件的构成

①质量方针和质量目标

质量方针和质量目标一般都以简明的文字来表述，是企业质量管理的方向和目标，应反映用户及社会对工程质量的要求即企业相应的质量水平和服务承诺，也是企业质量经营理念的反映。

②质量手册

质量手册是规定企业组织建立质量管理体系的文件，质量手册对企业质量体系做系统、完整和概要的描述。内容一般包括：企业的质量方针、质量目标，组织机构及质量职责，体系要素或基本控制程序，质量手册的评审、修改和控制的管理办法。

③程序文件

各种生产、工作和管理的程序文件是质量手册的支持性文件，是企业各职能部门为落实质量手册要求而规定的细则。企业为落实质量管理工作而建立的各项管理标准、规章制度都属于程序文件的范畴。一般有以下六个方面的程序为通用性管理程序，各类企业都应在程序文件中制定：文件控制程序、质量记录管理程序、内部审核程序、不合格品控制程序、纠正措施控制程序、预防措施控制程序。

④质量记录

质量记录是产品质量水平和质量体系中各项质量活动进行及结果的客观反映。质量记录以规定的形式和程序进行，并有实施、验证、审核等签署意见。

二、认知工程项目施工质量控制

（一）施工质量控制的依据与基本环节

1. 施工质量的基本要求

工程项目施工是实现项目设计意图形成工程实体的阶段，是最终形成项目质量和实现项目使用价值的阶段。项目施工质量控制是整个工程项目质量控制的关键和重点。施工质量要达到的最基本要求：通过施工形成的项目工程实体质量经检查验收合格。

2. 施工质量控制的依据

第一，与施工质量管理有关的、通用的、具有普遍指导意义和必须遵守的基本法规，主要包括国家和政府有关部门颁布的与工程质量管理有关的法律法规性文件。

第二，交通运输行业的各专业技术规范、文件，包括规范、规程、标准、规定等，含有关建筑材料、半成品和构配件质量方面的专门技术法规性文件，有关材料验收、包装和标志等方面的技术标准和规定，施工工艺质量等方面的技术法规性文件以及有关新工艺、新技术、新材料、新设备的质量规定和鉴定意见等。

第三，项目专用性依据，包括本项目的工程建设合同、勘察设计文件、设计交底及图纸会审记录、设计修改和技术变更通知，以及相关会议记录和工程联系单等。

3. 施工质量控制的基本环节

（1）事前质量控制

事前质量控制，即在正式施工前进行的事前主动质量控制，通过编制施工质量计划，明确质量目标，制订施工方案，设置质量管理点，落实质量责任，分析可能导致质量目标偏离的各种影响因素，针对这些影响因素制定有效的预防措施，防患于未然。事前质量控制必须充分发挥组织的技术和管理方面的整体优势，把长期形成的先进技术、管理方法和经验智慧，创造性地应用于工程项目。事前质量控制要求针对质量控制对象的控制目标、活动条件和影响因素进行周密分析，找出薄弱环节，制定有效的控制措施和对策。

（2）事中质量控制

事中质量控制是指在施工质量形成过程中，对影响施工质量的各种因素进行全面的动态控制。事中质量控制也称为作业活动过程质量控制，包括质量活动主体的自我控制和他人监控的控制方式。自我控制是第一位的，即作业者在作业过程中对自己质量活动行为的约束和技术能力的发挥，以完成符合预定质量目标的作业任务；他人监控是指作业者的质量活动过程和结果接受来自企业内部管理者和企业外部有关方面的检查检验，如工程监理机构、政府质量监督部门等的监控。

施工质量的自控和监控是相辅相成的系统过程。自控主体的质量意识和能力是关键，是施工质量的决定因素；各监控主体所进行的施工质量监控是对自控行为的推动和约束。

（3）事后质量控制

事后质量控制也称为事后质量把关，以使不合格的工序或最终产品（包括单位工程或整个工程项目）不流入下道工序、不进入市场。事后质量控制包括对质量活动结果的评价、认定，对工序质量偏差的纠正，对不合格产品进行整改和处理。控制的重点是发现施工质量方面的缺陷，并通过分析提出施工质量改进的措施，保持质量处于受控状态。

（二）施工准备阶段的质量控制与施工过程中的质量控制

1. 施工准备阶段的质量控制

（1）施工技术准备工作的质量控制

施工技术准备是指在正式开展施工作业活动前进行的施工准备工作。

施工技术准备工作的质量控制，包括：对上述技术准备工作成果的复核审查，检查这些成果是否符合设计图纸和施工技术标准的要求；依据经过审批的质量计划审查、完善施工质量控制措施；针对质量控制点，明确质量控制的重点对象和控制方法；尽可能地提高上述工作成果对施工质量的保证程度；等等。

（2）现场施工准备工作的质量控制

①计量控制

计量控制是施工质量控制的一项重要基础工作。施工过程中的计量，包括施工生产时的投料计量、施工测量、监测计量以及对项目、产品或过程的测试、检验、分析计量等。开工前要建立和完善施工现场计量管理的规章制度；明确计量控制责任者和配置必要的计量人员；严格按规定对计量器具进行维修和校验；统一计量单位，组织量值传递，保证量值统一，从而保证施工过程中计量的准确。

②测量控制

工程测量放线是建设工程产品由设计转化为实物的第一步。施工测量质量的好坏直接决定工程的定位和标高是否正确，并且制约施工过程有关工序的质量。因此，施工单位在开工前应编制测量控制方案，经项目技术负责人批准后实施。施工单位要对建设单位提供的原始坐标点、基准线和水准点等测量控制点进行复核，并将复测结果上报监理工程师审核，批准后施工单位才能据此建立施工测量控制网。

③施工平面图控制

建设单位应按照合同约定并充分考虑施工的实际需要，事先划定并提供施工用地和现场临时设施用地的范围，协调平衡和审查批准各施工单位的施工平面设计。施工单位要严格按照批准的施工平面布置图，科学合理地使用施工场地，正确安装设置施工机械设备和其他临时设施，维护现场施工道路畅通无阻和通信设施完好，合理控制材料的进场与堆放，以保持良好的防洪排水能力，保证充分的给水和供电。建设（监理）单位应会同施工单位制定严格的施工场地管理制度、施工纪律和相应的奖惩措施，严禁乱占场地和擅自断水、断电、断路，及时制止和处理各种违纪行为，并做好施工现场的质量检查记录。

2. 施工过程中的质量控制

（1）工序施工质量控制

①工序施工条件控制

工序施工条件是指从事工序活动的各生产要素质量及生产环境条件。工序施工条件控制就是控制工序活动的各种投入要素质量和环境条件质量。

工序施工条件控制的手段主要有检查、测试、试验、跟踪监督等。

工序施工条件控制的依据主要是设计质量标准、材料质量标准、机械设备技术性能标准、施工工艺标准以及操作规程等。

②工序施工效果控制

工序施工效果主要反映工序产品的质量特征和特性指标。对工序施工效果的控制就是控制工序产品的质量特征和特性指标能否达到设计质量标准以及施工质量验收标准的要求。

工序施工效果控制属于事后质量控制，其控制的主要途径：实测获取的数据、统计分析所获取的数据、判断认定质量等级和纠正质量偏差。

③工序质量控制点的设置

工序质量控制点是指在不同时期工序质量控制的重点。工序质量控制点包括：人的行为与物的状态，材料的质量和性能，施工方法与关键的操作，施工顺序，技术间隙与技术参数，常见的质量通病，新工艺、新技术、新材料的应用，质量不稳定、质量问题较多的工序，特殊土地基和特种结构。

（2）施工作业质量的自控

①施工作业质量自控的意义

施工作业质量的自控，从经营的层面上说，强调的是作为建筑产品生产者和经营者的施工企业，应全面履行企业的质量责任，向顾客提供质量合格的工程产品；从生产的过程来说，强调的是施工作业者的岗位质量责任，向后道工序提供合格的作业成果（中间产品）。因此，施工方是施工阶段质量的自控主体。施工方不能因为监控主体的存在和监控责任的实施而减轻或免除其质量责任。建筑施工企业对工程的施工质量负责；建筑施工企业必须按照工程设计要求、施工技术标准和合同的约定，对建筑材料、建筑构配件和设备进行检验，不合格的不得使用。

②施工作业质量自控的程序

A. 施工作业技术的交底

技术交底是施工组织设计和施工方案的具体化，施工作业技术交底的内容必须具有可行性和可操作性。从项目的施工组织设计到分部分项工程的作业计划，在实施之前都必须逐级进行交底，其目的是使管理者的计划和决策意图为实施人员所理解。施工作业交底是最基层的技术和管理交底活动，施工总承包方和工程监理机构都要对施工作业交底进行监督。作业交底的内容包括作业范围、施工依据、作业程序、技术标准和要领、质量目标以及其他与安全、进度、成本、环境等目标管理有关的要求和注意事项。

B. 施工作业活动的实施

施工作业活动是由一系列工序所组成的。为了保证工序质量的受控，首先要对作业条件进行再确认，即按照作业计划检查作业准备状态是否落实到位，其中包括对施工程序和作业工艺顺序的检查确认，在此基础上，严格按作业计划的程序、步骤和质量要求展开工序作业活动。

C. 施工作业质量的检查

施工作业的质量检查，是贯穿整个施工过程的最基本的质量控制活动，包括施工单位内部的工序作业质量自检、互检、专检和交接检查，以及现场监理机构的旁站检查、平行检验等。

③施工作业质量自控的要求

A. 预防为主

施工作业严格按照施工质量计划的要求，进行各分部分项施工作业的部署。同时，根据施工作业的内容、范围和特点，制订施工作业计划，明确作业质量目标和作业技术要领，认真进行作业技术交底，落实各项作业技术组织措施。

B. 重点控制

在施工作业计划中，一方面要认真贯彻实施施工质量计划中的质量控制点的控制措施；另一方面要根据作业活动的实际需要，进一步建立工序作业控制点，深化工序作业的重点控制。

C. 坚持标准

工序作业人员在工序作业过程中应严格进行质量自检，通过自检不断改善作业，并创造条件开展作业质量互检，通过互检加强技术与经验的交流。对已完工序作业产品，即检验批或分部分项工程，应严格坚持质量标准。

三、施工质量事故的处理

（一）施工质量事故的分类

1. 质量不合格和质量缺陷的定义

凡工程产品没有满足某个规定的要求，就称之为质量不合格；而未满足某个与预期或规定用途有关的要求，则称之为质量缺陷。

2. 工程质量事故的定义和分类

工程质量事故指由于勘测、设计、施工、监理、试验检测等责任过失而使工程在相关规定时限内遭受损毁或产生不可弥补的本质缺陷，因构造物倒塌造成人身伤亡或财产损失以及需加固、补强、返工处理的事故。

（二）施工质量事故的预防

1. 施工质量事故发生的原因

（1）技术原因

技术原因引发的质量事故是指在工程项目实施中因项目勘察、设计、施工中技术上的失误而造成的质量事故。例如，地质勘察过于疏略，对水文地质情况判断错误，致使地基基础设计采用不正确的方案，或结构设计方案不正确，计算失误，构造设计不符合规范要求，以及施工管理及实际操作人员的技术素质差，采用了不合适的施工方法或施工工艺等，这些技术上的失误是造成质量事故的常见原因。

（2）管理原因

管理原因引发的质量事故是指因管理上的不完善或失误引发的质量事故。例如，施工单位或监理单位的质量管理体系不完善、质量管理措施落实不力、检验制度不严密、质量控制不严格、检测仪器设备管理不善而失准，以及材料质量检验不严等原因引起的质量事故都属于管理原因引发的质量事故的范畴。

（3）社会、经济原因

社会、经济原因引发的质量事故是指因社会上存在的不正之风及经济上的原因，滋长了建设中的违法违规行为，而导致的质量事故。例如，违反基本建设程序，无立项、无报建、无开工许可、无招投标、无资质、无监理、无验收的"七无"工程，边勘察、边设计、边施工的"三边"工程，以及某些施工企业盲目追求利润而不顾工程质量，在投标报价中随意压低标价，中标后则依靠违法的手段或修改方案追加工程款，甚至偷工减料等。这些因素都会导致发生重大工程质量事故。

2. 施工质量事故预防的具体措施

（1）严格按照基本建设程序办事

要做好项目可行性论证，不可未经深入调查分析和严格论证就盲目拍板定案；要彻底搞清工程地质水文条件后方可开工；杜绝无证设计、无图施工；禁止任意修改设计和不按图纸施工；工程竣工不进行试车运转、不经验收不得交付使用。

（2）认真做好工程地质勘察

地质勘察时要适当布置钻孔位置和设定钻孔深度。钻孔间距过大，不能全面反映地基实际情况；钻孔深度不够，难以查清地下软土层、滑坡、墓穴、孔洞等有害地质构造。地质勘察报告必须详细、准确，防止因根据不符合实际情况的地质资料而采用错误的基础方案，从而导致地基不均匀沉降、失稳，使上部结构及墙体开裂、破坏、倒塌。

（3）科学地加固处理好地基

对软弱土、冲填土、杂填土、湿陷性黄土、膨胀土、岩层出露、岩溶、土洞等不均匀地基要进行科学的加固处理。要根据不同地基的工程特性，按照地基处理与上部结构相结合使其共同工作的原则，从地基处理与设计措施、结构措施、防水措施、施工措施等方面综合考虑治理。

（4）进行必要的设计审查复核

要请具有合格专业资质的审图机构对施工图进行审查复核，防止因设计考虑不周、结构构造不合理、设计计算错误、沉降缝及伸缩缝设置不当、悬挑结构未通过抗倾覆验算等，导致质量事故的发生。

（5）严格把好建筑材料及制品的质量关

要从采购订货、进场验收、质量复验、存储和使用等几个环节，严格控制建筑材料及制品的质量，防止不合格或变质、损坏的材料和制品用到工程上。

（三）施工质量事故处理的依据、程序和方法

1. 施工质量事故处理的依据

（1）质量事故的实况资料

质量事故的实况资料包括：质量事故发生的时间、地点，质量事故状况的描述，质量事故发展变化的情况，有关质量事故的观测记录、事故现场状态的照片或录像，事故调查组调查研究所获得的第一手资料。

（2）有关合同及合同文件

有关合同及合同文件包括工程承包合同、设计委托合同、设备与器材购销合同、监理合同及分包合同等。

（3）有关的技术文件和档案

有关的技术文件和档案主要包括有关的设计文件（如施工图纸和技术说明）以及与施工有关的技术文件、档案和资料，如施工方案、施工计划、施工记录、施工日志、有关建筑材料的质量证明资料、现场制备材料的质量证明资料、质量事故发生后对事故状况的观测记录、试验记录或报告等。

2. 施工质量事故报告和调查处理程序

（1）事故报告

工程质量事故发生后，事故现场有关人员应当立即向工程建设单位负责人报告；工程建设单位负责人接到报告后，应于一小时内向事故发生地县级以上工程建设主管部门及有关部门报告；同时应按照应急预案采取相应措施。情况紧急时，事故现场有关人员可直接向事故发生地县级以上工程建设主管部门报告。

事故报告应包括下列内容：事故发生的时间、地点、工程项目名称、工程各参建单位名称，事故发生的简要经过、伤亡人数和初步估计的直接经济损失，事故原因的初步判断，事故发生后采取的措施及事故控制情况，事故报告单位、联系人及联系方式，以及其他应当报告的情况。

（2）事故调查

事故调查要按规定区分事故的大小，分别由相应级别的人民政府直接或授权委托有关

部门组织事故调查组进行调查。未造成人员伤亡的一般事故，县级人民政府也可以委托事故发生单位组织事故调查组进行调查。事故调查应及时、客观、全面，以便为事故的分析与处理提供正确的依据。调查结果要整理撰写成事故调查报告，其主要内容应包括：事故项目及各参建单位概况，事故发生经过和事故救援情况，事故造成的人员伤亡和直接经济损失，事故项目有关质量检测报告和技术分析报告，事故发生的原因和事故性质，事故责任的认定和事故责任者的处理建议，事故防范和整改措施。

（3）事故的原因分析

事故的原因分析要建立在对事故情况调查的基础上，避免情况不明就主观推断事故的原因。特别是对涉及勘察、设计、施工、材料和管理等方面的质量事故，事故的原因往往错综复杂，因此，必须对调查所得到的数据、资料进行仔细的分析，依据国家有关法律法规和工程建设标准分析事故的直接原因和间接原因，必要时可组织对事故项目进行检测鉴定和专家技术论证，去伪存真，找出造成事故的主要原因。

（4）制订事故处理的技术方案

事故的处理要建立在原因分析的基础上，要广泛地听取专家及有关方面的意见，经科学论证，决定事故是否要进行技术处理和怎样处理。在制订事故处理的技术方案时，应做到安全可靠、技术可行、不留隐患、经济合理，具有可操作性，满足项目的安全和使用功能要求。

（5）事故处理的内容

事故处理的内容包括：事故的技术处理，按经过论证的技术方案进行处理，解决事故造成的质量缺陷问题；事故的责任处罚，依据有关人民政府对事故调查报告的批复和有关法律法规的规定，对事故相关责任者实施行政处罚，负有事故责任的人员涉嫌犯罪的，应依法追究其刑事责任。

（6）事故处理的鉴定验收

质量事故的技术处理是否达到预期的目的，是否依然存在隐患，应当通过检查鉴定和验收做出确认。事故处理的质量检查鉴定，应严格按施工验收规范和相关质量标准的规定进行，必要时还应通过实际量测、试验和仪器检测等方法获取必要的数据，以便准确地对事故处理的结果做出鉴定，形成鉴定结论。

（7）提交事故处理报告

事故处理后，必须尽快提交完整的事故处理报告，其内容包括：事故调查的原始资料、测试的数据，事故原因分析和论证结果，事故处理的依据，事故处理的技术方案及措施，实施技术处理过程中有关的数据、记录、资料，检查验收记录，对事故相关责任者的处罚情况和事故处理的结论，等等。

3. 施工质量事故处理的基本要求

第一，质量事故的处理应达到安全可靠、不留隐患、满足生产和使用要求、施工方便、经济合理的目的。

第二，消除造成事故的原因，注意综合治理，防止事故再次发生。

第三，正确确定技术处理的范围和正确选择处理的时间和方法。

第四，切实做好事故处理的检查验收工作，认真落实防范措施。

第五，确保事故处理期间的安全。

第八章 道路桥梁养护维修

第一节 道路桥梁养护维修与管理

一、公路桥梁养护维修的要点

(一) 桥面铺装的维修养护要点

1. 铺装桥面

在铺装桥面的过程中，如果铺装层出现厚度不均匀、结构强度不够的现象，那么在车轮的反复作用下桥面将会出现微网状裂缝。随着时间的不断推移，水将会渗入桥面板进一步腐蚀破坏桥面，进而在一定程度上使得桥面发生变形、网裂和坑槽等。

2. 破坏桥面铺装层的后果

破坏桥面铺装层产生的后果是非常严重的，甚至直接关系到桥梁功能的正常发挥，进一步出现冲击、跳车、产生噪声等问题，使行车的舒适性受到严重的影响，同时运营水平也大大降低。桥面破坏在一定程度上大大降低了桥面结构的耐久性和承载力，甚至直接威胁到行车的安全性。一旦破坏桥面铺装层，就难以通过维修养护、局部修补或盖被等方式解决，进而增加了养护维修的难度，同时增加了养护费用。破坏桥面铺装的原因主要是结构层偏薄、混凝土强度低以及施工质量差。另外，结合面强度不够以及车辆超载等也是重要的原因。

3. 日常养护须知

第一，经常清扫，清除道路表面的泥土、杂物和积雪以及积水等，在一定程度上保持桥面的平整度和清洁性。

第二，对于沥青混合料桥面，及时处置出现的泛油、拥包、裂缝、波浪、坑槽、车辙等病害，通过局部修补的方式，解决损坏面积较小的问题；如果损坏面积比较大，需要凿除整跨铺装层，对铺装层进行重铺。为了避免增加桥梁荷载，一般情况下，在原桥面上不进行直接加铺。

第三，对于水泥混凝土桥面，如果桥面出现断缝、拱胀、错台、起皮等，需要及时进行处理。当桥面损坏面积较大时，凿除原铺装整块或整跨，对铺装层进行重铺。

（二）桥头跳车维修养护要点

1. 土体滑移

土体滑移是由于不符合设计要求，台背填土速度过快，进而造成压实不密，加快了沉降速度，增加了对台背挡土墙等构造物的挤压力。如果不及时构筑台前护坡、挡墙等结构物，在一定程度上可造成土体滑移，甚至对压实效果产生影响，严重时危害到桥基。

2. 工期紧

对台背、台墙后侧、翼墙内侧进行填土时，在施工作业面的影响和制约下，由于工期紧而且不易使用压实机械等，进而难以符合相应的规定要求。

3. 设计混凝土路面考虑不周

在设计桥头混凝土路面的过程中，因考虑不周进而为施工质量埋下隐患。

4. 对病害缺乏足够认识

对桥头沉陷病害缺乏足够认识。填料质量关没有把好，以及施工时没有考虑气候因素，进而使得路面产生沉降。

为了彻底解决桥头跳车问题，在选择解决方法时：一方面对老桥两侧接线路基的沉降造成的桥头跳车进行综合考虑；另一方面对桥头刚度突变和纵坡突变引起的跳车进行综合考虑。当桥路连接因桥头搭板脱空、断裂、枕梁下沉等因素出现不平顺时，就会出现桥头跳车，可通过采用调整桥头纵坡的方式进行处理，同时结合修复伸缩缝和桥头路基的方式对桥头跳车问题进行处理，进而在一定程度上对桥头跳车进行治理。

（三）支座养护维修与养护要点

1. 经常养护桥梁支座，在养护过程中，需要注意

第一，保持支座各部的完整性、清洁性，至少半年清扫一次；

第二，滚动支座的滚动面应定期涂润滑油；

第三，采取措施对钢支座进行相应的除锈防腐处理；

第四，钢支座各部的连接螺栓要及时地拧紧，并且在一定程度上保持支承垫板的平整性、牢固性；

第五，避免橡胶支座与油污接触，防止发生老化、变质等；

第六，滑板支座、盆式橡胶支座等通过防尘罩进行遮挡，同时防尘罩需要保持完好，对支座内进行防尘埃、防雨雪等。

2. 发生下列情况，导致支座不能正常工作时，需要修整或更换支座

第一，剪断支座的固定钳销，发生滚动，出现不平整，轴承存在裂纹或切口，在这种情况下必须更换支座；

第二，支座座板变形、翘起、断裂时，需要更换支座，支座的焊缝发生开裂时，需要进行整修；

第三，对于板式橡胶支座来说，如果其出现脱空或不均匀压缩变形，在这种情况下需要进行调整；

第四，板式橡胶支座的剪切变形过大，或者出现中间钢板外露、橡胶开裂老化，在这种情况下需要及时更换板式橡胶支座；

第五，油毡垫层支座失去功能时，需要进行及时更换或调整。

(四) 伸缩缝装置维修养护要点

1. 混凝土养护

在混凝土初凝后，采用草帘等遮挡物对混凝土进行及时的覆盖，经常浇水，进行保湿，养护时间大于七昼夜。

2. 交通管制

混凝土养护期间，安排专人对交通进行管制，进而在一定程度上做好防护、封闭措施。

(五) 排水系统及防水层维修养护要点

第一，保持桥面泄水管、排水槽的通畅性，发现堵塞及时疏通。

第二，对于梁式桥来说，当防水层发生损坏时，需要进行及时修整。

第三，选用隔水性能良好的材料对防水层进行处理；在铺设防水层的过程中，气温不得低于5℃。

第四，对于桥面来说，其横坡需要保持1.5%~3.0%的坡度，进而在一定程度上便于

桥面排水。

第五，当桥头接坡纵坡坡度超过3%时，通过在桥头设置相应的截水沟，进而在一定程度上防止雨水进入桥面。

第六，如果排水系统是封闭式的，需要对其畅通性进行定期的检查；抽水泵等系统设施是否正常工作，管道出现堵塞需要及时疏通，如果出现损坏需要进行及时更换。

二、公路桥梁养护管理

（一）桥梁病害成因分析

1. 负荷超载

有些桥梁修建质量较低，由于早期桥梁荷载等级要求低，同时由于资金短缺降低了设计及施工标准，加上技术管理薄弱，施工质量不能保证这些桥梁的使用寿命。桥梁的超载现象是客观存在的：

一是早期修建的老桥超龄超负载运营。

二是违规超载车辆的存在。大量的交通流量和超载车辆使桥梁处于疲劳状况加剧损坏，甚至会出现一些由于超载引发的结构破坏事故。

2. 养护资金短缺

桥梁养护资金短缺，养路不养桥、重建不重养，桥梁失养现象比较普遍，桥面不平整、引道路面与桥衔接处不平整，导致桥头跳车影响车速，增加桥梁构件疲劳，长期下去会影响桥梁使用寿命。桥梁伸缩缝破损，各部件出现裂缝、空洞、砼剥落、露筋等病害，在日常养护中不能及时修补处理，最后病害逐渐扩大，成为危桥。

3. 缺少桥隧检测设备

资金投入不足，缺少桥隧检测设备，使经常性检查流于形式，无法准确发现和掌握桥梁的技术状况。

4. 专业技术参差不齐

专业技术及业务能力参差不齐，不能准确描述桥梁的病害特征，也不能准确地对桥梁病害的技术状况进行判断，对存在隐患的桥梁不能及时采取养护管理措施，延缓了处治时间。

5. 人类活动影响较大

人类活动的影响也较大，路政执法力度不够，如桥位上下河道挖砂取石造成河床下切，桥梁基础外露，改变河道水流形式造成局部冲刷，以及在桥梁下部堆积易燃物，一旦失火对桥梁结构将会造成很大损失。

6. 桥梁养护和管理过程中存在的问题

（1）养护不到位

桥梁养护不到位、维修不及时，如某一座桥面不整洁、泄水孔堵塞、伸缩缝砂泥不清理使其桥面积水，伸缩缝破损造成局部构件变形损坏。

（2）桥面不平整

桥面不平整使车辆颠簸增加桥梁构件疲劳，如不及时改善将缩短桥梁的使用寿命。

（3）衔接处不平整

引道路面和桥衔接处不平整导致桥头跳车，使其桥台及支座受力增大，从而造成局部构件损坏影响桥梁使用寿命。

（4）桥梁构件损坏

桥梁构件损坏不及时维修造成混凝土剥落，钢筋外露锈蚀，使雨水泥浆通过破损伸缩缝流入桥台支座造成支座功能降低影响桥梁使用寿命。

（5）桥梁养护管理不到位

①桥况不明

桥况不明是指桥梁资料不全、桥梁技术状况不清等，是由于技术资料不及时归档造成的。对桥梁不进行定期检查检验，对桥梁病害的状况、病害发展过程不清楚，无法进行归纳和对桥梁病害成因分析。

②桥梁技术状况不统一

桥梁技术状况在各类报表资料中混乱，表与表之间不统一，容易造成病害混淆不清。

③漏检严重

不仔细的检查会造成病害出现时间混乱，不能准确反映桥梁的技术状况。

④检查不规范

桥梁检查不规范、不系统。只检查表中对应部构件，出现病害后未对其他影响部构件损坏的原因进行分析检查，影响桥梁构部件的整体受力或受力不均导致桥梁局部构件损坏，加剧影响桥梁安全。

⑤日常养护不到位

由于日常养护和管理过程中出现的不到位，直接影响桥梁检查的客观性和真实性，无法根据日常养护和管理数据归纳分析病害成因，影响上级决策及加固维修等处治方案，使桥梁经常处于疲劳状况，部构件损坏，加剧影响桥梁寿命和行车安全。

（二）加强桥梁养护管理的措施或方法

1. 加强桥梁日常养护

（1）经常性检查

各段必须每月对辖区桥梁进行一次经常性检查，经常性检查除按有关规定检查外，还要对桥梁周边高危边坡及桥梁基础持力层等安全隐患进行检查，对检查中发现的问题做好病害成因分析，及时上报上级主管部门。定期检查应按照部颁标准规定的频率进行（三年一次，特殊结构桥梁一年一次）。

（2）三、四、五类桥梁加大检查频率

对于三、四、五类桥梁应加大检查频率，对定期检查中难以判断损坏原因及程度的桥梁，四、五类桥梁应及时采取临时交通管制措施并上报省公路局安排特殊检查，同时进行桥梁监测，做好监测点的布设，详细记录桥梁病害的发展变化。为准确、及时掌握桥梁的技术状况，须配备望远镜、回弹仪、超声波测试仪、钢筋锈蚀测量仪、裂缝刻度放大仪等常规检查设备。

2. 加强日常养护管理

（1）依照评定的各类桥梁采取不同的养护措施

①一类桥梁进行保养维护；

②二类桥梁进行小修或保养；

③三类桥梁进行中修；

④四类桥梁进行大修或改建并及时进行交通管制；

⑤五类桥梁进行改建或重建并及时关闭交通。

加固处治后的桥梁必须恢复至一、二类，对已加固改建的桥梁要及时销号。对不能及时处治的桥梁病害要立即设立警示标志，明确交通管制措施，安排专人监测桥梁病害，及时向上级桥梁养护工程师报告以获取技术支持，确保桥梁运营安全。

（2）落实"三加二"制度

桥梁安全管理要落实"三加二"制度。即基层县段针对每一座桥梁要落实一名行政领导、一名桥梁工程师、一名桥梁巡查路政员三个责任人，每个基层道班要落实一名班长，一名养护工人两个责任人。市局与各县段签订桥梁安全"三加二"责任书，按规范及相关要求逐条落实巡检查责任，实行六级责任制并层层落实管理责任，建立责任档案。把桥梁养护目标、养护责任、责任追究三项内容细化、量化，分解到每个单位、每个人、每个环节，形成目标逐级细化、责任层层深化、责任追究逐级明朗化的"链条式"责任管理制度。

（3）加强应急处置管理

①做好应对桥梁突发事件的准备

切实做好应对桥梁突发事件的人员、物资、资金保障工作，做好应急演练，积累经验确保应急工作正常有序进行。实行危桥病隧"动态报告"制度，特别是在汛期应每天逐级报告24小时内的运营安全情况。

②加强交通管制

加强交通管制，落实桥梁的管制安全，确保桥梁运营安全。对一、二类桥梁按设计荷载标准限制通行；对三类桥梁按设计荷载标准降一级限制通行；对四类桥梁采取"单车、居中、限速、匀速、限宽"等综合措施，设计荷载降一级限制通行，并落实专人现场管制；对五类桥梁必须封闭，并制定绕行路线、交通管制应急预案等综合措施及标志标牌，同时加强信息报送，及时将有关桥梁管制措施、路线分流方案、通行情况等上报省局路网调度中心，通过媒体、报纸等渠道向社会公布路况信息，保证公路安全畅通。

（4）加强桥梁治超管理

①禁止采砂

禁止桥位处河道上下游开山采砂，使河道变窄或增大桥梁基础，冲刷桥下范围内的违章用地等人类活动；加大宣传力度，联合当地政府媒体、公安交警部门定期对超载超限车辆以及河道挖砂取石等活动进行管理。

②宣传桥梁的安全隐患

对桥梁产生的安全隐患进行大力宣传，提高人们的安全意识，同时要加强特殊结构桥梁的安全监测评估制度和预警制度，对桥梁的重要受力构件，委托有资质的桥梁检测单位每年进行一次定期监测，及时掌握这些重要构件在外部荷载作用下的技术状况，若存在重大安全隐患，应立即发布预警信息并采取相关的应急措施，启动应急预案确保桥梁安全。

（5）认真落实桥梁工程师制度

认真落实桥梁工程师制度，确保专职桥梁养护工程师到位，加强业务培训，提高桥梁养护人员和桥梁工程师的整体素质，迅速准确了解掌握新工艺、新技术，提高养护管理水平，及时对桥梁养护和对桥梁进行经常性定期检查，及时准确全面掌握桥梁技术状况，保障桥梁安全通行。

（6）实施动态管理

①"一桥一档"

完善管理档案，实施动态管理，提高桥梁养护管理科学化、规范化程度。由桥梁工程师牵头组织技术过硬、经验多的专业技术人员对桥梁进行全面细致的检查，按照"一桥一档"的要求，填写计算桥梁的技术等级并应用到桥梁养护管理系统中，建立健全公路桥梁技术档案，并根据经常性和定期检查结果及时更新桥梁数据库，保证公路桥梁技术档案真实完整，实现电子化管理，为制定相应的养护维修加固措施提供科学依据。

②"预防为主、防治结合"

为了加强公路桥梁养护管理工作，保持桥梁经常处于正常使用状态，保证车辆畅通安全。首先，在桥梁养护工作中必须按照"预防为主、防治结合"的原则，以桥面养护为中心，以承重部件为重点，加强全面养护，推广应用先进的养护技术和科学的管理办法，改善养护生产，提高养护水平，大力推广和发展公路桥梁养护机械和新工艺、新技术；其次，要建立健全公路桥梁养护"链条式"责任目标。

③周期性检查

依据管理制度以及公路桥梁的检查评定制度对公路桥梁进行周期性检查，系统地掌握其技术状况，及时发现缺损和相关环境的变化。按桥梁检查结果对桥梁技术状况进行分类评定，找准病害成因，制定相应的养护处理对策，建立公路桥梁管理系统和公路桥梁数据库，实施桥梁病害全方位监控，实行科学决策，建立健全特大、特殊结构桥梁的应急保畅预警等预防决策系统，以确保桥梁的安全畅通。

（三）当前公路桥梁失养问题分析

1. 加强公路桥梁养护与管理应采取的措施

（1）建设桥梁养护专业化队伍

①桥梁管养方面

在桥梁管养方面，应根据养护里程、辖区内桥梁数量设立若干名专职桥梁养护工程师，并保证其工作性质的相对稳定，不能随意变动。

②桥梁职责方面

在其职责上，桥梁养护工程师负责制订、安排桥梁年度定期检查计划，组织实施辖区内桥梁养护的定期检查，作出检查报告，通报三、四类极危险桥梁的病害状况。

③养护工人专业性

从目前的养护队伍现状来看，养护工人素质参差不齐，很难做到真正的专业养护。这就要求各级公路部门高度重视，针对桥梁养护工作的需要，要逐步培养骨干，成立专业养护队。

④专职养护

桥梁专职养护，要突出的是一个"专"字，努力做到专业人员、专门程序、专用方法，以保证桥梁工程师的工作部署落实到位，随时掌握桥梁的使用状况，处置各种危急突发事件，并使队伍逐渐从日常养护过渡到具备进行桥梁中、小修甚至大修的能力。

（2）建立健全完善的桥梁档案

①竣工资料内容

需要提供的竣工资料包括：每座桥的原设计、变更设计、竣工图纸、隐蔽工程图片和检测资料以及桥下河流的水文计算等。

②桥梁定期检查

对桥梁的检查，应按照桥梁定期检查的要求进行，检查结果交管理单位留存。管理单位要按照桥梁管理系统的要求采集桥梁的静态数据和动态数据，建立数据库，输入计算机立档保存，这可为以后桥梁的维护提供资料支持。

（3）落实桥梁经常性检查

①认真细致

在进行桥梁检查的时候，应认真细致地对每一细节进行检查，不应马虎了事。在桥梁检查时走马观花、应付了事的工作态度是不可取的。一般来说，桥梁的初期病害表现是比较细微的，比如板梁的裂纹、支座的轻微移位等，这些病害对整座桥梁的安全使用构成极大的潜在危险。所以，在桥梁检查过程中，特别是对于承重结构，应认真细致地进行检查，必要时可借助一些小工具，如放大镜、卡尺等。

②持之以恒

桥梁病害是不断变化的，桥梁的病害基本上是不会突然就出现的，通常是经过日积月累，由细微发展到显而易见。这要求桥梁检查人员应严格按照规范的要求来进行周期性的检查，密切注意病害的发展情况。

③应及时提出维修方案

桥梁检查的目的是及时发现病害，并根据病害的情况提出相应的保养、维修方案。桥梁检查人员在进行桥梁检查后，应根据病害的情况进行整理分析，提出哪些部分应进行保养、哪些部位应进行维修、是否应进一步检测等报告，以向决策者提供有效的依据，及时对桥梁进行相应的保养、维修工作。

④检查评定分类

a. 一类的桥梁应进行正常的养护工作；

b. 二类桥梁须进行小修保养工作；

c. 三类桥梁须进行中修，根据病害的情况考虑进行交通管制；

d. 四类桥梁须进行大修或改造，及时进行交通管制，如限载、限速通过，当缺损较严重时应关闭交通；

e. 五类桥梁需要进行改建或重建，及时关闭交通。

2. 加强日常养护

（1）路面病害的养护

公路桥梁的路面采用混凝土结构的较为常见，这种路面最易发生的病害就是路面破损，养护人员需要及时发现并进行病害部分的修补，否则病害部位会逐渐恶化，直至影响行车安全。对于破损的路面，一般的做法是预防为主、修补为辅，在病害未发生前对路面进行合理的养护管理。

（2）裂缝的养护

随着使用年限的增加，公路桥梁部分结构会出现一些裂缝，而且，随着使用时间的推移，裂缝会逐渐变宽、变深，直至影响整个公路桥梁的运行安全。在公路桥梁的结构中，虽然设计了一些伸缩缝，但是对于整座桥梁来说，其路面的完整性是很难控制的。在对混凝土路面裂缝修补养护时，对于较小的裂缝，先将裂缝清理干净，再灌注环氧树脂或其他环氧材料；对于较大的裂缝，先凿除至新鲜混凝土面，再灌注新拌混凝土进行修补，新拌混凝土的强度不能低于原混凝土的设计强度。

（3）加强预防性检测

首先，桥面不整洁，泄水口堵塞，泥污堆积，在晴天易扬尘，在雨天桥面积水，不仅影响行车安全，而且还会加速桥面和桥梁构部件的"老化"；其次，桥面铺装若出现裂缝，轻则使铺装层受损，引发路面坑槽和剥落，影响行车安全，重则污水下渗，影响桥梁的梁体结构，缩短桥梁的使用年限。因此，在桥梁养护工作中必须重视小修，及时采取修补措施。

第二节 道路桥梁养护维修与加固改造技术

一、桥梁的养护管理

（一）目前中小桥梁养护和管理所存在的问题

1. 交通量问题

交通量问题越来越大，旧桥的承载能力已经不能满足新的荷载等级要求。

2. 桥梁耐久性问题

由于设计考虑欠周, 钢筋腐蚀、冻融损坏、碱集料反应和化学物质侵袭、环境影响等, 使得结构的承载力会随着时间的推移而降低。尤其是当混凝土保护层剥露、钢筋被腐蚀后, 其有效截面积会不断减小, 就使得结构的承载能力迅速下降, 并不可恢复, 严重时还会出现钢筋断裂。当结构的剩余承载能力低于作用荷载时, 桥梁结构就有可能被破坏。因此, 由钢筋腐蚀病害而引起的桥梁耐久性问题已成为一个非常突出的灾害性问题。

3. 疲劳问题

桥梁所采用的材料往往含有微小的缺陷, 在循环荷载作用下, 这些微缺陷 (微裂纹和微孔洞) 会成核、发展及合并形成损伤, 并逐步地在材料中形成宏观裂纹。如果宏观裂纹得不到有效控制, 极有可能会引起材料、结构的脆性断裂。疲劳损伤是钢桥设计中的核心问题, 有不少因疲劳断裂引起桥梁垮塌的案例。早期疲劳损伤往往不易被检测到, 但其带来的后果可能是灾难性的。

4. 桥梁的超载

桥梁的超载现象是客观存在的, 在某些路段十分突出, 有两种情况:

一种情况是早期修建的老桥超龄、超负载运营; 另一种情况是违规超载车辆的存在。前者主要是设计规范的变化和交通量的增加及重载车辆的发展所致, 这种现象是必然的; 后者是由于车辆使用者违反交通运输法规超载营运, 这样的违规超载现象在中国公路运输中是很普遍的。超载会使桥梁损伤和裂缝加剧, 甚至会出现一些过载引发的结构破坏事故。

(二) 桥梁养护管理措施

1. 配备检查人员

为了了解桥梁的实际状况, 需要对其进行检查, 这就必须配备必要的检查人员。这些人员中的一部分, 应当具有桥梁专业知识, 有一定的实践经验, 并对管辖范围内的桥梁病害历史有所了解和记忆 (这就需要有精干的常规维修队伍, 而不是临时拼凑的人员)。也必须在桥梁上安设固定及活动的检查设备, 检查人员还应当携带必要的观察仪表。

2. 各级领导和管理部门要充分重视

解决桥梁维护的检查设备和仪表问题, 并不困难。只要各级领导和管理部门充分重视, 拨发少量专款, 可由养护维修单位分期分批予以添设。建议颁发强制性条文, 以强调检查设备的重要。

3. 桥梁病害的分析和旧桥、危桥的大修加固

（1）设计构造得不全面

设计理论固然十分重要，但其往往为了实用和可能，而对问题做了必要的简化，忽略了一些难于计及的因素，有些设计构造只是经验使然，缺乏理论基础，桥梁的实际工作状况和这些尚有一定的距离。病害分析时必须花更大精力，要尽可能去收集已经丢失的原始技术资料，更多地考虑桥梁的实际工作条件和状态，进行必要的试验检测，才能找准原因，对症下药，去进行维修、加固或局部改造。

（2）技术工人队伍素质的提升

桥梁设施的管理、养护部门，也很需要一支素质很高的、稳定的工程技术人员和技术工人队伍。他们的工作以社会需要和社会效益为主要归宿（当然有其广义的、长远的、重大的经济效益），其事业性质似乎不宜变更。为保持桥梁经常处于良好状态，延长其使用寿命，要对中小桥梁病害进行检查和分析、修理和加固、局部更新和全部重建等。

（三）中小桥梁病害

第一，桥梁在自然环境中受到侵蚀而产生病害。

第二，桥位不当、桥跨孔径不足或基础深度不够等引起的病害。

第三，桥梁圬工质量不高造成的病害。

（四）桥梁养护工作

1. 桥梁日常保养工作

第一，保持桥梁清洁，清除积水、冰雪、煤烟、污垢和尘土等，保养好各种螺栓，打紧道钉和防爬器。

第二，修理桥面木质的个别部分；修补桥梁小片的油漆，添换防火用的砂水；保养标志等。

2. 桥梁计划维修工作

桥面修理，钢梁局部油漆，钢结构（包括支座）修理，圬工梁拱及墩台修理，防护设备及调节河流建筑物的修理，安全检查及照明设备的修理。

3. 桥梁大修工作

第一，更换整孔桥面；油漆整孔钢梁；加固或更换钢梁、圬工梁拱、桥梁墩台及基础；进行桥梁扩孔。

第二，更换或增设圬工梁拱防水层，进行整座木桥大修，整治河道，增设或修理防护设备及调节河流建筑物。

第三，增设或更换安全检查设备等。

4. 栏杆伸缩缝和桥面板及伸缩缝的养护

第一，栏杆日常保持完好状态，如有缺损及时补齐。钢筋混凝土栏杆发生裂缝或脱落，可灌注环氧树脂，或凿除损坏部分，重新修补完整。桥头端柱及导向柱油漆要鲜明，经常校正歪斜。

第二，缘石要经常保持完好，如有缺损要及时修补或更换。

第三，经常养护伸缩缝，使其发挥正常作用。对 U 形伸缩缝要防止杂物嵌入；梳齿形伸缩缝有震断时要及时修复；橡胶伸缩缝损坏或者老化，要经常修理，适时更换。

第四，桥面排水管、排水横槽要及时疏通，不够长的要接长，避免桥面水顺侧墙、腹板流泻。

二、钢筋混凝土桥的养护

（一）钢筋混凝土桥的养护

第一，钢筋混凝土构件如果发生允许范围内的裂缝，可涂刷环氧树脂或水玻璃封闭。裂缝超过允许范围时，应灌注环氧树脂充填。裂缝大于 0.4cm 时要凿开裂缝，扫尽细土，立模补以环氧砂浆或者高标号水泥砂浆。裂缝较大时则采用小石子混凝土补强。裂缝严重时，应采用加固或者更换构件的办法解决。

第二，钢筋混凝土构件出现露筋、剥落时，应消除铁锈，凿去松动的保护层，用环氧砂浆修补；损坏面积过大时，要立模重新浇筑混凝土，或喷注高标号水泥砂浆。

第三，预应力混凝土箱梁，要经常开启窗口，保持通风，减少因内外温差引起的裂缝。

（二）加强桥梁支座的养护

第一，支座各部分应保持完整、清洁，清除垃圾冰雪，确保梁跨自由伸缩。

第二，在滚动支座上要定期涂润滑油，涂油前要揩净滑动面。

第三，支座各部分除钢辊和滚动面外，都要涂油漆保护，以防生锈。

第四，检查锚栓的坚固程度，垫层要平整紧密，拧紧结合螺栓。

第五，油毡支座失效要立即更换，摆柱式支座若脱落露筋要更换，切线弧形支座要防止生锈。

第六，橡胶支座要排除墩台面积水，防止支座变质老化，如老化，要及时更换。

（三）桥墩及基础的养护

1. 桥梁加固的任务和形式

第一，桥梁使用一定年限后出现结构陈旧老化、破损等影响到原有设计承载能力而危及运行的，必须予以修补，使其恢复到原有的设计承载能力；

第二，桥梁基本完好，但当初设计标准低，经过一段时间的交通发展，荷载标准或桥上、桥下的净空不能满足新交通的需要，须对其加强才能适应新的交通要求；

第三，桥梁设计标准合理，桥梁基本完好，但桥梁遇到某种特殊需求，比如增加了原设计没有考虑的荷载或结构变化，因此需要临时加强。

对上述三种情况下的桥梁进行加固后，可以延长桥梁的使用寿命，用少量的资金投入，使桥梁能满足交通量的需求，缓和桥梁投资的集中性。

2. 桥梁加固存在的问题

第一，已通车的桥梁，有现实的交通需要，因此要求在不中断交通的情况下进行维修加固，所以维修加固时可能有交通干扰。

第二，结构形式的限制。加固的原则一般利用原有结构进行，只能在原有结构上做文章，所以受到限制。

第三，新老结构的结合是个难题，这里不仅包含新老结构的变化和过渡，还包括新老桥体的结合面。

第四，风险大。凡是须维修加固的桥梁，多半是危桥。对旧桥有的缺乏原有设计资料和施工记录，结构内部情况不详；现有的受力情况不一样，很难确定其结构极限，这给旧桥加固带来了风险。

3. 桥梁加固的方法

与维修养护是为保证桥梁正常运行状态做保护性和预防性工作不同，桥梁加固是从承载力的角度来处理的。一般来说，加固方案可以考虑减小内力或增大截面，也可以应用新材料加固。目前，混凝土桥梁加固方法主要有两种：一种是结构性加固，如采用体外预应力，在结构的受拉区粘贴钢板或增设钢结构支撑；另一种是非结构性加固，如对裂缝进行封闭或压浆处理等。

第三节 桥梁养护维修与突发事件处置

一、桥梁日常养护与维修

(一) 桥梁日常养护

桥梁是公路的重要组成部分，桥梁的安全状况直接影响到道路的畅通与否，进而影响到区域经济的发展，因此桥梁养护工作十分重要。公路运输对公路桥梁的通行能力和承载能力的要求越来越高，对桥梁的养护维修和加固工作已越来越高，因此桥梁养护必须得到加强。现结合实际情况，作如下介绍：

1. 领导重视，认识到位

近年来，随着养护事业的发展，一些新的养护理念和思路逐渐被桥梁养护工作者所接受，应用于日常养护工作中。

(1) 改变旧的思想与观念

领导高度重视桥梁养护，彻底改变以往养护中"养路不养桥""重建设，轻养护""重路轻桥"等养护工作中的老思想、老观念，逐步开始认识到桥梁在公路中的地位，桥梁事故给人民的人身、财产安全带来的巨大损失，也认识到了桥梁养护工作的重要性。

(2) 认识到位

只有桥梁养护工作的管理到位，措施得当，技术先进，材料过关，工艺严格，施工精细，才能保证桥梁养护的有效性。随着养护市场化的到来，全寿命养护周期成本最低、预防性养护，精细化管理等养护新观念、新思路的出现，也迫使我们紧跟时代的步伐。为能在将来的养护市场化中占有一席之地，应从养护经费、人员投入、仪器设备、教育培训等多方面向桥梁养护倾斜，确保桥梁养护及时到位。

2. 建设专业的队伍

随着公路交通的迅速发展，对公路桥梁的养护管理工作必然要求有专业的桥梁养护工程师队伍进行技术指导，同时要求有专业的养护队伍负责实施。认真落实交通运输部颁布实施的《公路桥梁养护管理工作制度》，根据所养护里程、辖区内桥梁数量设立专职桥梁养护工程师，并保证其工作性质的相对稳定。在工作中明确了专职桥梁养护工程师的职责，桥梁养护工程师负责制定、安排桥梁养护的定期检查，提出检查报告，通报三、四类级危险桥梁的病害状况。

3. 严格落实养护管理制度，认真执行养护规范

（1）养护力度加大

养护力度进一步加大，使得养护管理工作进一步标准化、统一化、规范化，使得桥梁养护更加行之有效，避免了桥梁失养、工作局面混乱等情况的出现。

（2）桥梁日常养护应严格执行

桥梁日常养护工作应严格按照有关要求，对桥梁进行日常巡查、经常检查、汛前隐患排查等，及时发现桥梁病害，将病害与隐患处治在萌芽状态，确保桥梁的运营安全。

（3）进行桥梁技术状况的评定

开展定期检查，进行桥梁技术状况的评定，编制年度桥梁维修计划，开展养护标准示范桥创建与巩固活动，及时总结经验，撰写总结报告，最终形成文字材料，予以归档形成档案文件，为将来的养护提供依据。

4. 措施到位

在日常养护中，要按照桥梁养护相关制度、要求，组建专业化养护队伍，在以往养护管理工作的经验基础上，对桥梁进行养护。

（1）建立桥梁数据库

首先建立桥梁数据库，对辖区内的桥梁做到心中有数。定期开展桥梁经常检查和定期检查，将出现的病害及确定的病害成因一起记录在案，分门别类进行归纳总结，按照成熟的处治方案对同一类型的病害进行统一处治，既提高了效率，又提高了处治质量。

（2）养护单位进行基础理论培训

同时，养护单位应利用业务培训、冬训等，进行基础理论培训，重点讲清操作要求和坚决不允许的操作，使养护职工在理论上形成概念，应用在日常养护中。经过技术培训，职工在认识水平上有了明显提高，在维修中提高了修补质量，避免了许多不必要的浪费。

（二）积极开展养护活动

1. 早期养护工作存在的问题

（1）思想保守设计

桥梁是道路中一个关键构成要素，是保证道路运作顺畅的关键点。其设计早期思想非常保守，同时很少关注品质，就会导致养护机构不关注其后续的养护活动，感觉其要较之

于道路稳固很多，不会存在不利现象，因而就使得养护活动开展得不是很顺畅，尤其是早期的花费较少。

（2）天气和受力性的干扰

除此之外，桥梁在运行一段时间之后，因为天气和受力性等的干扰，会面临很多的损坏问题，假如不合理维护的话，就会导致其使用时间变短，进而导致严重的不利后果。

所以，积极地对其开展检查活动，做好平时的养护工作，能增加其使用时间，确保受力性合理，进而确保通行稳定。

2. 常用的检测措施

（1）平时的检查活动

①检测方法

关键是桥面的装置，上方的构造、下方的构造以及配套的一些项目的技术体系的检测。一般是用眼睛观看，或者使用一些非常简单的设备来测试，而且要在场地之中填写相关的检测信息资料，要将存在的问题种类描述清楚，要明确问题的区域和养护的事项，进而指出一些应对方法。

②检测要素

该项检测的要素很多，一般是经眼看就可以得知问题的出处，进而对其开展定性的分析。比如，查看其外在是否干净，其伸缩是否被堵死，其底座是否存在显著的不利现象等。

③开展多次检测

在检测的时候，要严谨细致，避免遗漏。一般检测的时间是一月开展一次，当遇到洪汛时，要多开展几次检测活动。

（2）特殊检查

特殊检查应根据桥梁的破损状况和性质，采用仪器设备进行现场测试、荷载试验及其他辅助试验，针对桥梁现状进行检算分析，形成鉴定结论。特殊检查工作应委托有相应资质和能力的单位承担。

二、桥梁突发事件处置方案

（一）高速公路桥梁突发事件预防和处置应急

为了确保高速公路的畅通和桥梁通行安全，高效有序地做好桥梁突发事件的预防和处置工作，科学有效地应对和解决公路桥梁突发事件可能出现的公路交通中断，运输不畅、旅客滞留等事件，最大限度地减少桥梁突发事件造成的影响和损失，保障高速公路安全畅通和人民群众生命财产安全，提高桥梁使用安全性能和公路交通应急保障能力，特制定预案。

1. 预案制定

（1）工作原则

预防为主，科学防治。建立健全高速公路桥梁管理防护机制，加大桥梁检评力度和科学含量，以最大限度地减轻桥梁突发事件带来的损失为出发点和落脚点；统一领导，分工协作；各司其职，密切配合；强化责任意识，保证突发事件快速处置，控制其危害范围的扩大。

（2）适用范围

预案制定适用于高速公路的桥梁养护维修、检测，使用过程中出现突发事件，可能造成桥梁坍塌，交通中断和人员伤亡的应急救援。

（3）领导组织体系及职责

成立管理处高速公路桥梁应急领导组，负责指导、协调高速公路桥梁突发事件应急处置工作。领导组下设办公室，办公室设有养护办公室，具体负责组织桥梁突发应急事件的处置、监督检查及上报工作。

（4）办公室主要职责

第一，负责公路桥梁应急预案体系的建立、健全。

第二，协助领导组启动桥梁突发事件应急预案。

第三，组织桥梁突发事件的预防及应对处置工作，及时组织开展并监督应急检修、抢险、排险、快速修复和恢复重修等工作。

第四，调查、上报突发事件的发生原因。

第五，收集、上报突发事件情况，抢险过程、修复方案及措施，为应急领导组提供决策依据。

第六，根据遭受天气的影响范围，持续时间，迅速分析并安排指导桥梁保通应急工作。

第七，居安思危、预防为主。桥梁安全工作贯彻落实"安全第一、预防为主"的方针，坚持预防与应急相结合，以预防为主，充分做好应对突发安全事件的各项准备工作。平时要加强培训和演练，采用科学的预测、预防和应急处置技术，提高预测预防水平。

第八，快速反应、协调应对。预警、预防和应急处置工作应快速反应、运转高效。要充分与属地有关部门密切协作，建立联动协调机制，发挥社会公众在应急处置中的重要支持作用。

第九，分工协作、属地负责，各司其职、密切配合。运营公路桥梁重大事故应急处置实行属地负责制。事发地管养单位是处置事故的主体，有关部门、单位要各司其职，密切配合，动员社会力量，有组织地参与事故处置活动，采取有力措施，将事故的危害控制在最小范围。

2. 桥梁突发事件的预防措施

（1）桥梁检查

①日常巡查

日常巡查是指对桥梁及附属构造物进行的巡视和检查。日常巡查由养护办养护管理人员结合路况日常巡查实施，每日不少于一次。其目的是及时发现桥梁及其附属构造物的病害及损坏情况，及时养护。

②经常检查

经常检查是指对桥面设施、上部结构、下部结构和附属构造物的技术状况进行的检查。经常检查由养护办技术人员实施，每月不少于一次，汛期应增加检查频率。

③定期检查

定期检查是对桥梁主体结构及其附属构造物的技术状况进行的全面检查。定期检查由高速公路公司养护工程部组织实施，委托有资质检测单位检测，最长不超过三年，特大桥、大桥和特殊结构桥梁每年一次，经常检查中发现重要部（构）件缺陷明显达到三类以上技术状况和新建桥梁交付使用一年后，应立即进行定期检查。定期检查的目的是为评定桥梁使用功能，制订桥梁管理养护计划提供基本数据。特大桥、大桥和特殊结构桥梁应设立永久性观测点。

④特殊检查

特殊检查是指为查清桥梁病害原因、破损程度、承载能力、抗灾能力等进行的专门检查或应急检查。特殊检查委托有相应资质和能力的单位承担，周期为一、二类桥每五年至少特殊检查一次，三类桥每三年至少特殊检查一次，四、五类桥应立即安排特殊检测。

（2）桥梁评定

①一般评定

桥梁一般评定是依据桥梁定期检查资料，通过对桥梁各部件技术状况的综合评定，确定桥梁的技术状况等级，提出各类桥梁的养护措施。一般评定由养护工程部负责。桥梁技术状况等级评定分为一类至五类。

②适应性评定

桥梁适应性评定是依据桥梁定期及特殊检查资料，结合试验和结构受力分析，评定桥梁的实际承载能力、通行能力、抗洪能力，提出桥梁养护、改造方案。评定周期为三至六年。适应性评定委托有相应资质和能力的单位承担。

（二）桥梁突发事件处置应急响应

1. 突发事件分级

（1）一级突发事件

高速公路桥梁损毁中断交通的。

（2）二级突发事件

第一，由于高速公路大型、特大型桥梁出现严重病害危及桥梁安全的；

第二，车辆与高速公路桥梁设施相撞，造成严重后果的。

（3）三级突发事件

第一，由于交通突发事件或车辆故障导致大型超重车辆长时间滞留桥面影响桥梁安全的。

第二，桥梁技术状况评定等级为三类以下的。

一旦确认高速公路桥梁发生以上级别突发事件，应立即启动本预案。

2. 响应程度

（1）应急处置

①先期处置

桥梁突发事件发生后，高速公路应急工作组及养护办在上报信息的同时，迅速派出应急工作小组，作为第一支响应队伍先行到达现场开展应急工作，及时控制局面，减少伤亡和损失，防止事态进一步扩大。

②基本应急

A. 做出响应

当确认桥梁突发事件即将或已经发生时，应急工作组立即做出响应，按照"统一指挥、属地为主、专业处置"的要求，成立现场指挥部，确定联系人和通信方式，协调当地有关单位和指挥本单位应急队、医疗急救队等部门先期开展救援行动，组织、动员和帮助职工群众开展应急救援工作，控制事态发展。

B. 维护好秩序

现场指挥部应维护好事发地公共秩序，做好交通保障、人员疏散、群众安置等各项工作，尽全力防止紧急事态的进一步扩大。及时掌握事件进展情况，随时向桥梁突发事件应急指挥部和应急办报告。同时，结合现场实际情况，尽快研究确定现场应急事件处置方案。

C. 赶赴现场

参与桥梁突发事件处置的各相关单位和部门，应立即调动有关人员和处置队伍赶赴现场，在现场指挥部的统一指挥下，按照桥梁突发事件应急预案分工和事件处置规程要求，相互配合、密切协作，共同开展应急处置和救援工作。

D. 进行分析判断

应急领导组应根据上报和收集掌握的情况，对整个事件进行分析判断和事态评估，研究并提出应急救援的处置措施，为现场指挥部提供决策咨询。

E. 跟踪进展情况

现场指挥部应随时跟踪事态的进展情况，一旦发现事态有进一步扩大的趋势，有可能超出自身的控制能力时，应立即向局桥梁突发事件应急指挥部和应急办发出请求。

F. 提供应急处置的基础资料

与桥梁突发事件有关的各单位和部门，应主动向现场指挥部提供与应急处置有关的基础资料，尽全力为实施应急处置、开展救援等工作提供各种便利条件。

（2）扩大应急

当桥梁突发事件已经波及绝大部分地区，造成的危害程度已十分严重，超出高速公路自身的控制能力，需要交通厅提供援助和支持时，应急组应将情况立即上报交通厅，请求省管局和交通厅处置公路局桥梁突发事件应急委员会，由省直接指挥，统一协调、调动各方面应急资源共同参与事件的处置工作。

（3）预警预防机制

①预警机制

预测预警是对自然灾害（冰雹、暴雨、雪等恶劣气象以及地震、山体崩塌、滑坡、泥石流等不良地质）、施工管理以及其他可能导致安全事件发生的信息进行风险分析，推测可能造成安全事件的风险程度，发布预警信息。

自然灾害风险预测预警由县人民政府委托专业机构组织实施和发布。在县人民政府和上级交通主管部门的领导下，定期开展预警信息接收、转发和预防工作，根据桥梁危险源分析论证后做出相应预警，做到早发现、早报告、早处置。应急机制的建立和资源准备与日常工作相结合，提高应急反应速度和处置水平。

②预防机制

按照交通主管部门得到的自然灾害预测预警信息，及时向所管辖范围发布预警信息，采取相应措施进行预防，必要时提前进行人员培训和预案演练，增设安全防护设施，做好各项预防工作。

在桥梁日常管理中，要按有关规定要求，结合所辖桥梁的实际情况，定期对桥梁进行检查、检测，并建立桥梁信息管理系统和技术档案。必须摸清危险桥梁的确切状况，并加以跟踪、监测、监控和预警，变事故处理为事故预防，随时发现隐患，随时排除，把事故消灭在萌芽状态，实现保障安全的目的。

③隐患报告

建立事故隐患报告和奖励机制，对及时发现桥梁险情避免恶性事故的人员给予奖励。接报后，要迅速查明情况，及时排除隐患，防患于未然。

（4）应急保障

①通信保障

利用公用通信网、无线电话及电台与相关部门和单位保持联络，以利通报突发事件情况和处置情况。

②现场救援和工程抢险装备保障

各单位根据自身应急救援业务需求，采取平战结合的原则，配备现场救援和工程抢险装备和器材，建立相应的维护、保养和调用等制度，保障桥梁突发事件应急抢险和救援。按照统一格式标准建立救援和抢险装备信息数据库并及时维护更新，保障应急指挥调度的准确和高效。

③应急队伍保障

A. 应急队伍组建

在职职工、养护人员和医疗急救人员等是基本的应急队伍。

B. 应急队伍调动

桥梁突发事件发生时，由分离应急组桥梁突发事件应急指挥部和养护工区桥梁突发事件应急工作组按照预案统一调动所属应急队伍进行处置。

④医疗卫生保障

根据"分级救治"原则，发生特别重大或重大桥梁突发事件后，各单位快速组织应急医疗队伍进入救灾现场，对伤员进行救治。及时检查、监测灾区的食品、饮用水源的安全情况。

⑤治安保障

桥梁突发事件发生后，做好现场控制、交通管制、疏散救助群众、维护公共秩序等工作。

重大以上桥梁突发事件发生后，如现场有起火、存有易燃易爆危险品、漏电、漏水、漏气等情况发生，现场先期处置人员要立即通知有关主管部门实施灭火、排爆、断电、断水、断气等措施，清除现场危险品，避免次生危害的出现。

⑥物资保障

建立应急救援物资储备制度。各单位要根据不同危机事件和灾害种类，确定本单位救灾物资生产、储存、调拨体系和方案。加强对储备物资的管理，防止储备物资被盗用、挪用、流失和失效，对各类物资及时予以补充和更新；建立与其他单位的物资调剂供应渠道，以备本单位物资短缺时，可迅速调入。应急救援物资的调用由各单位统一协调，并负责本单位物资保障应急方案的实施，落实应急货源渠道和供应网络。

⑦人员防护保障

各单位应认真分析事件处置过程中对人员造成危害的可能性和所有危害种类，制定切实可行的防范措施和救援程序，配备符合要求的安全防护设备。在应急处置过程中，确保人员安全。各单位应根据本单位总体规划，在职工生活、工作地点周围，规划、建设和维护应急避难场所，保障在紧急情况下为职工提供疏散、临时生活的安全场所。应急避难场所内应设置应急指挥部、应急宿区、应急供水、应急照明用电、通信、物资供应、广播、卫生防疫和应急厕所等必需的预留位置和基本保障设施。

桥梁突发事件应急处置工作结束后，应将情况及时通知参与事件处置的各相关单位和部门，必要时还应通过公路信息和公路网站同时向局系统发布应急结束消息。

3. 事故发生后预案

（1）事故调查

在桥梁突发事故调查过程中，要认真分析事故原因，从规划、设计、施工、养护维修、管理各个方面提出改进建议。公路桥梁突发事件调查应严格遵守国家有关规定进行。

（2）总结报告

桥梁事故应急机构按职责划分整理和审查应急记录及文件等资料，总结和评价应急状态的事故情况和在应急期间采取的主要行动。向上级交通主管部门做出书面总结报告。总结报告包括以下内容：

第一，发生事故的桥梁基本情况；

第二，调查中查明的事实；

第三，事故原因分析及主要依据；

第四，发展过程及造成的后果（包括人员伤亡、经济损失）分析、评价；

第五，采取的主要应急响应措施及其有效性；

第六，事故结论；

第七，事故责任人及其处理；

第八，各种必要的附件；

第九，调查中尚未解决的问题；

第十，经验教训和相关建议。

（3）信息发布

运营公路桥梁事故的应急处置和抢险救援过程中信息与新闻的发布，由县交通局及县人民政府实行统一管理，以确保信息正确、及时传递，并根据国家有关法律法规规定向社会公布。

（4）后期处置

第一，事故的现场抢险救援结束后，要做好伤亡人员救治、慰问及善后处理工作，及时清理现场，迅速抢修受损设施，恢复生产秩序，并消除次生、衍生事故隐患；

第二，及时向上级交通主管部门报告，并通知公众，采取有效措施，消除事故影响；

第三，对抢险过程和应急救援能力进行评估；

第四，必要时对运营公路桥梁突发事件应急预案进行修订和完善。

4. 恢复与重建

（1）善后处置

桥梁突发事件应急工作组负责组织桥梁突发事件的善后处置，全面开展桥梁突发事件损害核定工作，及时收集、清理和处理污染物，对事件情况、人员补偿、征用物资补偿、重建能力、可利用资源等做出评估，制订补偿标准和事后恢复计划，并迅速实施。

（2）恢复重建

根据实际情况组织实施恢复重建工作。

（3）培训和演习

①在职人员的培训

桥梁突发事件应急指挥部和应急办负责组织协调各单位开展面向在职人员的应对桥梁突发事件相关知识培训。将桥梁突发事件预防、应急指挥、综合协调等作为重要内容，以增加在职人员应对桥梁突发事件的知识和能力。

②演习

养护办根据预案，定期组织应对桥梁突发事件的专业性和综合性的应急演习，做好跨地区跨部门之间的协调配合及通信联络，确保各种紧急状态下的有效沟通和统一指挥。组织本区域单位和群众应对桥梁突发事件的分项演练。应急演习包括准备、实施和总结三个阶段。通过应急演习，培训应急队伍，落实岗位责任，熟悉应急工作的指挥机制、决策、协调和处置的程序，识别资源需求，评价应急准备状态，检验预案的可行性和改进应急预案。

（4）责任与奖惩

桥梁突发事件应急处置工作实行责任追究制。对桥梁突发事件应急管理工作中做出突出贡献的先进集体和个人要给予表彰和奖励；对迟报、谎报、瞒报和漏报桥梁突发事件重要情况或者应急管理工作中有其他失职、渎职行为的，依法对有关责任人给予行政处分；构成犯罪的，依法追究刑事责任。

（5）附则

养护办要根据本预案和所担负的应急任务，立即组织制定本单位的应急预案，当有重大情况变化时，要适时对各类应急预案进行修订。养护办要根据应急预案的要求，定期检查本部门应急人员、设施、装备等资源的落实情况，并制定相应奖惩制度。

第九章　城市交通规划探析

第一节　城市交通的构成要素

一、城市交通系统的关系

城市交通系统是城市社会系统中的一个子系统，它既包含于城市社会系统之中，又与城市用地系统和市政设施系统等其他子系统具有交集，它们之间相互依存和制约，人的广泛参与又使得城市交通系统具有高度的复杂性。

城市交通系统是一个具有综合性、立体化的多方式交通系统，从交通基础设施种类而言，分为城市轨道交通、城市道路、城市航道、城市管道和城市枢纽节点等。这些基础设施又被分别设置在地下、地面和地上高架，从而形成立体交通设施；就交通工具而言，有机动车、轨道交通、船舶、非机动车，机动车又分为客车和货车，客车又分为私家车和运营客车，运营客车又分为公共汽（电）车、出租车和包车等，因此城市交通工具是由多种交通方式组成的；就其范围而言，有城市内部交通和城市对外交通。以下对其主要内容分别进行阐述。

二、城市交通的构成要素分析

（一）城市轨道交通

城市轨道交通是以电力为动力、轮轨运行方式为主要特征的车辆或列车与轨道等各种相关设施的总和。它具有运能高、速度快、安全、准时、成本低、节约能源，以及能缓解道路交通拥堵和有利于环境保护等优点。

城市轨道交通因其特点常被称为"绿色交通"。世界范围内人口向城市聚集，城市化步伐加快，大中型城市普遍出现人口密集、住房紧缺、道路交通拥堵、环境污染严重、交通事故频发、能源缺乏等所谓的"城市病"。城市轨道交通经过发展，机车车辆、自动控制、通信和信号等技术取得了很大的进步，很多方面代表和体现了当今高新科学技术发展的水平。发达国家城市交通发展的经验表明，轨道交通是解决大城市公共交通运输问题的重要途径，对于城市可持续发展有非常重要的意义。

城市轨道交通系统由多个独立完成不同功能的子系统构成，包括线路、车辆、车站三大基础设备和电气、运行和信号等控制系统。

（二）城市道路交通

1. 城市道路交通的方式

城市道路交通是保持城市活力最基础的设施，是城市生活的依托，拉动或制约着城市经济的发展。发展多层次、立体化、智能化的城市交通体系，将是城市建设发展中普遍追求的目标。对城市道路客运而言，发展高、中、低客运量相互匹配的多种形式相结合的道路交通工具，将是实现上述目标的重要技术支持。

城市道路交通从交通方式的角度划分，可以分为公共汽（电）车、行人、自行车、摩托车、小客车、出租车、作为公共交通补充的各类班车及各类货运汽车等。

2. 城市交通的结构

一个城市交通的发展策略决定了这个城市交通的结构形态。现代城市交通体系包括公共汽（电）车、小客车及采用双轨、独轨、导轨、磁悬浮轨道的各类列车，交通网络包括地面道路网、地下轨道网络、地上高架道路、高架轨道。

城市交通结构体现在两个方面：其一是作为各种交通方式载体的基础设施，即道路网络、轨道交通网络和公共汽（电）车网络的比例结构；其二是公共汽（电）车、轨道交通、私人小客车等交通方式的客运量比例结构，也称划分率。保持两者的合理结构，对解决城市交通问题至关重要。

目前的城市交通结构，可以概括为以下两种类型。

（1）以大运量公共交通作为主要交通工具的类型

公共交通在这类城市结构中处于主导地位，公共交通包括无轨电车、小型公共汽车、公共汽车、城市铁路、地铁、市郊铁路、新交通系统等在内的综合公共交通系统。这一类型的城市一般都是城市建筑密度较大的城市。

（2）以私人小客车作为城市主要客运交通工具的类型

这一类型的城市建筑密度小，公交运营费用昂贵，效率很低。

（三）城市航运交通

1. 城市航运船舶的种类

（1）客船

客船是指载运旅客及行李、邮件的运输船舶，一般搭载旅客在 12 人以上。客船分为海洋客船、旅游船、汽车客船和滚装客货船、小型高速客船和内河客船五种。用于城市内河水运的客船一般以小型高速客船（水上巴士）和内河客船为主。①小型高速客船包括水翼船和气垫船，具有速度快、适航性好的特点，多用于短途运输。②内河客船航行于江、河、湖等内陆水域上，载客量大且停靠频繁。

（2）货船

货船是指所有运输货物的船舶。一般来说，是不允许搭载乘客的，即使搭载，也不能多于 12 人，其包括散货船、集装箱船、液货船、滚装船、载驳船、冷藏船和驳船等，在城市货运中，以驳船居多。

驳船常指靠拖船或推船带动且为单甲板的平底船。上层建筑简单，一般无装卸货设备，也有的驳船自己有动力装置，称为自航驳。在沿海地区、内河和港内，驳船比较常见，因为这些区域基本上都是使用驳船来运送货物的，他们一般是将那些进不了港或者进港困难的大型货船上的货物进行转运，或者以船队的形式承接运输业务。驳船由于其体积较小，且结构简单，所以制造成本和管理维护费用较低，还可以在浅水且狭窄的水域内自由航行，可自由地进行组队等。

在我国的大部分城市，由于水系资源的缺乏，与其他交通方式相比，城市水上运输所占份额很少，多服务于城市观光旅游。

2. 船舶设备及装置

为了使船舶正常运行，运送货物与旅客，船舶还要安装相应的装置和设备。比如，船舶动力装置、船体舾装设备、船舶管道系统、船舶电气设备、船舶通风、冷藏、空调等。

（四）城市智能交通

1. 智能交通系统的阐述

智能交通系统是指在整个交通运输管理系统中融入先进的技术，这些先进的技术有数据通信传输技术、信息技术、计算机处理技术，还有电子控制技术等，并把它们综合起来。同时，对于交通信息进行及时的收集、传送和处理；利用先进的科技方法和设备来及时地对交通情况进行调解和处置，从而构建一种先进的综合运输管理体系，具有准确、高效、实时的特点。这样的话，交通设施可以尽可能地发挥其作用，还能在安全性和效率方面得到很大的提高，最后也能实现交通运输在管理和服务两个方面的智能化，及其集约式的发展目标。

2. 智能交通系统的组成

智能交通系统的主要内容包括：先进的交通管理系统、先进的旅行者信息系统、先进的公共运输系统、商用车辆运营系统、先进的车辆控制系统、自动公路系统等。

（1）先进的交通管理系统

利用现代信息技术对交通进行管理和服务的系统，其中先进的交通管理系统是其核心内容之一。该系统通过集成多种技术手段，旨在提高道路使用效率、减少交通拥堵、提升交通安全和降低环境污染。

①交通监控系统

通过在关键路段安装摄像头和传感器，实时监控交通流量和车辆行驶状态，及时发现交通异常并进行处理。

②交通信号控制系统

利用先进的算法优化交通信号灯的配时，根据实时交通流量调整信号灯的绿灯时间，以减少等待时间和提高路口通行能力。

③车辆导航系统

提供实时路况信息，帮助驾驶员规划最佳行驶路线，避免拥堵区域，减少行程时间和油耗。

④电子收费系统

如 ETC（Electronic Toll Collection）系统，通过车辆自动识别技术实现不停车收费，提高收费效率和道路通行速度。

（2）先进的公共运输系统

公共交通一直致力于舒适度、便捷性、运行效率等方面的提高，并且效果显著，所以，它长期以来被认为是化解交通拥堵的良方。ITS 系统的子系统包括公共运输系统。而 APTS 是一种新型的城市客运公共运输体系，它的主体是公共汽车和电车（有轨和无轨），其他的方式为辅，如出租汽车、轻轨、地铁、客运轮渡等。把先进的电子技术运用到一些车辆的使用和运行之中，这些车辆包括使用频率高、拼车形式的车辆，搭载人数较多且舒适度较高的公汽，还有就是依靠轨道来行驶的车辆等，从而促进公共运输系统的发展壮大。

（3）商用车辆运营系统

商用车辆运营服务涉及商用车辆的运营生产管理、安全性能管理等多个方面。通过提供商用车辆运营服务，可以简化如注册情况、车辆技术性能、轴荷、尺寸等检查的程序，优化配送计划，提高管理效率，减少延误，提高运输生产效率。此外，该系统还能为商用车辆运营提供有效的检查、监控，提高商用车辆营运的安全性。

商用车辆运营用户服务主要包括商用车辆电子通关、商用车辆管理、车载安全监控、危险品应急响应和商用车辆辅助运营等。

（4）先进的车辆控制系统

先进的车辆控制系统是由一系列车载设备组成的检测、决策及控制系统，该系统与基础设施或其协调系统中的检测设备配合来检测周围环境对驾驶员和车辆产生影响的各种因素，并根据检测结果进行辅助控制或自动驾驶控制，以达到行车安全高效和增加道路通行能力的目的。其本质就是将先进的检测技术、通信技术、控制技术和交通流理论综合运用于车—路系统中，为驾驶员提供一个良好的驾驶环境，在一定的条件下实现自动驾驶。

（5）自动公路系统

自动公路系统是指用现代化的传感技术、通信技术、计算机技术和检测技术装备的公路系统。它能够实现车路通信和车车通信，利用车辆上的智能车载设备自动控制车辆的行驶方向、行驶速度和车辆间距，从而使车辆自动行驶于其上。

（五）城市交通发展模式的特征

第一，交通运输发展水平体现了在一定的区域范围内、一定的社会经济水平和一定的用地模式环境下，各种交通方式的完善程度、供应能力的发达程度。

第二，各种交通方式在整体交通运输系统中的地位、作用、比重、结构，以及各种交通运输方式之间的分工协作所形成的格局。

第三，交通运输为满足和促进社会经济和城市土地利用发展需要，在历史发展过程中形成了交通枢纽、交通网络、交通工具的辐射范围、运输能力、运输速度和运输适应性等综合功能。

第四，交通发展模式反映了社会经济发展、土地利用与交通发展的相互作用及交通自身发展规律，决定了交通发展趋势和起主导作用的典型交通运输形态。

第二节 城市交通的管理规划

城市交通是否顺畅决定了这座城市社会经济活动的发展状况。在经济快速发展的过程中，城市交通呈现出的拥堵现象越来越严重。政府管理部门制订了近期实施性专项规划来治理城市交通出行的各种问题。合理的城市交通管理规划，最大限度地帮助城市交通解决了很大部分的道路拥堵情况，现有的路网服务也随之越来越便利。

一、交通管理规划阐述

目前，我国城市道路交通管理相关工作，正在逐渐地用现代的交通管理方法代替传统的管理模式。通过对未来交通管理工作的总体进行有效的把握，更好地增强交通管理的前瞻性。站在一定层次战略高度上制定科学的交通管理对策，利用完整的道路交通管理规划，保证交通管理机制长期有效地执行下去。在城市多个部门共同合作下，同时加大软件和硬件的投入来推动城市交通不断地向前发展，争取在一定时间内解决各大城市出现的交通"痼疾"，尽快地使我国的城市道路交通管理工作得到有效的整治。城市交通管理规划中，对"畅通工程"的执行情况成了评判这个城市交通管理水平的主要考核标准，致使城市交通管理规划编制在全国范围内得到快速的开展。城市交通管理水平按照不同的等级划分，将城市的交通现状评判为模范、优秀、良好和合格管理模式。具体评价项目有交通有序畅通、管理科学高效、执法严格文明、服务热情规范、宣传广泛深入、设施齐全有效。《中华人民共和国道路交通安全法》规定：各级人民政府应当保障道路交通安全管理工作与经济建设和社会发展相适应。县级以上地方各级人民政府应当适应道路交通发展的需要，依据道路交通安全法律、法规和国家有关政策，制订道路交通安全管理规划，并组织实施，将交通管理规划的核心内容之一"交通安全管理规划"编制工作法治化，从而使城市交通管理规划走上制度化正轨。

根据交通管理的目的和内容，以及目前国内编制城市交通管理规划的经验，城市交通管理规划工作可以概括为以保障城市交通安全、提高交通系统运行效率、有效管理交通需求为目的，根据社会经济与交通发展对交通管理的要求，依据城市总体规划、城市用地规划、城市交通规划及城市交通运行现状调查，应用交通工程、系统工程的理论和方法，制定城市交通管理的目标与策略，对城市交通管理体制、城市交通系统管理组织、城市交通管理设施、城市交通安全管理及城市交通管理科技应用与发展进行系统规划。

二、交通管理规划的内容

为了达到城市交通管理规划的编制目的，城市交通管理规划由城市交通管理现状问题与需求分析、制定城市交通管理发展目标与策略、建立交通管理长效发展机制、近期交通系统管理改善方案制定、智能交通与高新技术发展应用规划以及拟定交通管理规划实施行动计划组成。

（一）城市交通管理现状问题与需求分析

第一，通过交通流量流向，路段车速，交叉口的通行能力、延误和服务水平，停车场（库）布设及停车状况，公交线路的行程时间、满载率、平均速度、直达率、换乘率、换乘时间等各类调查，分析评价城市道路交通运行现状与问题。

第二，从道路网络、等级、密度，公共交通场站位置、容量、发车频率、线路长度、线路停靠站、车站形式，停车场、枢纽位置、面积、规模等方面分析评价城市交通管理的基础——城市道路交通基础设施条件，区分引发交通问题的主导原因，也为在交通综合治理中提出相关工程技术措施提供依据。

第三，从道路的标志、标线、交叉口信号灯、人行过街设置，交叉口的交通渠化组织，路网单行道、分时段或分车种车辆禁行等交通组织形式分析城市交通系统组织方面存在的问题。

第四，从交通管理队伍建设、城市交通监控与管理中心完善程度、城市智能交通发展以及其他交通管理科技应用等方面分析城市交通管理软硬件现状存在的问题。

第五，在城市交通管理现状及问题分析基础上，结合相关城市经济和交通发展预测分析近期及未来城市交通发展的态势，提出城市交通管理在交通管理机制、交通管理队伍、交通管理设施水平、交通管理科技等方面的需求。

（二）制定城市交通管理发展目标和策略

城市交通管理的核心目标应当是确保城市道路交通的有序、安全、通畅，充分发挥交通管理效能，近期以综合治理交通秩序，合理组织与渠化交通、缓解城市交通拥挤堵塞为重点；远期则以实现与城市社会经济发展水平相一致，建立一个安全、畅通、秩序良好、环境污染小的城市交通系统为目标。

城市交通管理应当贯彻交通系统管理与交通需求管理相结合的策略。加强交通需求管理，合理控制城市交通总量，积极促进城市形成以社会化公共运输体系为主，多种交通运输方式相协调的城市交通结构。科学组织，合理限制，均衡调控，充分挖掘道路交叉口、路段、网络的交通容量潜力，提高道路的通行能力和服务水平。

（三）建立交通管理长效发展机制

通过理顺交通管理机制，健全交通管理法制，提高交通管理队伍执法能力与装备水平，深入开展道路交通法治和安全宣传教育，建立交通安全事故防范机制，充分发挥现代交通科学技术与设备在交通管理中的作用来建立城市交通管理的长效发展机制。

第一，建立城市交通综合协调机构，加强城市公安交通管理部门同城市规划与建设部门的密切配合，形成高效有力的城市交通管理机制。

第二，不断完善城市交通管理法规，使得城市交通管理有法可依。

第三，配备足够的交通执法警力，提高交通管理人员素质。通过定期培训、考核，提高交通管理人员的交通管理基础知识、管理技术与管理素质，使交通管理人员能够做到有理、有礼、有节地管理交通。

第四，配备先进的交通执法装备。配备机动车辆、安装有卫星定位系统的巡逻车、酒精检测仪、雷达测速枪、数码照相机、掌上电脑、汽车行驶记录仪、交通事故预警器、疲劳检测仪等交通管理执法装备。

第五，形成社会化的交通安全宣传教育网络，寓宣传教育于执法管理之中，提高全民交通安全整体素质。

第六，加大高新技术在道路交通管理中的研究应用，不断提高科学管理水平。

第七，交通安全是居民出行和货物运输的首要条件，所以交通管理规划中应对交通安全管理进行重点详细规划，提出确保城市道路交通安全的有效措施。

第八，建立完备的城市静态与动态交通管理基础数据库。静态基础数据包括各类道路及交通设施的统计数据，动态基础数据包括交叉口流量流向、路线行程、车速变化及交通事故统计分析数据等。

（四）近期交通系统管理改善方案制定

第一，城市道路交通系统组织。对城市过境交通、城市内部货运交通、城市快速路系统、城市主次干道系统、城市公共交通线路（公交专用道、公交专用路）、城市慢行交通系统（非机动车道、人行设施、非机动车专用道、步行街）、城市单向交通系统等各类交通时空分离措施进行系统梳理和合理组织。

第二，道路交叉口交通优化设计。对城市道路交叉口特别是重要节点交叉口，优化交通信号控制的设计方案，并且科学地划分交通空间，在交通组织方案中，交通信号的配时要根据交通流向和交通流量的改变而做出及时的调整。

第三，道路交通标志、标线系统管理与设计。通过连续规范地分析道路交通管理标志和标线对城市交通管理工作的影响，设计出完整统一的城市道路交通标志、标线。

第四，城市停车场规划与管理。对城市停车设施及停车状况进行普查，分析城市车辆停放特征，研究城市停车政策，对城市停车位设置和管理收费进行统一规划，加强对乱停车现象的管理。

（五）智能交通与高新技术发展应用规划

第一，城市交通监控系统建设与发展规划。统一规划全市交通监控系统，规划交叉口关联控制（点控、线控、区域控制）的策略与范围，确定交叉口信号灯的设置标准，特别是机动车转向专用灯、非机动车信号灯以及行人信号灯的设置依据与标准。

第二，城市交通管理信息系统建设与发展规划。城市交通管理工作的执法水平和快速应变能力在高科技手段的帮助下得到很大的提高，城市的交通管理信息平台，也应随之进行统一的规划建设。

第三，城市智能交通系统建设与发展规划。通过智能交通系统建设，使城市交通管理向信息化、智能化迈进，充分发挥城市交通管理的作用与效益。

（六）拟订交通管理规划实施行动计划

建立一系列工作机制，实施一批交通管理措施，都必须通过具体的行动计划落实。因此，交通管理规划还必须分门别类详细列出近期需要制定、实施的行政、技术和工程措施，并对它们进行资金预算和排序，落实各项措施实现的期限与相关责任部门。

三、城市交通管理规划编制

（一）规划编制组织机构

由于城市交通管理规划的性质和所涉及的工作内容有了很大的变化，同时，由于城市交通管理的复杂性，涉及因素多、范围广，所以，编制城市交通管理规划除了主管部门城市公安交通管理部门，还应组织城市交通管理其他相关部门协同进行。

（二）编制原则

城市交通管理规划的编制一般遵循以下原则。

第一，保持与城市总体规划、交通规划一致的原则。城市交通管理应以支持城市社会经济发展、促进城市交通健康有序发展、改善城市交通出行环境、提高城市居民生活质量为目标。

第二，体现可持续发展、以人为本、公共交通优先的原则。城市交通管理设施的建设过程中，以及制定城市交通管理措施政策时，是否有益于城市交通可持续发展，能否满足以人为本和公共交通优先的基本要求，是值得考虑的重要问题。城市交通管理应全面落实"以人为本"理念，交通管理设施实行人性化设计，提供宜人的交通环境，管理政策更多地从方便广大城市居民日常出行的角度考虑。

第三，应遵循远期讲战略、中期粗、近期细与标本兼治的原则。城市交通管理是最贴近城市居民日常生活的，与城市居民的生命安全息息相关，治理城市交通管理现状中出行的问题是城市交通管理规划的重要工作，要从大处着眼、细部着手，重视城市道路交通系统运行的每一个细节。同时，又着眼长远，让城市交通管理工作符合社会经济发展水平的要求，确保城市交通管理能朝着合理有效的方向发展。

第四，可实施性和滚动性原则。城市交通管理规划既不能违反国家的有关交通管理政策和法规以及标准和规范，又必须满足智能化和科学化的需求，制订的方案应具有适用性、可实施性，并能不断充实、完善和调整，实现滚动发展。

(三) 保证城市交通管理规划的严肃性

为保证城市交通管理规划的严肃性和执行力度，在交通管理规划编制过程中，其编制大纲与编制成果应组织相关专家进行严格的论证，成果应报城市人民政府和人民代表大会常务委员会审查批准，然后由城市交通管理相关部门组织实施。

第三节　城市交通管控模式与经济的协调发展

一、交通管控模式的基本原则与发展趋势

(一) 交通管控模式的基本原则

1. 交通分离

交通分离是指采用科学的交通管理手段，对各种交通形态在时间或空间上进行分离，

解决混行交通问题，达到各行其道、互不干扰的目的。交通分离有时间分离与空间分离两种形式。时间分离是指在同一道路空间，各种交通形态使用于不同的时间，以减少道路上集中的负荷和冲突。时间分离由信号相位的划分与更替来完成。空间分离是指各种不同的交通形态，在不同的道路平面或者同一道路平面，用道路工程设施和交通管理设施进行分隔，以减少不同形式交通流的相互干扰，消灭交通冲突点，保证道路交通的安全和畅通。空间分离靠交通渠化来实现，例如，使用专用车道与专用相位可以实现左转车辆、直行车辆、右转车辆之间的交通分离，使用人行道、非机动车道与机动车道可以实现行人、非机动车、机动车之间的交通分离。

2. 交通连续

交通连续是指通过各种交通方式和交通工程之间的有机合理联系，尽量保持交通的畅通性与不间断性，从而使各个交通参与者在交通活动中尽可能地迅速、便利、经济。使用各种交通工具、交通组织与交通设施可以有效实现交通流的连续性。例如，路段上的行车道对应路口直行导向车道，可以保证直行车流不变换方向；路口进口导向车道对应出口车道，可以保证车流通过路口的连续性；在干道进行滤波协调信号控制设计，可以保证车流通过整条道路时间上的连续性；另外，修建自行车、公交、地铁、公路客运与铁路之间的换乘枢纽也是保证交通连续的有效措施之一。

3. 交通流量均分

交通流量均分是指通过采取一些有效措施，对交通流进行科学的调节、疏导，实现交通流在时间和空间上均衡分布，简称交通分流。交通流量均分将使路网各处的交通压力趋于均衡，不至于某处由于交通压力过于集中而造成交通拥堵。实际上，交通流量均分是将路网中拥堵交叉口、拥堵路段或路段拥堵方向的一部分交通压力转移到相邻的非拥堵交叉口、非拥堵路段或路段非拥堵方向，将一天中拥堵时段的一部分交通压力转移到非拥堵时段。例如：使用方向性变向交通可以使车流量方向性分布不均匀现象得以缓解，从而提高道路的利用率；使用非方向性变向交通对缓解各种不同类型的交通在时间分布上的不均匀性矛盾有较好的效果。

4. 交通总量削减

（1）换位思维

对于一些交通组织调整，特别是单行、禁左、禁限措施的调整，在方案实施前，应站在禁限对象的角度查找时空的转移特性，把握住禁限组织与交通压力转移的内在联系。

（2）以人为本

交通管理不应该仅仅为了方便管理，也不应该只考虑机动车的交通组织，而是要以大多数人的方便为出发点，因为行人和机动车、非机动车组成的交通比较复杂，所以我们应该多考虑行人和非机动车人群，尽可能地多照顾他们，并且在这个基础上进行综合交通管理。

（3）通行能力合理配置

以一条道路上通行能力最小的交叉口为基准，合理配置相邻交叉口的通行能力，既要保证不出现"瓶颈效应"，又要尽可能地提高整条道路的通行效率。

（二）交通管控模式的发展趋势

1. 车辆、道路和交通管理系统一体化

交通管理系统中的路表、交通信号控制机以及道路两边的探测器会提供很多的数据，那么交通控制中心的计算机就主要负责对这些数据进行处理，并显示出来。但具体到每一台车想要去到的目的地以及它们运行的情况，这些信息交通控制中心是无法知晓的，所以交通控制中心会根据每天或者每个星期的交通模式来对交通进行咨询或者建议。在交通堵塞严重到一定程度时，交通控制中心才会得到消息，在交通事故刚发生时或者交通堵塞刚刚开始的一段时间内，交通控制中心是不知道的。因为车辆上既没有仪器或设备用来感应前方道路发生的情况，更没有可以把交通情况及时反馈给交通控制中心的设备。也就是说，道路系统和车辆并没有作为一个整体来被控制和实施运行。

2. 在城市交通管制中应用人工智能化

道路的拥堵、路况的突发事故以及城市交通的控制，还有诱导系统、环境保护技术、VMS、TDM 等各种管理的控制技术的集成都是 IIS 实现优化城市交通的管理及控制的目标，同时是解决这些问题的最正确的方式。在先进的交通管理系统中，用于城市交通管制的计算机系统除了 SCOOT、SCATS、TRANSYT 等的改良版外，也出现了一些基于人工智能技术应用的体系结构。数据完成知识源（Knowledge Source，KS）将传感器收集的实时数据转换为交通量、道路占有率等交通管理用数据，对于没有传感器的路段的交通状态进行推断，并检测传感器故障和误操作；数据分析 KS 对网络中的阻塞地点和阻塞状态进行判定；交通控制 KS 利用 LISP 语言编写的规则库生成信号控制方案，包括评价当前的信号控制模式、局部改善发生问题的交叉点、推测该改善对于周边交叉点的影响、综合考虑网络全体且能改善有问题的交叉点的控制策略。利用当地实际数据，使用微仿真器，采用与

TRANSYT 相同的评价函数进行评价的结果表明，与固定式信号控制方案相比，其对阻塞有 3%～15% 的改善、早高峰阻塞时平均速度有 10% 的提高可能性。

3. 信息采集和信息提供技术更加先进和多样化

城市街道和高速公路上的交通量、车道占有率、车速等作为交通管理和控制的基本参数，是通过各类车辆检测器来测定的。以往主要使用的车辆检测器是埋设在路表的环形线圈检测器、磁性检测器和安装在交通要道的电视摄像机等。而现在，车辆检测器日趋系统化和光机电一体化，越来越多地使用更先进的超声波检测器、光检测器、红外检测器和各种视频监测系统。全天候的红外摄像机和性能优越的 CCD 摄像机已被广泛应用于交通管理系统。在高速公路管理中，过去广泛使用匝道仪控制入口匝道车流，而现在越来越多地使用可变信息标志 VMS、CCDV 摄像监视系统和 Internet。在城市高速路危险的弯曲路段、视野不好的地方安装自动事故检测系统，这种系统依靠处理从视频摄像机获取的图像进行事故分析。

4. 城市交通信号控制的多种新功能

（1）右（左）转弯感应控制

通过由车辆检测器感知出交叉路口的右（左）转弯专用车道上的车辆，延长其右（左）转弯箭头信号的显示时间，可有效地对交叉路口的右（左）转弯车辆进行通行控制。

（2）公共交通感应控制

在交叉路口前面通过专用感知器件检测出公共汽车的存在，延长绿灯信号的显示时间，或缩短红灯信号的显示时间，可减少公共汽车等公交车辆的等待时间。通过此优先性控制信号功能，可确保公共汽车准点运行。

（3）踌躇感应控制

为避免进入交叉路口的车辆司机在该区域里犹豫不知该停车还是该开过去的情况，踌躇感应控制显示黄灯，由此可减少冲撞和迎头碰撞事故的发生。

二、交通管控模式与城市公共交通的融合

（一）城市公共交通界定与可持续发展的模式

1. 城市公共交通的界定

人们通常把城市公共汽车和电车称为"公交车"，广义上的城市公共交通含义则更为

广泛。城市公共交通已经成为一座城市交通体系的主体，也是城市发展所必需的条件之一，我们的日常生活中也离不开这个社会公共设施，而且它还是城市的投资环境和社会发展的基本条件之一。与此同时，公共交通也能反映一个城市的精神文明状况，以及国民经济水平、人们的生活风貌和生活水平。

狭义的公共交通是指在常规公共汽车、快速公共汽车、电车轨道交通、出租汽车、轮渡的组成情况下，在固定的路线上，按照一定的时间，通过公开的费率来为公众提供短途客运服务的系统。并且在各种交通的相互配合下，为乘客提供一种舒适的交通服务来维持城市的运转。城市公共交通已经在国民经济中占据了重要的地位，而且也是一个城市社会和经济发展的基础。

2. 可持续发展的公共交通模式

（1）生态交通理论

生态交通是环保型、零污染的绿色交通模式。绿色交通模式要求城市公共交通采用无污染、低公害的运输工具，不断改进各种交通工具的性能；还要求运输工具从生产到其生命终结，整个运行过程对环境无污染，无排放污染物、无噪声。报废运输工具的材料可以回收及再生，不造成二次污染。

（2）智能交通理论

交通在未来必将走上智能化的道路，智能交通就是指把先进的计算机技术、数据通信技术、传感器技术、信息技术、电子控制技术、自动控制理论等有机地结合起来，然后利用各种体系即服务、公交管理以及控制等来进行实践操作，打造出与事实相符且高效率的、准确度高的运输综合管理系统，这种管理系统所覆盖的范围特别广，能够全方位地发挥作用。有公共交通运营系统、出行需求管理系统、出行和电子收费、交通管理、商用车辆运营以及应急管理等系统，还有车辆控制和安全的先进系统。可以大大节约公共交通的投资，使现有道路系统的交通效率尽最大可能地发挥出来，从而尽可能地减轻由于交通给环境带来的不良影响。不管是道路交通管理，还是公共交通服务，它们目前可以做到网络化、信息化，但是最后都会变成一体化。不管居民身处何处，无论行走在路上或家里、公司、车上，都可以获得全面的公共交通信息服务，便于为自己规划一个最好的出行攻略。如采用什么交通方式、什么时间出行、走哪一条路线等。这样不仅使居民出行的效率得到了大幅度的提升，同时提高了各种公共交通工具和设施的使用频率。据此可知，智能交通在城市公共交通系统中融入了信息技术与通信技术，这是智能交通最大的特点，也是最大的优势，人们可以通过实时的路线指引、公交服务等信息来随时随地地知晓整个的公共交通的现状。

（3）"以人为本"交通理论

"以人为本"的城市公共交通发展模式，是为了使城市居民的交通需求得到充分的满足，城市的公共交通设施要立足于可持续的发展中，寓分配的公平性于社会大众中，以及公共交通设施应当是以适合城市大多数居民的需要而去创建，从适应与使用的角度上来说，要满足不同阶层的市民需求，在公共的交通方式上，按照市民收入水平的不同来进行各种可具选择性、各种层次的供给，确保公共交通的服务质量是跟随社会发展的脚步来应对且满足社会大众的需求。

（二）常规公共汽车运营管理

1. 常规公共汽车系统组成

（1）常规公交车辆

公共的交通车辆也就是我们所说的公交车，按照动力推进的系统差别可分为汽油、柴油、新型混合动力、环保型压缩天然气（Compressed Natural Gas，CNG）等公交车以及无轨电车等。尽管柴油公交车易保养、油料价钱低且有充足的动力，但其不足的是所排的废气较多且噪声大。而以电力作为驱动装置，运行速度快且平稳的无轨电车的建设又要以架空的输电设备为前提，同时其不仅需要较高投资费用及营运的保养资金，还必须在有架空线的区域才可运行。而低排放量、燃料费也不高且发动机耐用的CNG客车，如若想要使用效果达到最佳状态就必须使用专用的发动机才能实现。

（2）常规公交运营服务的重要性

城市公交系统应以运营服务为中心，竭力给乘客提供快捷、安全、舒适、准点的乘车条件，根据乘客流动的现实需要，以确保具有一定行车间隔以及行车时间的车辆为前提，周而复始地运行。为了满足客流变化过程中的需求，要巧妙地调整车辆的使用情况，针对时间、季节、流向、区段这些客流变化情况的不同，用时间去积累信息，从而掌握客流的规律，不断优化运营服务。

2. 常规公共汽车系统规划

（1）常规公交线网规划

①常规公交线网规划的影响因素

第一，城市客运交通需求。其所囊括的有公交线的数量、分布以及乘客对出行路径的选择，规划公共交通线网时受它的影响较多。

第二，道路条件。一般来说，公共交通线网其基础是道路网，不过并不是所有道路都能适应公共交通车辆的行驶，应考虑到道路的容量限制、几何线形、路面条件。

第三，场站条件。首末站能约束公共交通线网规划，还可以经过优化线路之后，依据路线设置的车辆来决定首末站还有它的规模。一些公共交通车站还可在线路确定下来后，以实际情况为依据，即车站的长度是否有所局限以及站距是否最优等情况，再做最后的确定。

第四，车辆条件。以下车辆条件可以影响线网规划：车辆数、操作性能（如转弯半径、车速、加速能力等）、载客指标（如额定载客量、座位数、站位数等）和车辆物理特征（如车长、宽、高、重等）。

第五，效率因素。效率因素指公共交通线网单位投入（如每千米、每班次等）获得的服务效益，反映线路效益的指标有每月行驶数、每车千米载客人数、每车千米收入、运营成本效益比等。

第六，政策因素。如服务水平管理、车辆管制与优先以及漂江管理等这些皆为交通管理的政策、像对于边远地区居民的出行须予以照顾即社会公共保障的政策，还有土地发展的政策都与城市公共交通系统密切相关。

②常规公交线网规划的一般方法

第一，现状调查。现状调查主要是对城市人口出行方式与出行次数等情况进行的调查，此外还需要城市流动人口出行 OD 调查、城市居民出行 OD 调查等，而且还不能缺少对城市交通规划以及发展规划全面且综合性的了解与掌握。

第二，公共交通客运 OD 分布预测。其 OD 的工作内容有三方面。A. 对于出行发生与吸引量的预测，通常根据以家庭为基础单元的出行生成率进行预测，从而对各个交通小区的出行生成量进行预测，在获得现状出行生成量之后，依据城市总体规划以及人口发展趋势，获得规划年的小区出行发生与吸引量。B. 对于交通出行的分布的预测，依据居民出行现状的 OD 矩阵还有规划年各交通小区的出行产生与吸引量，可以使用一定数学方法来获得规划年的 OD 分布。C. 居民选择公共交通方式的出行量预测，进行公共交通方式的出行量即交通出行分担预测的交通方式选择模型可以分为两类：第一类是集计方法，它以统计学为基础，统计处理交通分区中的家庭或者个人的调查数据，标定方式选取模型中的参数；第二类是非集计方法，它以概率论为基础，是将个体原始资料不经任何处理而直接用于模型的构造。

由交通运输部门对居民进行调查访问，即目前什么样的出行方式是居民所钟爱的，同时未来，居民们又希望有怎样的出行方式可供其选择，将两份调查报告综合起来，所得出的结论，便可知如何分布公共交通客运的 OD。

③公共交通线网规划布局方案的优化

依据城市公共交通需求 OD 矩阵，综合考虑各项影响因素，以"逐条布设，优化成网"的方式实行。第一步，实行各线网片区内部的公共交通线网布局，并把主体片区作为重点；第二步，实行各线网片区之间的衔接线路规划，并把研究各片区与主体片区的联系作为重点；第三步，采取调整优化与综合平衡措施，实行城市整体公共交通线网规划布局方案。

（2）常规公交场站规划

①公交场站类型

城市公交场站有两类：A. 担负公共交通线路分区、分类车辆维修的公交场站，一般被应用为停车、车辆保养和综合管理的中心停车场，也可以作为保养场，专门用来给车辆做保养，或作为修理厂，专门用来给车辆进行大型的维修；B. 指一些公交枢纽站、公交起始站、公交终点站以及中间停靠站等这些在公共交通系统中起调度和换乘作用的站点。

②公交停车场

停车场主要是给线路运营车辆在人们下班之后提供合适的停放场地、空间以及必要设施，并且按照规定对车辆进行浅层保养还有重点小修工作。停车场用地面积的确定依据是保证停放饱和时，公交车可自由出入而不受停放车辆的影响。根据以往经验，对于停车场的规模来说，通常适合停放 100 辆铰接式运营车辆或者停放 200 辆标准车辆，其规划用地按每辆标准车用地 150 平方米计算。

③公交保养场

保养场主要是进行运营车辆的高级保养以及相对应的配件加工、燃料和材料的储存、分发等作业。保养场可以分为三种类型：小型保养场，年保养 200 辆；中型保养场，年保养 300~500 辆；大型保养场、保养中心，年保养能力超过 500 辆。对于保养场的规划用地，若根据所承担的保养车辆数来计算，一般情况下每辆标准车要用地 200~250 平方米。

3. 常规公共汽车调度

（1）城市公交运营调度的内涵

城市公交运营调度是指城市公交企业根据客流的需要和城市公交的特点，通过制订运营车辆的行车作业计划和发布调度命令，协调运营生产的各环节、各部门的工作，合理安排、组织、指挥、控制和监督运营车辆的运行和有关人员的工作，为乘客提供安全、方便、迅速、准点和舒适的乘车服务，最大限度地节省人们的出行时间，同时为完成企业的营运计划和各项经济技术指标而开展生产。

根据车辆运行作业计划的需求，结合现场实际情况，恰当有效地指挥、调节、控制车辆的运行，并确保客运工作能够按时、按量、按质地完成，是运营调度的主要任务。

（2）城市公交运营调度及其职责

①运营调度的分类

A. 按照调度内容和目标的不同划分

a. 静态调度，主要是确定线路人力、车辆及发车计划，其目标是在运能供应和满足客流需求的条件下，提高效益，尽量提高运行车公里数和车速；b. 动态调度，根据道路交通情况、车辆运行状况、突发事件及其他实时信息，修改规定的车辆运行时刻表，以保证车辆准点率、行车间隔，维持设定的服务水平。

B. 按照调度体制划分

城市公交调度机构的设置可以根据城市规模的大小、公交企业的设备状况因地制宜建立二级或三级调度制，大城市由于公交线路较多，车辆、人员多，一般实行三级调度体制，中小城市则实行二级调度体制。可分为：a. 一级调度是公司总调度，由公司分管营运的副经理兼任主任，另设副主任若干名，负责全公司的营运调度管理工作；b. 二级调度是分公司（车场）调度，由副经理（场长）兼任主任，另设副主任若干名，负责场辖路线的营运调度管理工作；c. 三级调度是车队（线路）调度，由车队副队长任组长，副组长一般由线站调度长兼任，负责现场调度指挥。

②运营调度的职责

A. 一级调度

a. 负责全市范围内客流调查的组织与调查资料的汇总分析，并进行预测，掌握全市区域性的客流动态及发展趋势，提出新辟、优化调整营运路线计划，以及改善停靠站服务设施的建议方案；b. 制定编制运行作业计划的规范与调度制度；c. 制订全市性大客流的专用方案，及时组织实施，并有权调度各场车辆；d. 协调场际跨线联运业务，制订两场两点出车等调度方案；e. 审核各车场的行车作业计划和调度措施，并督促执行；f. 随时了解和掌握各场、各条路线运营计划的执行情况，发现问题及时处理，并提出改进措施；g. 建立营运调度方面的信息系统，包括原始记录、台账、统计报表等，做到及时、迅速地反馈传递，检查全公司服务质量，并向计划部门提供准确的营运调度方面的经济指标执行情况资料。

B. 二级调度

a. 所辖营运区域内的客流调查与调查资料的整理分析，掌握区域内客流动态，特别是"三高"（高峰时间、高单向、高断面）客流量的资料，作为编制和调整行车作业计划的依据；b. 编制所辖区域内的行车作业和调度措施，经上报总调度室审批后下达车队执行；

c. 制定管辖区域内的大客流调度方案和措施，并组织贯彻执行；d. 调派所辖线路的执勤人员（驾驶员、售票员、线站调度员）和营运车辆，随时了解和掌握所辖线路的营运情况，发现问题及时处理，做出临时性的改道、线路延缩和迁站的决定；e. 检查所辖区域的服务质量，定期综合上报行车作业计划及各项定额指标的执行情况。

C. 三级调度

a. 所辖营运区域内的客流调查和资料的管理分析与汇总上报，随时了解所辖线路沿线主要单位职工上下班及"三高"动态；b. 参与编制所辖线路的行车作业计划和调度措施，并切实贯彻执行；c. 在客流发生变化时，按调度管理责任制规定，有权机动灵活地增加或减少行车班次，报停车辆应及时向车场调度室汇报；d. 遇行车秩序不正常时，应积极采取措施，及时恢复行车秩序，保证车辆正常运行；e. 具体处理所辖线路临时性的改道、路线延缩和迁站等事项；f. 检查所辖线路的服务量，定期上报本队行车作业计划及各项定额指标的执行情况。

（三）快速公共汽车运营管理

1. 快速公共汽车系统组成

（1）快速公共汽车交通的内涵

快速公共汽车交通（BRT）是一种公共交通运营中的新模式，这种模式处于传统公交和城市快速轨道交通的中间地带，是以大容量、高性能公共汽（电）车沿专用车道按班次运行，由智能调度系统和优先通行信号系统控制的中运量快速客运方式，简称"快速公交"。

BRT虽然是以一种新的姿态投入城市公共交通体系中来，但其基础和实质仍然是传统的地面公共汽车，是对这种地面公共汽车在基础设施、运营方式、车辆模型和技术等方面做了提升和大量改进的一种城市交通工具。相对于传统的地面公共交通，BRT具有其独有的特征：它有专用的车道和专属的路权；建设有单独的车站，这些车站可以实现在车外售票、检票，乘客可以水平上下车，一般这种车站的设施也相对齐全；此类专用车辆一般车身容量都比较大，在使用燃料及排放上能够实现节能、环保的理念；这类车辆能够实现高效的智能调度；能够保证较高的正点率，运送速度快，运力大，效率高；还能为乘客提供快捷的信息服务。

（2）快速公共汽车交通系统的组成

①BRT专用道

推行了BRT公交的城市，都为其设置了专用车道或者公交专用线，使其能够最大限度地脱离其他车辆所在的可能拥堵的空间，优先享有专用路权，从而能够更好地体现出 BRT 省时、快捷、高效的优势。BRT 专用道是 BRT 系统构成的最基本要素，也是整个 BRT 系统的核心部分。BRT 专用道按照道路运行形式的不同分为三类，即公交专用路、公交专用道和与合乘车共用道路。公交专用路是指在特定的城市道路上，公交车享有全部的、排他的绝对使用权；公交专用道是指在特定路段上，通过标志、标线等画出一条或几条车道给公交车专用，同时公交车享有在其他车道行驶的权利；与合乘车共用道路是指在特定道路上画出公交车与合乘车共同使用的道路。

②BRT 专用站

BRT 专用站是 BRT 系统为乘客提供服务的窗口，它具有售检票、候车、上下乘客及行车信息发布等功能，能够为乘客提供安全、舒适的候车环境及快速上下车的服务。

③BRT 专用车辆

BRT 系统多采用标准的或铰链式改良设计的车辆，这种设计采用的是铰接式，使车辆能够从两侧开门，车门较多，底板较低，乘坐舒适并且能够实现智能化控制。BRT 专用车辆的费用将占到 BRT 系统费用的 50% 以上。

④智能交通系统

A. 动态调度

通过车辆自动定位技术实现车辆的动态调度，应用收费系统实现客流出行数据的统计。

B. 辅助车辆驾驶技术

自动导向技术帮助车辆在路段运行期间保持平稳快速。精准靠站技术提高车站内的停靠精准度，缩短车站延误时间。安全保障技术保证车辆行驶过程中不受冲撞。

C. 信号优先技术

该技术是基于智能控制技术和车辆自动定位技术，在交叉口使 BRT 车辆优先通行。

D. 乘客出行信息服务

车站提供线路信息、车辆到站信息、换乘信息。车内提供实时运行信息，通过互联网、电话或客源集散点的查询终端提供 BRT 系统服务信息。

E. 服务方式

服务方式根据不同公交道路形式和不同的公交车辆有所不同。通过在 BRT 车站设置自动售检票系统、精确车辆停靠装置、显示到站公交车辆载客量及与车辆地板平齐的高站台使乘客快速上下车。

2. 快速公共汽车专用道设置

（1）BRT专用道设置须考虑的因素

①运输效率

BRT专用道必须是高效率的，即应具有严格的专用路权和尽量少的交通横向干扰，应确保BRT车辆运行快速，站点和交叉点的交通延误少。

②服务水平

BRT专用道的设置要充分体现"以人为本"的服务理念，要为乘客提供良好的乘、候车环境，保证乘客整体交通行为的连续性和舒适性，提供良好的乘客信息服务，实行方便、公平的票制系统及人文关怀与尊重。

③网络系统

要注重提高整体公交网络的服务效能，促进公交网络形成良好的空间和等级结构，促进线路之间形成方便、高效的换乘关系，包括换乘时间、空间距离和换乘费用等。

（2）BRT专用道的类型与设置方法

BRT专用道的类型决定了BRT系统的运行速度与运营能力。全封闭式的BRT专用路可以提供大容量和快速的公交服务，和正常的交通轨道服务水平是差不多的。通常BRT专用道则会受到多路口的信号的限制，它的运输速度会受到一些影响，所以在重要交通路口，都会设置一些公交信号优先控制，在特殊的时候可以调整一下。

三、交通管控模式与城市轨道的融合

（一）城市轨道交通信息集成技术

城市轨道交通信息集成技术就是为城市的轨道交通建成一个信息集成平台，这个信息集成平台整合了轨道交通中各个子系统的数据，是一个便于管理轨道交通的有机整体，关键时候能充分调度轨道交通中的一切资源，实现资源的优化配置，提高调度指挥和运营管理的集约化水平以及社会服务水平，而对集成后数据的挖掘则可以更好地利用集成信息为管理和决策服务。

（二）城市轨道交通网络运营技术

城市轨道交通主要包括城市中的地铁系统、轻轨系统、磁浮系统等交通网络，这些交通网络一旦出现意外状况，其传播速度之快、影响力之大、危险系数之高是其他行业难以比拟的，而且往往牵一发而动全身，需要联合轨道交通的相关部门和其他外界部门相互协作、配合。所以，建设面向应急管理的城市轨道交通信息集成平台，集收集信息、整合、智能分析等功能于一体，这样面对突发事件才能实现迅速应对、高效率解决，因此如何启动应急管理工作是我国当下城市轨道交通运营管理的重中之重。

（三）城市轨道交通出行智能优化技术

随着城市化进程的不断加快，城市中的交通网络不断扩大，如何整合交通信息、优化大家的出行方式，是目前城市轨道交通路径优化面临的最大难题，以往使用的图论方法和静态路径诱导法不适合如此大的交通网络。前者计算量大、计算时间长，难以迅速做出优化；后者以道路质量和几何距离为算法依据，是一种比较理想的状态，但无法体现交通网络的变化性和实时性。

（四）城市轨道交通客流预测技术

城市轨道交通的列车开设必须以客运量为基础，以客流性质、特点和规律为依据，科学合理地安排列车种类、起讫点、数量、运行交路、编组、停站方案、列车席位利用、车体运用等方案。也就是说，人流量的多少是是否开设轨道交通列车的首要因素。目前，国内许多列车所停的站台和路线的设置都是按照客流量来分布的，这既使交通的列车设备实现了最大的经济效益，又满足了大客流量地区的出行需求。

（五）城市轨道交通票务清分技术

城市轨道交通是个复杂、巨大的工程，庞大的客流量，复杂的路线规划，各种轨道交通之间的差异，客流量和车站流量在时间、空间上的分布不均，是导致轨道交通复杂的主要因素。运营线路分属不同的投资和运营主体还会产生如何将票务收入在不同主体之间进行清分的问题。传统的票务清分方法有两种：一是客流均衡模型，认为客流会均衡地分布在不同线路上；二是广义费用分析方法，这些方法在实际运营管理中的使用效果还不尽如人意。

四、城市交通与经济的协调发展分析

（一）城市公共交通与国民经济发展

城市国民经济的发展，一方面为城市公共交通建设提供了必要的物质与资金基础，另一方面时间和空间上的分布不均也使得各地的交通需求产生了一定的差异。特别是人们的收入差异使得人们在交通工具的选择和对交通的需求上也发生了一些变化。收入高的群体对交通的需求较多，比如上下班、出行旅游，家庭在交通上的花费更多。同时，他们不仅追求高速、便捷、安全、舒适的交通方式，服务态度也是他们选择交通方式的主要因素之一。

公共交通现在已经成为国民经济发展的有力支撑。主要体现在两方面：一是公共交通网络的扩展带动了各地经济和各个行业的发展，比如出行速度的提高极大地刺激了人们的出行需求，带动了旅游业的发展，许多风景优美的地方开发成旅游景点，当地经济得到迅速发展，同时人们能接受更好的教育和更好的医疗服务，进行更加丰富的休闲娱乐活动；二是公共交通的多样化发展和规模的扩大，不仅使之成为国民经济重要的组成部分，而且推动了社会现代化的进程。

（二）机动车保有量与国民经济发展

随着社会经济发展和城镇化水平提高，居民出行机动化也进入快速发展阶段。

第十章 城市交通网络建设

第一节 城市交通网络构建与运行

一、城市交通网络的层次结构

（一）城市交通基础设施网络

由于存在空间技术要求和功能布局的差异，在包含地面道路网络、快速道路网络、轨道系统网络的城市交通基础设施网络中，需要进一步区分地面道路网络中的道路与街道，以及轨道网络中的通道与线路。

道路与街道虽然都表现为一种带状空间，但是二者的功能和结构却有很大的差别。

现代的道路系统，通过各种分离设施，将道路空间分割为一条条"管道"。各种交通工具在各自的"管道"中各行其道，从而达到提高通行效率和安全性的目的。但是在保障两端交通通行效率的同时，也在相当程度上破坏了道路两侧联系的便利性。

街道则更加突出以人为本的功能，希望街道两侧的交流不被割裂（如同我们在步行街所见），以及提供驻留沟通的条件。以国际上流行的完整街道概念为例，设计目标上强调以下内容：

安全街道：机动化是一种手段，而不是结果，不能因为机动化影响步行、自行车通行的安全，确保行人、自行车和汽车各行其道，提高街道的安全性。

绿色街道：减少硬化路面面积；减少能源消耗；减少温室气体排放和空气污染；最大限度地实现雨水渗透和雨水再利用；鼓励人们步行、骑自行车和乘坐公共交通出行，少开车，改善人们的健康。

活力街道：创建宜居社区；增加公共活动空间，增进人与人之间的交流；增强街道的吸引力，提高街道两侧土地的价值。

历史上街道曾经是关联城市空间的最古老形式，它连接了各个地点，有效地解决了城市的空间分离问题。现代工业和机动化所带来的快速运动，促使街道转变成了道路，城市被大规模改造以适应机动车交通的要求。历史总是呈螺旋式上升，随着时间的推移，"人"重新成为城市规划和交通规划关注的主体，街道在现代城市中的地位重新得到重视。

对于"以人为本"的城市来说，街道不是"奢侈品"而是"必需品"，因而也要考虑空间网络的合理分布问题。与道路网络空间布局围绕系统容量和交通流流动效率的考虑不同，街道的空间分布是根据人群、活动和场所之间的关联，基于公共服务获取和设施的可达性来进行分析的。

城市轨道网络的相互衔接并非单纯的枢纽换乘，而是包含线路互通和网络互通运行等多种方式，因此城市轨道基础设施网络也并非简单的线路相互连接，其中的通道就是适应多样化的交通需求，采用了多车种运行组织模式的复合路段。

（二）城市交通路权分配网络

路权分配主要是在交通基础设施网络基础上，根据城市总体交通战略需要，通过路权管控调整公共交通与个体交通、客运交通与货运交通，以及不同权属设施的运行使用关系。在公交优先、产城融合、互联互通等空间战略指导下，路权分配不再是局部措施，而逐渐成为一种全局性网络对策。

（三）公交服务网络

提到公交系统的网络，一般想到的是由不同公交线路连接而成的网络。但是这并非乘客真正作为选择依据的网络。当我们站在使用者角度，考虑公交可达性、运行可靠性、服务频率等因素情况下所看到的公交网络，与一般公交线网图有着显著的区别。

通常意义上的一条"公交线路"，代表在公交网络中按某一方向运行的，从始发站点前往终到站点的一组公交车辆。其上的车辆容量、所提供的服务和所经过的站点是一致的，当同一线路上存在大站快车和站停车辆时，在技术上则视它们属于不同的公交线路。

为了表达使用者角度所看到的公交线网，定义"公交线路段"为连接两个站点的一段公交线路，而这两个站点并不一定连续，代表某条线路为这两个站点所提供的服务。并定义一条"公交路径"代表公交乘客从起点到终点所选择的出行路径，它可以表示为包括起节点、中途换乘点以及终节点的点序列，公交路径上连接两个连续节点的部分为一个公交路径段，一个公交路径段可能由连接两个换乘站点之间的一组直达公交线路组成，在无拥堵情况下公交乘客通常会选择这组线路中最先到来的车辆。

二、城市交通网络的技术构建

（一）城市交通网络的构成要素

1. 要因地制宜

并非每个城市都必须建立所有城市交通网络的子系统。各城市应当因地制宜，体现自身特点，与城市规模和形态协调、与城市功能和布局协调、与旧城历史格局协调，并处理好长远规划与近期建设的关系，注重资源环境条件的约束。大中小城市应区别建立符合自身特点的城市交通网络，特大城市要注重都市圈交通的研究。

2. 要与城市规划形成互动

城市规划中的综合交通体系规划既有城市交通网络，也包括城市对外交通的布局等。编制城市综合交通体系规划，应了解城镇化进程中城市和城市规划的历史脉络，加强城市交通与城市规划的互动。

3. 要突出整体性和目的性

城市交通网络是一个整体的大系统，整体性的体现是以城市行政区域内部交通组织为主要着眼点，关注各子系统的相互衔接，并处理好新型城镇化发展过程中围绕中心城市形成的都市圈交通。从系统论的角度处理好城市交通，重点是各个子系统之间以及子系统各要素之间的相关性，不同的子系统间相互配合、补充协调才能够提高城市总的运行效益。

4. 要与交通需求管理理念相衔接

实现城市的可持续运行目标，一定要坚持实施交通需求管理的理念和方法，促进城市交通网络的构建和运行互动、互补。交通需求管理重在调控交通需求的总量和结构，以交通资源约束条件下的交通供需基本平衡为目标。具体而言：一是突出网络结构，系统衔接，注重开放性的路网格局，有利于交通运行组织；二是应强调点线面结合，地上地下结合，中心区交通流运行组织建议先出后进，减少人流活动密集地区的交通压力；三是以静制动，用停车位来引导区域交通流均衡；四是鼓励合理拥有和使用小汽车；五是倡导绿色出行，鼓励步行和自行车出行等；六是工程措施与政策、经济、法律等统筹融合。

（二）地面道路系统

由地面道路所构成的网络空间是城市综合交通网中最基本的网络，其他网络或依附于道路网而存在，例如公交网、货运网等；或与道路网络具有紧密关联，例如轨道交通网。

因此，道路网络的空间布局相当程度上影响到其他网络的敷设。

地面道路系统联系城市的各个组成部分（城市中心、城市的各种用地、对外交通设施），既是城市生产、生活的动脉，又是组织城市布局结构的骨架，同时是安排绿化、排水及城市其他工程基础设施（地上、地下管线）的主要空间。

地面道路空间又是城市基本空间环境的主要构成要素，道路空间的组成直接影响城市的空间形态和城市景观。地面道路既是城市街道景观的重要组成部分，又在一定程度上成为表现城市面貌和建筑风格的媒介。

从结构要素看，道路的基本组成部分主要包括路基和路面。路基是在地表按照道路路线位置和一定技术要求开挖或堆填而成的岩土结构物，路面是在路基顶面用各种筑路材料铺设的层状结构物。路基既为车辆在道路上行驶提供基本条件，也是道路的支撑结构物，对路面的使用性能有重要影响。路面起到直接承受行车的作用，设置路面结构可以改善汽车的行驶条件，提高道路服务水平（包括舒适性和经济性），以满足汽车运输的要求。

从交通要素上看，道路系统所涉及的基本要素是人（包括驾驶人、行人、乘客等）、车（包括机动车和非机动车等）、路（包括公路、城市道路、出入口道路及其相关设施）和环境（路外的景观、管理设施和气候条件等）。四要素协调运作才能实现道路交通系统的安全性和顺畅性要求。

道路系统的功能是根据现代交通的需要，将城市中的各个组成部分有机地连接起来，组成完善的道路交通系统，使城市各部分之间有便捷、安全、经济的交通联系。尽管城市道路的功能随着时代、城市规模、城市性质而发生变化，但其功能主要体现在以下四个方面。

1. 交通设施功能

地面道路的交通功能指由城市活动产生的交通需求中，对应于道路交通需求的交通功能。交通设施功能又可分为长距离输送功能和沿路进、出入集散功能。

2. 公用空间功能

公用空间功能表现在除采光、日照、通风及景观作用外，还为城市其他设施如电力、电信、自来水、热力、燃气、排水等管线提供布设空间。

3. 平面结构功能

城市建设和发展离不开道路规划，道路是城市规划不可缺少的重要组成部分。形成城市平面结构功能中起重要作用的是城市道路网。通常干线道路形成城市骨架，支路则形成街区、邻里街坊，城市的发展是以干道为骨架，然后以骨架为中心向四周延伸。

4. 防灾救灾功能

（1）工程措施

工程措施主要是通过修建新的道路工程来改善道路系统的不足，满足日益增长的道路交通需求。例如，建造环线道路引导跨越城市中心区的交通流绕行通过，建设立体交叉口改善"瓶颈"路口的交通通行能力。新建道路项目改造路网条件是必不可少的，但并不是任何新建道路都能够发挥好的作用，有时反而会带来负面影响。例如，新的高速公路直接把交通流引向城市内部，而不是通过环线道路将其分散引入城市内部，有可能会造成局部地区的交通严重阻塞而引起整个道路网络的瘫痪。为此，工程措施一定要在规划的指导下进行，并认真做好前期可行性研究。同时，工程措施往往需要高额的工程费用，并可能对城市景观或自然条件造成破坏，所以使用中往往受到多方面的制约。

（2）规划措施

规划措施主要是通过合理协调土地开发与交通网络之间的关系，从源头上减少交通量的产生，从而降低道路网络的交通负荷。例如，采用公共交通引导土地利用（TOD）的开发模式，将商业、住宅、办公楼、公园和公共建筑设置在步行可达的公交（轨道）站点的范围内，提高公共交通的吸引力，减少居民出行对小汽车的依赖，降低城市道路的小汽车使用强度，减轻地面道路系统的交通压力。

（3）管理措施

管理措施主要包括交通运行管理、交通需求管理等。交通运行管理的目的是充分提高现有道路的使用效率，采取的手段主要有道路信号控制、交通组织（例如，交叉口划分直行、左转专用车道，规定禁止停车路段、建立单行道系统、建立自行车专用道路系统）等。某些措施具有保障交通总体战略得以实现的作用，例如建立公共汽车专用道路或专用车道系统，禁止其他车辆使用该车道，从而使得公共汽车少受交通拥挤的影响，获得较高的行驶车速，取得相对小汽车的车速行驶优势，以争取旅客转向公共交通。交通需求管理主要是通过行政、经济、法律等手段对交通需求进行适当的调控，以抑制需求的无节制增长，其直接目的是对机动车使用加以合理调控。例如，通过大幅度提高城市中心地区的停车费用和加强该地区的违章停车管理，控制车辆向该地区的流入量；提高与小汽车使用有关的税收，促使使用者转向公共交通；执行车辆牌照管理和控制，有效调节汽车的增长速度等。

（三）快速路系统

适应于汽车时代特点而从城市干道基础上发展起来的快速路系统，采用与高速公路相同的封闭且分离的方式组织汽车的运行，但设置更多的出入口以适应城市地区的用地特点。在道路网络中，快速路是联系城市各组团的中、长距离快速机动车交通服务的机动车专用道路，属于全市性的交通主要干线道路。从网络的交通效能角度来看，快速路系统需要处理好与地面道路的组织与衔接关系，以及与高速公路之间的衔接关系。

快速路一般布置有双向四条以上的行车道，全部采用立体交叉（或布置出入匝道）控制车辆出入。快速路常见有三种形式：地面快速路、高架快速路、路堑式（地道）快速路。快速路具有重要的交通组织功能，包括：联络城市各个功能分区，满足中长距离交通快速连接需求；分离快慢交通和长短距离出行；增加城市路网交通容量；提高特定区域可达性等。

从国内外快速路发展的实践来看，网络布局大多为环形放射式的布局结构。这种道路系统的放射形干道有利于市中心同外围市区和郊区的联系，环形干道又有利于中心城区外的市区及郊区的相互联系，具有通达性好、非直线系数小、有利于城市扩散和过境交通分流等优点。在这种网络布局中，环线道路和射线道路都有其各自的功能。环线道路可以把射线道路联系起来，使射线道路上的车辆逐层分流，减少其对中心区带来的交通压力，同样射线道路也加强环线与环线的联系，减少了车辆的绕行距离，两者既互相制约又互相补充。

在快速路系统规划与设计过程中，需要处理好一些基本问题。①合理设置快速路出入口，提高快速路交通流的机动性。合理设置出入口是保证城市快速路正常运行的关键。城市快速路路段出入口的位置、间距和形式，应当满足主线车流稳定、分合流交通安全迅速的要求。为确保快速路出入口处的交通顺畅、安全，出入快速路的匝道应设置为单向交通。城市快速路的主路和辅路出入口连接的两条道路，在快车路主路上必须设置变速车道；相接道路宜增设一条车道，保证快速路的进出通畅。城市快速路的出入口，在一般情况下应设置在主线行车道的右侧，且出入口位置应明显易于识别。②完善快速路周边的集疏散通道，提高路网整体运行效率。首先对快速路辅路及相交主干路分别进行通道管理，主要通过交叉口信号灯（必要时可以采用车道灯）控制、区域联动控制、区域交通组织等手段。一方面，提高区域整体运行效率、扩大对出口匝道的疏解能力；另一方面，适当控制流入入口匝道的交通总量。其次，完善交通信息提供和诱导系统，及时、广泛地发布动态拥堵信息，对出入口匝道的交通需求进行合理疏导，尽量减少无谓出行。③与城市空间协调布局，处理好交通与用地的关系。快速路是大城市交通运输的主要动脉，同时是城市与高速公路的联系通道。在快速路两侧不宜设置吸引大量人流的公共建筑物的进出口，对两侧一般建筑物的进出口也应加以控制。快速路在城市中的布置一定要采用高架的形式，但在必须通过繁华市区时，可以采用路堑或高架的形式通过，以与其他常速城市道路实现立体分离（或组合），可以更好地协调用地与交通的关系。④通过有效的运行组织和管理方式，支撑城市应急保障系统。快速路作为大城市路网体系中骨架性的道路，是重要而必需的，但其主要功能目标不是用来满足通勤性的小汽车出行需要的，而是保障大城市中长距离出行的基本机动性，满足城市对外交通及功能组团之间快速机动交通联系，特别是应急保障的需要。一个大城市不能让所有的道路都处于较低的服务水平，应该有差别化的管理方式，如在一些快速通道上采取收费措施，调节道路交通流量，提高其机动性，满足构筑城市安全应急保障系统快速通道的需要。⑤路权分配中逐步由"车本化"向"人本化"转变。快速路不仅仅是为小汽车服务的，同时是为公交车等其他大容量交通方式服务的，在资源日益紧缺、交通拥堵日益严重的大城市尤其是特大城市，应该重新审视快速路的路权分配，给予承载更多人的公共交通方式更优先的行驶空间，由传统的"以车为本"向"以人为本"的观念转变，例如在快速路上设置公交专用道等。

由于快速路系统具有很强的系统关联效应，设计中的一些局部具体问题处理不当，也将造成系统效率下降。常见的具体问题如下。

①出入口设置问题：快速路的出入口布局包括出入口数量、进出口匝道的相互关系、进出口匝道与地面道路的衔接关系等。这些问题的处理虽然可以确定所须遵循的基本原则，但是没有放之四海而皆准的唯一答案。

②交通标志设置不合理：例如标志信息不连续，上一段预告的信息在下一段没有很好地体现造成信息断链；指路标志的信息没有兼顾中、远途过境司机的需要；与放射线道路相接处标志设置不合理；交通标志的设置没有充分发挥疏导和平衡路网交通负荷的作用等。

③快速路周边关联集散通道不完善：城市快速路的网络形态大致可归纳为"棋盘式""环+放射线""自由式"以及它们的组合。射线快速路往往与郊区高速公路直接相连，由于其良好的行车条件和直捷性，快速路已成为车辆进、出城的首选路径。而由于城市道路网中，普遍存在主干路功能达不到标准、支路连通性不够、机非相互干扰严重等问题，限制了其对快速路匝道的疏散能力，导致快速路承担过多的机动车交通需求而导致拥堵，加之出入口设置不合理，极易形成拥堵蔓延的态势，加剧整个道路网络的交通压力。

除了上述技术问题，在确定城市或者城市群的快速路系统布局方案时，必须面对三个各方关注的重大决策判断问题，包括：快速路是否应该进入中心城区、主城区，快速路是否应该穿越城市中心区，快速路系统与城市外部高速公路应该形成一种什么样的连接关系。

城市内部是否需要以及如何设置快速路问题，特别是快速路是否应该进入城市中心城区，一直是一个存在激烈争议的问题。反对者认为快速路进入城市内部过于强调"以车为本"，在城市景观、交通环境等方面产生了很大的负面影响，应该将投资和空间向公共交通倾斜，容忍小汽车交通的适度拥堵，以换取城市整体交通模式的可持续发展；赞成者认为超过一定规模的城市如果没有快速路的支撑，将使得中心城区的可达性变得不可接受，从而大幅降低城市活力，削弱城市竞争力。事实上，城市中心区是否应该修建快速路系统并没有简单绝对的答案，与城市规模、空间形态、功能布局等相关联，把问题简单化和绝对化并不能化解理想与现实的冲突。

对于快速路是否应该穿越城市中心区，其意见分歧没有第一个问题那么大，但是部分研究者和技术人员对于"绝对否定"仍然持保留态度。作为一般性原则，快速路应该避免穿越城市中心区，避免破坏城市中心的空间环境，以及将小汽车过于集中地引入城市中心。但是这一问题同样不能绝对化，对于空间范围的"地理中心"（而非土地功能）而言，在特定城市空间结构，以及交通需求分布结构的背景下，快速路穿越完全有可能是比"环线"更加有利的方案。

城市快速路系统建设面临的另一个决策难题是与对外高速公路的衔接关系。快速路系统是否需要与对外高速公路网络直接连通，形成一个完全一体化的系统，特别是是否将放射形高速公路与城市内环线快速路通过快速路衔接，往往引发管理者与技术人员的意见分歧。在许多人看来，高速公路与快速路之间形成无缝衔接应该是天经地义的事情。但是从系统整体上看，无论是高速公路还是快速路都不是车辆出行的最终目的地，所以问题的本质是在连续的高/快速路系统上行驶的车辆，在什么位置转入地面道路。由于两个系统通过能力具有显著差别，且两个系统之间是通过有限的进出匝道出入口进行衔接，尽可能地将转换流量加以分散，并避免与城市内部交通流形成激烈冲突，是系统衔接设计应该追求的目标。因此，对这个问题的回答只能建立在严谨的交通流分析基础之上，试图直接依据概念或者原则进行的决策并不能保证获得科学的判断。

（四）公共交通系统

公共交通系统作为城市交通的主体/主导，其线网布局既需要考虑到城市的空间结构、功能布局、客流分布等外部因素，也需要考虑系统内部衔接与运行组织等方面的问题。

公共交通线路网络的整体结构将对公共交通系统所提供的整体服务水平产生重要的影响。

伴随城市空间的拓展，城市的职住关系往往被拉长。尽管这并非规划所期望，但在多种因素作用下已成为难以扭转的趋势。

（五）停车系统

1. 对停车系统的基本认识

按照停车的目的可以将停车需求分为出行停车和基本停车。为实现出行目的而进行的停车称为"出行停车"，完成出行目的后返回家或单位等的停车称为"基本停车"，而相应的需求为"出行停车"需求和"基本停车"需求。

出行停车需求是与出行目的相关联的需求，可以分为通勤停车需求和非通勤停车需求（包括休闲、购物、娱乐、商务等）。通勤停车需求往往要求有固定停车场所，而非通勤停车需求则不一定要求有固定停车场所。

基本停车需求通常又称为夜间停车需求，是车辆不使用期间的停放需求，可以分为居住停车需求和单位停车需求及其他停车需求。居住停车需求主要是居民私人小汽车不使用时在居住区的停车需求；单位停车需求是单位车辆不使用时在单位的停车需求；其他停车需求主要指营运车辆等专业车辆，对专业的营运车辆停车场的需求。基本停车需求一般要求车辆有长期固定的停放场所。

很长一段时间内，社会上不断争论停车需求的属性，争论的焦点在于停车需求是否为基本需求，后经过广泛讨论，基本已经形成共识，即出行是人们的基本需求，但停车并非人们的基本需求。出行是保障社会交往和其他交流活动的根本途径之一，是社会发展的前提条件，因此出行是必须进行保障的基本需求。但是出行方式有很多种，小汽车出行并非唯一选择，因此小汽车的停车需求并不是所谓的"刚性需求"。

社会是无法承担无节制需求所引发的巨大代价的，所以必须对停车进行必要的调控。影响停车需求的因素很多，包括停车供给、停车价格、停车管理等，这些都是交通需求管理中需要慎重决策的调控因素。

通常意义上所说的停车设施，可以从不同角度划分为不同的类型。

从不同的维度对停车设施进行分类，可以将停车设施分成不同的类别。具体的停车设施分类从以下几个方面考虑：按照停车设施建设来源分类、按照道路边界分类、按照产权分类、按照停放车辆类型分类以及按照服务对象分类等。

（1）按照设施建设来源分类

按照停车设施的建设来源可以分为四类，包括配建停车场、独立建设的公共停车场和占道停车位以及挖潜停车场。配建停车场主要是指建筑物在建设的过程中配套建设的停车场，包括居住区、大中型公共建筑等，可以是地上的停车场或地下的停车场；独立建设的公共停车场是指专门开辟出来的土地建设专门用于停车的场地，服务范围最大，通常设置在城市商业活动中心、城市出入口以及公共交通换乘枢纽附近；占道停车位是指在城市道路上施划的用于临时停放车辆的车位；挖潜停车场是指近几年在政府的鼓励下，原本没有配建或者配建不足的居住区或单位在自有产权的土地施划的平面车位或建设的立体停车设施。

（2）按照道路边界分类

停车场按车辆停放的位置可分为路内和路外停车场两种。路内停车场指道路用地控制线（红线）内划定的供车辆停放的场地；路外停车场是指位于城市道路用地的控制线以外的停车场、停车库、停车楼等，通常由专用的通道与城市道路系统相联系。

（3）按照产权分类

根据产权单位可将车位分成三类：国土规划建设车位、其他建设车位、道路和桥梁等资源空间车位。其中，国土规划建设车位可分为地面车位、屋顶平台车位、首层架空车位、地下车位四类。地面车位占用的土地有小区道路、有土地证或规划许可证的场地以及其他场地三种，其中占用有规划许可证或有土地证的场地的地面车位归属开发商，而开发商可赠予或转让土地证给土地持有人。占用小区道路和其他场地的地面车位归业主共有。屋顶平台车位归建筑物全体业主所有。首层架空车位和地下车位均包括有独立产权和无独立产权两种，其中有独立产权的归属其所有人，无独立产权的归属全体业主。其他建设车位归属开发商，道路、桥梁等资源空间车位属于公共资源，产权归政府所有。

（4）按照停放车辆类型分类

停车场按停放车辆的类型可以分为机动车停车场和非机动车停车场。机动车停车场是供机动车辆停放的场地，包括机动车停放维修场地。非机动车停车场是供各类型非机动车停放的场地，主要指自行车停车场，还包括电动车停车场。

（5）按照空间位置分类

按照空间位置可以将停车设施分为居住小区停车场、公建配建停车场、路外公共停车场、立交桥下停车场、占道停车场、P+R停车场六种类型。顾名思义，各种类型的停车场是根据不同的位置进行划分的，不再赘述。需要强调的一点是，上述各种类型的停车设施包括随建筑配建的车位，也包括后续建设或设置的立体、平面车位。

（6）按照服务的需求类型分类

对应停车需求，按照服务对象对停车设施进行分类，可以将停车设施分为服务于基本需求的停车设施以及服务于出行需求的停车设施两大类，简称基本停车位和出行停车位。基本停车位主要包括居住小区停车位、公建配建停车位中的公车停放车位、营运车辆专用车位等,出行车位包括公建配建车位中基本车位以外的车位、占道车位、路外公共停车位、立交桥下停车位、P+R停车位等。当然,随着共享理念日渐被接受,在实际使用过程中,基本车位与出行车位会有一些交叉,比如居住小区内的车位(基本车位)也可能服务于附近单位上班人员的停车,单位的部分车位(出行车位)也可能会在空余时服务于周边居民的停车。

对停车设施属性的认识,是讨论停车问题的前提和基础。由于上位法和规范没有对停车设施属性做出明确规定,目前人们对停车场的属性未达成共识:一种观点认为停车设施是基础设施,是为社会生产和人民生活提供公共服务的物质生产设施,具有很强的社会公益性,停车设施应列入准公共物品的范畴内,提供的服务具有非竞争性和非排他性,这就意味着停车设施的提供应是政府出资、政府负担、免费低价;另一种观点则认为停车设施是一种商品,仅是服务有车群体,同时停车设施作为一种空间资源,具有唯一性,具有效用上的可分割性、消费上的竞争性和受益上的排他性,应列入私人产品的范畴,坚持用者自付的原则。从各城市的管理实践来看,各城市逐步趋于认同停车设施的私人物品属性,不属于公共基础设施,需要采取产业化政策,依靠市场手段解决。

停车与城市综合交通具有互动关系,停车供给和管理将对城市综合交通可持续发展起到至关重要的作用。作为小汽车出行的端点,停车是小汽车出行的一个极其重要的环节。停车与城市综合交通的相互作用主要体现在以下几个方面:

①停车可以影响小汽车的拥有和使用

从停车需求的角度,可以将停车分为基本停车需求和出行停车需求。基本停车需求是有车之后带来的必然的停车需求,停车设施供给主要以居住区和单位为主;出行停车需求是车辆使用带来的停车需求,停车设施的供给主要以公共建筑配建、社会公共停车场为主。如果居住区或单位车位充足,则有可能刺激小汽车的拥有,反之则会抑制小汽车的拥有;如果公共建筑配建的车位及社会公共停车场充裕,到处都很容易停车,则会刺激小汽车的使用,反之会抑制小汽车的使用。所以,停车设施的多寡,可以对车辆的拥有和使用两个方面都产生影响。

②停车可以影响步行和自行车的出行环境

在停车需求旺盛而管理不严或供给不足的情况下,免费的公共空间往往是停车的第一选择,车辆会"自然而然"地选择占用非机动车道、步道甚至机动车道进行停车,步行和自行车的出行环境会变得恶化,选择步行和自行车出行的人群,其出行的安全性、舒适性、体验感等都会受到极大的影响,这部分出行中的"弱势群体"就会逐渐放弃步行或自行车出行,而更倾向于买一辆车作为出行的第一交通工具,让自己或家人的出行更加安全舒适。

③停车可以影响城市的规模

停车供给过度必然刺激小汽车的进一步拥有和使用，小汽车的大量使用导致平均出行距离的增大，伴随而来的就是城市的不断蔓延，小汽车如同一把巨斧不断地开疆拓土，造成城市边界不断向外扩张。城市的扩张带来居住人群的分散，又会影响集约化出行方式的发展，公共交通由于客流的不足难以布设线路和站点，在成本的约束下，公共交通的服务水平无法提升，整个城市综合交通体系将会被破坏。

2. 城市停车发展的总体原则

①明确停车供给策略，不能过度供给

传统观点认为，经济的发展必然会伴随着小汽车交通的增长，所以城市交通规划和建设必须适应未来小汽车的发展，在道路和停车位的配置等方面为未来小汽车的发展提供足够的空间，相应的交通规划也是基于对停车需求给予满足的理念进行编制，当新的需求出现导致供不应求时，就会通过新建、扩建等手段被动地适应需求甚至任其发展。

然而，供给能够满足需求，也会创造需求，满足停车需求的供给导向政策会刺激更多需求的产生，并不具有可持续性。在西方发达国家，完全满足停放需求的理念正在受到质疑。随着在住宅区、商业贸易区供应更多汽车停放空间带来的问题日渐凸显，城市政府开始转变思路：不再提供足够的汽车停放空间来满足一切可能的未来需求，而是有意限制停放设施，将出行需求转移到公共交通上。

②重视停车政策在缓解交通拥堵、改善环境方面的功能

越来越多的交通规划师和交通工程师认识到，停车政策是促进城市可持续发展的重要政策，应综合考虑停车与公共交通、环境改善等的协调发展。如果把停车政策规划简单等同于根据停车需求来确定停车位供应，通过增加停车位来满足停车需求作为解决停车难的问题，那么很容易割裂私人交通与公共交通、环境改善等内容之间的内在联系，导致"就停车论停车"。反过来，如果将停车政策与城市交通发展、环境的改善协调统筹考虑，则会对城市交通、环境的可持续发展起到极大的促进作用。

目前，在西方一些国家采取了在市中心地区、轨道站点地区和公交可达性地区适度降低停车位配建标准的做法，有效地抑制了停车需求，缓解了交通拥堵。

③发挥市场配置资源的决定性作用

停车设施需要消耗大量的土地资源，停车设施的数量和分布的统筹即是对土地资源进行分配，所以，归根结底，停车的问题就是土地资源配置的问题。

停车管理成功的城市很多都由市场进行自由定价，在这样的机制下，密度大、土地资

源稀缺的城市中心区停车价格自然会很高，这是市场配置资源的必然结果。

3. 城市停车发展的具体举措

①停车配建指标改革

停车规划的最主要内容是停车配建指标的制定。机动化早期，对停车配建指标的要求不足，规划验收重视程度不够，是造成现在停车供需矛盾的重要原因。但是，从国际城市的经验看，很多城市逐步对停车配建指标进行了改革，采取上限管理的方式甚至废除停车配建指标。目前，我国城市大多还是采用配建指标下限管理的方式，建议对配建指标进行细化和调整，综合考虑轨道交通站点的距离、公交服务水平、城市密度等因素，逐步取消下限管理规定，采用上限管理或者取消配建指标要求，由市场自行决定。

②停车收费电子化

长期以来，我国很多城市和地区对停车收费的认识不足，免费停车的城市很多。即便进行停车收费，也大多采用人工收费的方式，带来了极大的寻租空间，停车费收支不透明，议价、逃费等现象普遍，占道费无法足额征收，公共资金流失，引发了社会舆论不满。停车收费电子化是消除寻租空间的重要保障，国外城市很久之前就意识到了这一点，停车收费更多倾向于电子收费。1968 年，英国实行停车改革时发现停车享有高额的隐性补贴，每年路边免费停车的补贴额度几乎相当于国防总预算，停车补贴的存在间接吸引了小汽车出行，通过安装停车咪表和实施停车收费，停车状况明显好转。

③严格的停车执法

停车执法是保障一切停车政策和管理措施起效的关键，国外城市在停车执法上更为严格，同时执法的手段也更加多样。主要的经验包括几个方面：一是立法保障，执法之前先有法；二是执法的体制机制顺畅，建立专门的队伍或发动民间力量进行执法；三是执法手段先进，采用执法车或摄像头等非现场的执法方式提高执法效率。

④停车产业化发展

停车设施并非公共物品。事实上，停车是小汽车在拥有和使用过程中必不可少的一环，所有者和使用者应当承担停车设施建设的费用。应充分发挥市场在资源配置上的作用，推动停车产业化，有效满足停车的基本需求。而这种理念的转变，需要在深化改革的大背景下，转变政府职能，并在土地、投资、价格等方面进行政策和制度创新，为停车产业化发展提供良好的环境，走出一条合理的停车供给之路。

由于我国城市用地开发强度高、人口密度大，城市交通应该建立以公交为主导的出行结构。因此，城市停车设施建设总体思路是立足城市交通发展战略，统筹动态交通与静态交通，将停车管理作为交通需求管理的重要手段，以增加停车位构建良好的停车秩序，最终通过建管同步，加强违法行为治理，实现停车规范有序，改善城市环境。

市场化是必由之路。为营造良好的市场化环境，充分调动社会资本积极性，坚持市场运作，通过政府规划引导、政策支持，以企业为主体加快推进停车产业化，探索多种合作模式，有效吸引社会资本；坚持集约挖潜，鼓励既有停车资源的开放共享，有效利用、充分发掘城市地上和地下空间资源，建设立体停车设施；坚持建管同步，完善路内停车泊位管理，提升停车信息化水平，加强违法行为治理。

鼓励建设立体停车设施。基于城市用地开发强度以及环境、能源等方面的考虑，停车设施的建设将坚持集约挖潜的基本原则，鼓励既有停车资源的开放共享，并有效利用、充分发掘城市地上和地下空间资源，建设立体停车设施。鼓励建设停车楼、地下停车场、机械式立体停车库等集约化的停车设施，鼓励利用公共设施地上地下空间、人防工程等地下空间建设停车设施，增强土地的复合利用。在土地方面，应充分利用土地空间资源，分层办理规划和土地手续。

三、城市交通网络的空间延伸

（一）都市圈、城市群、城市网络与城市交通网络延展

随着工业化进程的快速推进，人口和经济活动不断向中心城市聚集与城市空间资源局限性的矛盾加剧，交通拥挤、环境恶化等"城市病"问题日益突出。与此同时，私人小汽车的出现以及铁路网络的进一步发展，提高了更大区域范围内交通的可达性，带动了人口和产业向中心城市外围的疏散，郊区化现象出现，中心城市与周边毗邻地区开始产生密切的通勤、社会、经济等联系。在此需求背景下的城市交通网络空间延展，超越了城市的行政区划，形成了都市圈交通网络。

地理上的相邻性，加之经济上的关联性，促使城市群的萌芽、发育与成长。在全球、国家和地区三个空间层面上，采用企业关联网络的分析方法，可以揭示出京津冀、长三角和珠三角地区城市体系的主要异同所在。北京、上海、广州和深圳既是全国的核心城市，也分别是三个地区的"门户城市"，发挥向外连接全球经济网络和向内辐射区域腹地的"两个扇面"作用。三个地区的门户城市、主要城市和一般城市在各个层面的关联网络中都形成明显的梯度格局。在地区层面上，珠三角地区的城市体系以两个核心和单一层级（省域）为特征，显然不同于京津冀地区和长三角地区的城市体系以单一核心和两个层级（区域和省域）为特征。

相比都市圈、城市群而言，城市网络描述的城市间联系更加广泛且深刻。城市是人类

经济活动集聚的空间场所，城市网络更是各种生产要素大规模集聚和扩散所形成的产物，因此城市网络空间组织与企业网络之间存在密切的逻辑关联。企业出于多种目的在区域、国家和全球空间尺度上进行布局，形成了复杂的企业网络。企业总部与子公司的联系的构成了城市之间相互联系的重要内涵，总部集聚的城市成为网络的控制中心，具有强大的权力，在劳动空间分工过程中也能够获得更多的租金。

与城市和交通规划密切相关的基础理论研究也逐步改变了人们的决策分析思维。经历了从区域差异、空间分析到社会理论的三次重大理论变革，空间的社会含义得到学术界更多的关注。城镇性带来的是通过阶层形成的依赖模式，而城市性带来一种城市间网络化，并将不同区域城市联系在一起，形成了腹地世界，通过更加完整和复杂的城市间关系带来城市发展的新契机。

由于全球化和信息化的快速推进，世界经济的"地点空间"被"流动空间"所代替。世界经济体系的空间结构逐渐建立在"流动空间"、网络和节点所构成的城市网络基础之上，而控制金融、生产性服务业、交通运输等的世界城市以及具有垂直和横向产业分工、空间结构的城市群逐渐成为全球具有核心竞争力的区域。随着"流动空间"理论的发展，对空间流动连接性的关注替代了地理空间相邻性，对城市间关系的关注替代了区位论观点。城市网络被广泛应用于城市等级结构和城市群等的研究，表征城市间相互联系的关系矩阵取代城市间阻隔（如空间和时间）和城市属性指标（如人口和GDP）等，成为评价城市网络结构的关键因素。

（二）城市对外交通枢纽的布局

城市对外交通枢纽，是城市与区际交通衔接的节点；城市对外交通枢纽所产生的要素、交流和信息的集聚，是城市发展的动力；城市对外交通枢纽是城市交通网络向外部延伸的关键要素。

由于长期存在的管理体制上的"条块分割"，机场、铁路车站等对外交通枢纽布局规划与城市总体规划分属不同系统。协调好机场区域、铁路车站布局与城市总体规划之间的关系，处理好特殊技术考虑与城市空间结构的关系，协调相关专业规划与城市总体规划及综合交通规划之间的关系，仍然是一个重要的问题。

从单个城市角度来考虑的相对简单机场布局，中小机场选址首先考虑当地居民出行便利问题，再考虑其对当地经济社会发展的影响；大机场的选址除了考虑最基本的出行和技术条件等因素外，更要认真思考选址与城市规划的协调性、对区域经济的带动效应，以及对相关产业的集聚效应。

影响机场空间位置选择的因素主要有五方面。①服务半径。大中型机场需要设定较大的服务半径（一般认为至少设定150km），小型或者支线机场的服务半径也达到30～50km，以满足人们对快速交通的需求。②与城市的距离。大中小机场选址均不应距离城市太远，尤其是小型机场很大程度得益于距离城市近，否则无法发挥其优势。同时需要考虑新建机场与已有机场之间的距离，以及与周边地县未来发展的关系。③综合交通运输体系。机场选址应该有利于城市综合交通运输体系的建立和网络优化，提高城市综合交通效率和效益。应充分考虑城市已有交通运输方式的优势，实现航空运输与其他运输之间的有效衔接。④特殊的民用航空要求。民航的行业特点决定自身布局具有一定的特殊性，具体包括地形地貌、地质条件、净空条件、跑道方位、长度、飞行区保护范围等。⑤统一规划协调。城市的机场规划应该被纳入城市总体发展的规划体系，在城市总体规划中将机场布局作为一个专项内容进行规划，会同民航部门共同编制专门的机场布局规划，用以确定新建机场位置、机场未来发展方向、预留用地范围等，让机场成为城市及其周边资源的有效利用者，同时成为城市及周边地区发展的有力推动者。

伴随经济社会结构的变化，这种相对简单的工程选址问题，正在转变为调整城市间流动态势、重构城市网络联系结构的问题。城市决策者期盼的已不再是一个单独的机场，而是着眼于提升机场在航线网络中地位的要求。调整综合交通系统在自身城市的衔接关系，促成城市群内部运输协作，进而从网络联系角度争取在国际竞争中的优势地位。

换句话说，城市政府所能够决定的机场建设规模，如果得不到航空公司航线决策的响应，就不可能成为广域运输网络中的枢纽节点，从而会影响到城市自身在城市网络中的能力条件。因此，机场布局规划已经不单要考虑机场与城市的关系，还要考虑如何提升机场在运输组织网络中的地位。

航空公司的航线网络结构决定了不同机场的地位与作用，也在相当大程度上对机场与城市空间结构关系产生影响。采用轴辐式航线网络结构，将使得航空公司的运营效率有很大程度的提升，这是站在航空公司立场上对枢纽机场的理解。航空公司所具有的网络型服务企业特征，促使其不断调整优化自身的网络结构，以获得优势地位。

城市政府推动机场地位提升的一个重要抓手，是积极创造条件促进"空铁路联运"模式的推进，利用城际铁路网络及综合交通枢纽建设促使航线网络组织结构重组。近年来，随着国内对这一运作模式越来越关注，从而影响到依托机场的综合交通枢纽的布局。

所谓"空铁联运"一般是指航空与铁路之间的一种联合运输方式，把航空运输特有的空中快速、地理条件受限少、适合远距离运输的优势与高铁/城际铁地面公交化运营、方便快捷、安全舒适等优势结合起来，通过速度、区域、线路上优势互补，将高铁/城际铁网络与航空运输网实现高效衔接，形成空铁一体化的交通运输网络。

空铁联运的初级形态是"短驳模式"，也可以称作空-路-铁模式，就是在机场设立铁路客票销售点，或者开通机场与铁路车站之间的班车。目前，国内不少城市已经实现此种模式。

空铁联运的中级形态是"共享模式"，将铁路设施包括高速动车、城际铁路等直接引进到机场在连接航站楼和机场火车站之间的通道里，布设办票柜台，服务于通过火车进出机场的旅客。这种模式在很大程度上解决了旅客和行李的运送，可服务于市内、周边区域和高铁线路覆盖较远区域内通过火车进出机场的旅客，旅客票务和行李托运等手续都是到达机场后在连接通道内办理。

空铁联运的高级形态则被形象地称为"零高度飞行模式"，将铁路作为航空服务的一种延伸通过代码共享的方式为旅客提供无缝隙的"空铁联运"服务，把旅客在铁路和机场间的换乘视为中转，这种模式要求机场和航空公司具备联程票务系统、旅客信息和引导系统，火车站要配备行李输送系统、飞机航班和列车班次协调系统等。最佳运营模式应该是将航站楼设置在各个联运铁路车站，旅客在车站办理登机所需手续，之后乘坐航班对应的支线列车到达机场直接登机，结束飞行后乘坐合适的支线列车到达目的区域。这种将航站楼设置在铁路车站的"分散式航站楼"模式为旅客提供了一体化程度极高的服务，流程简单、运作高效，但由于航站楼分散，增加了办公成本和航站楼建设、运行等资金成本。所以，在实际运营中，根据航站楼布局，"空铁联运"还有"集中式航站楼"和"综合式航站楼"两种模式。

正因为这种运作模式的变化，促使机场与城际铁路有机衔接，从而形成在城市群中具有集聚效应的对外综合交通枢纽。

高铁车站是城市对外交通的重要枢纽节点，高铁车站选址在中心城区、城市边缘或城市远郊，哪种对于城市发展更有利，并非简单取决于城市规模，而是与借助高铁网络建立的城市网络密切相关。

在传统的布局方式中，铁路车站进入大城市中心多，中小城市边缘通过多。这是由于从工程角度考虑，铁路进入城市内部将造成空间分割，而采用地下和高架方式将提高工程造价。

伴随现代城市对外密切交流的发展需求，车站已不再是单纯的门户功能，而成为流动空间中的一个活动集聚节点。与此相适应，在城市网络中占据重要地位城市车站与周边土地融合，逐步演变为一个综合性的活动集聚中心。京都火车站的功能已经不再局限于门户作用的传统火车站，而成为城市的大型开敞式露天舞台、大型活动的聚会中心、古城全景的观赏点、购物中心和空中城市。而对于大多数中小城市来说，高铁车站进入城市中心的代价往往是难以承受的，位于城市边缘而形成一个小型的对外交流中心是一个现实的选择。即使是这样，车站也应该作为一个外界了解城市的窗口，融合周边一定规模的土地开发形成一定程度的活动集聚是其努力的方向。

高铁所形成的城市间联系，以及与中国的城镇化发展之间的关联，是一个需要高度关注，并有可能成为进一步改变对外交通枢纽功能的问题。

（三）城市交通网络与对外交通枢纽的衔接

由于城市对外交通枢纽会集大量人流，各国均努力通过公共交通方式实现城市交通网络与对外交通枢纽之间的衔接。

第二节　城市道路通行能力分析

一、概述

（一）道路通行能力概述

道路通行能力也称道路容量，是指道路的某一断面在单位时间内所能通过的最大车辆数。道路通行能力是道路的一种性能，是度量道路疏导车辆能力的指标。当道路上的交通量接近道路的通行能力时，就会出现交通拥挤现象。这时所有车辆按同一车速列队行进，一旦发生干扰，很容易造成交通阻塞。当道路上的交通量小于道路的通行能力时，驾驶员驱车前进就有一定的自由度，有变换车速和超车的机会。进行通行能力分析的主要目的是估算在规定的运行条件下设施的交通负荷能力，求得在不同运行质量下单位时间所能通行的最大交通量，为分析和改进现有设施并为规划和设计待建设施提供依据。

1. 基本概念

通行能力是假定具有良好的气候条件和路面条件下的最大通过能力。交通设施的通行能力是指在一定的时段和通常的道路、交通、管制条件下，人和车辆通过车道或道路上的一点或均匀断面的最大小时交通量。通行能力一般以 veh/h（辆/小时）、pcu/h（当量标准小客车/小时）表示，基本单位是 pcu/h/ln（当量标准小客车/小时/车道）。

（1）通行能力与交通量

通行能力与交通量存在相同之处，它们都是指单位时间内通过道路某断面的交通实体数量，表示的单位和方法相同，但是，二者之间有着本质的区别。

交通量是指单位时间内，道路上实际通过的交通实体的观测值，其数值具有动态性与随机性。通行能力是在已知的道路设施和规定的运行质量条件下，单位时间内所能适应的最大交通量，其数值具有相对的稳定性。在正常运行状况下，道路的交通量均小于通行能力。当交通量远远小于通行能力时，车流为自由流状态，车速高，驾驶自由度大，驾驶员可以随意变更车速，实现超车；随着交通量的增加，车流的运行状态逐渐恶化，当交通量接近或等于通行能力时，车流为强制流状态，车辆行驶自由度降低，将会出现交通拥挤、阻塞等现象。由此可见，在交通流状态分析中，交通量和通行能力二者缺一不可，通行能力反映了道路的容量（服务能力），交通量反映了道路的负荷量（交通需求）。因此，常用交通量与通行能力的比值来表征道路的负荷程度（或利用率、饱和度）。

（2）交通量和交通流率

对交通量而言，时间计算单位越大，交通量不均匀性越不明显，越不能很好地反映交通量与运行质量之间的关系。例如，以 1h 为单位统计的交通量变化，就不能反映 15 min 的交通量变化情况。通常，以"小时"为单位来计算通行能力和设计交通量。对通行能力的研究，通常采用"15min"的分析时段，这样能更清楚地表达交通高峰对道路运行状况的影响。

2. 通行能力的影响因素

道路通行能力的影响因素主要有道路条件、交通条件、管制条件、环境和气候条件及规定的运行条件等。运行条件不同，要求通行质量不同，其通行能力自然不同。因此，通行能力不是一个固定的数值，而是在一定客观条件和主观要求下的一个相应范围。

第一，道路条件是指交通设施类型、车道宽度、车道数、侧向净空、附加车道、几何线形、视距、坡度和设计车速等因素。

第二，交通条件是指车流中的车辆组成、车道分布、方向分布等因素。

第三，管制条件是指交通法规、控制方式、管理措施等。信号控制交叉口，信号相位、绿信比、周期长短、进口车道数及车道划分等都是影响通行能力的主要因素。

第四，环境条件是指街道化程度、商业化程度、横向干扰、非交通占道、公交车站和停车位置等因素。

第五，气候条件是指风、雨、雪、雾、沙尘暴等对通行能力产生影响的天气因素。

规定的运行条件主要是指计算通行能力的限制条件，这些限制条件通常根据速度和行程时间、驾驶自由度、舒适和方便性及安全性等因素来规定。其运行标准是针对不同的交通设施用服务水平来定义的。

另外，道路周围的地形、地物、景观、驾驶员技术等对道路通行能力也有一定的影响。

3. 通行能力的分类

根据道路设施和交通实体的不同，通行能力可分为机动车道路通行能力、非机动车道通行能力和人行道通行能力；按其研究对象不同，通行能力可划分为城市干道通行能力、高速公路通行能力、双车道和多车道公路干道通行能力、信号交叉口通行能力等。

根据通行能力的作用性质和使用要求的不同，通行能力可分为基本通行能力、可能通行能力和设计通行能力三种。

基本通行能力是指在一定的时段，理想的道路、交通、控制及环境条件下，道路的一条车道或一均匀段上或某一交叉点能通过人或车辆的最大小时流率。这是一种理想状态下的通行能力，实际上很难实现或不可能达到。

可能通行能力是指在一定的时段，在具体的道路、交通、控制及环境条件下，道路的一条车道或一均匀段上或某一交叉点能通过人或车辆的最大小时流率。可能通行能力根据道路和交通实际情况，对理想条件进行修正，根据这些修正系数乘以基本通行能力数值得出，是指道路所能承担的实际最大交通量。这些修正系数包括车道宽度修正系数、侧向净宽修正系数、纵坡修正系数、视距不足修正系数、沿途条件修正系数等。

设计通行能力是指在一定的时段，在具体的道路、交通、控制及环境条件下，一条车道或一均匀段上或某一交叉点对应服务水平的通行能力。其主要用作道路交通规划和设计的依据。

需要进行通行能力和服务水平分析的道路及其组成部分包括：

第一，高速公路的基本路段。

第二，多车道公路路段。

第三，双车道公路路段。

第四，匝道，包括匝道—主线连接部分。

第五，交织区。

第六，信号控制的平面交叉口。

第七，无信号控制的平面交叉口。

第八，城市干道及近郊干线道路。

4. 车型分类及车辆折算系数

（1）车辆折算系数（也称车辆换算系数）

我国公路混合交通现象十分常见。在一般公路上，机动车行驶受拖拉机等慢速车辆及自行车、行人等非机动车的干扰；在高速公路上，实际运行的车辆种类、交通构成也远比西方发达国家复杂。对于通行能力分析而言，车型分类的目的就是把在混有多种车型交通流中运行特征相似的车辆归为一类，以便确定各类运行车辆对标准车交通量的不同影响，让不同交通组成的交通流能够在同样的尺度下进行分析，使它们之间具有可比性。

（2）换算交通量

换算交通量也称当量交通量，是将总交通量中各类车辆交通量换算成标准车型交通量之和。

（二）服务水平

道路通行能力的计算离不开交通运行质量的分析，因此，通行能力的分析计算必须与服务水平的分析计算一并进行。通行能力和服务水平是一个事物的两个方面，它们同时反映道路所提供的服务标准。其中，通行能力反映的是道路服务的数量或服务的能力，是道路所能提供的疏导交通能力的极限；而服务水平反映的是道路服务的质量或服务的满意程度，是在满足特定交通运行条件下的极限能力。

1. 服务水平的概念

服务水平是指道路使用者从道路状况、交通与管制条件、道路环境等方面可能得到的服务程度或服务质量，是衡量交通流运行条件及驾驶员和乘客所感受的服务质量的一项指标，反映了道路在某种交通条件下所提供运行服务的质量水平，通常根据交通量、速度、行驶时间、驾驶自由度、行车的舒适性和经济性等指标确定服务水平。在实际确定服务水平等级时，难以全面考虑和综合上述各个因素，往往仅以其中的某几项指标作为代表，常取行车速度及服务交通量与通行能力之比，作为路段评定服务等级的主要影响因素。

2. 服务水平的衡量指标

为了清楚地表述服务水平的概念，对每种道路设施，需要采用能说明其运行质量的一项或几项运行参数来确定其服务水平。为确定每种设施服务水平而选择的参数称为效率度量，表示能最好地描述该类设施运行质量的合用度量。

3. 服务水平的分级

交通量在达到基本通行能力（或可能通行能力）之前，交通量越大，交通密度越大，车速越低，运行质量也越低，即服务水平越低；当交通量达到基本通行能力（或可能通行能力）之后，交通量在减少，交通密度在增大，运行质量在降低，直至车速及交通量均下降至零。

4. 服务交通量

服务交通量是指在通常的道路条件、交通条件和管制条件及规定的服务水平下，道路的某一断面或均匀路段在单位时间内所能通过的最大小时交通量。

在不同的服务水平下，服务交通量是不同的，服务水平高的道路行车速度快，驾驶自由度大，舒适与安全性好，但是其相应的服务交通量小；反之，允许的服务交通量大，则服务水平低。服务交通量不是一系列连续值，而是不同的服务水平条件允许通过的最大值，反映的是在某一特定服务水平下道路所能提供的疏导交通的能力极限，是不同服务水平之间的流量界限。

二、高速公路通行能力

高速公路通行能力是公路网规划、公路设计、交通运行和管理、公路工程项目可行性研究及公路建设项目后评估的基本参数。高速公路的通行能力和服务水平分析在实际的交通工程工作中作用重大，如新建或改建交通设施需要确定车道宽度和车道数，评价改建后的运行特性和服务水平，进而确定道路使用者的油耗，以及受空气、噪声污染等因素影响程度的基本参数值。

通过高速公路道路通行能力的研究，可以：

第一，为高速公路规划和设计，确定车道数和行车道宽度等公路几何要素提供依据；

第二，估算交通流的运行参数和服务水平指标，评价运行特性和服务水平分析，针对高速公路存在的问题提出改进方案；

第三，为确定高速公路使用者的费用、废气、噪声污染及对环境的影响程度提供基本参数值。

（一）高速公路的定义及其组成

高速公路是有中央分隔带、上下行每个方向至少有两车道，所有交叉口都是立体交叉，完全控制车辆出入、专供汽车行驶的公路。高速公路是彻底的连续交通流设施，在正常情况下，高速公路上的车辆可以连续行驶。

不同于其他等级的公路，高速公路是自成系统的一种公路形式。按照交通流运行特性的差异，高速公路一般由以下三个部分组成：

第一，高速公路基本路段。

第二，交织区。

第三，匝道，其中包括匝道-主线连接处和匝道-横交公路连接处。

（二）高速公路基本路段的通行能力

1. 高速公路基本路段概述

（1）高速公路基本路段的定义

高速公路基本路段是指主线上不受匝道附近车辆汇合、分离及交织运行影响的路段。

高速公路是多车道公路，和其他多车道公路一样，由于两个方向的交通运行互不干扰，且两个方向在其前进方向上的线形（主要是纵断面线形）不同，因此，两个方向车行道的通行能力和服务水平的分析计算是分别进行的。高速公路基本路段通行能力是针对单向车流单车道而言的。

（2）高速公路基本路段的理想条件

高速公路通行能力分析的基本思路是先确定理想条件下的通行能力，再按照实际道路、交通条件对理想通行能力进行适当折减，对可能通行能力进行计算。高速公路基本路段的理想条件包括：

第一，3.75m≤车道宽度≤4.50m。

第二，侧向净宽≥1.75m。

第三，车流中全部为小客车。

第四，驾驶员均为熟悉高速公路几何线形，且技术熟练、遵守交通法规者。

2. 高速公路基本路段服务水平

目前，高速公路基本路段的服务水平是根据交通流密度（pcu/km/ln）来划分，该指标也就是高速公路基本路段的效率指标。

（三）高速公路交织区的通行能力

1. 高速公路交织区概述

（1）交织的定义

两股或多股交通流在没有交通控制设施的情况下，沿相同的方向在相当长的公路路段中运行，其中相交而过的交通流称为交织。

（2）交织区的分类

交织区分为简单交织区和多重交织区两类。

简单交织区由一个独立的汇合点接着一个独立的分离点形成，而多重交织区则由一个汇合点接着两个分离点，或由两个汇合点接着一个分离点形成。在多重交织区通行能力和服务水平分析过程中，通常将多重交织区合理地拆分为合流区、分流区和简单交织区来分别进行分析。

（3）交织区长度

交织区长度是交织区的重要几何参数，它决定了驾驶员完成所需要的全部车道变换可利用的时间和空间。若交织区长度变短，则驾驶员用于车道变换可利用的空间机会减小，交通流的紊乱程度增加。

（4）简单交织区构造形式

由于交织运行中的车道变换对交织区内的交通流状况会产生极为不利的影响，因此车道变换是交织区重要的运行特征。在交织过程中，交织车辆变换车道数量的多少又与交织区的几何特征密切相关，而这些几何特征就是交织区构造形式，它涉及交织区的入口车道、出口车道的数目及相对位置。

（5）交织宽度

交织宽度以交织区的车道数来计量。这不仅与交织运行的车道总数有关，而且与交织车辆和非交织车辆能够使用这些车道的百分率有关。

在交织区中，交织车辆总是希望在能够进行车道变换的车道上运行，而非交织车辆则期望能够远离车道变化的影响。因此，对于不同形式的交织，其交织车辆与非交织车辆所使用的车道数量和位置有所不同。

2. 交织服务水平

HCM2000 中衡量及规划服务水平等级的关键性参数是交织区的交通流密度。我国现行的交织区服务水平用交织车辆的平均行驶速度和非交织车辆的行驶速度来衡量。

3. 通行能力分析方法

影响交织区通行能力的因素很多，包括交织区构造形式、车道数、高速公路或多车道公路的自由流速度、交织段长度及流量比等。

（四）高速公路匝道的通行能力

1. 高速公路匝道通行能力概述

（1）高速公路匝道组成部分

高速公路的匝道由三个部分组成：

第一，匝道与高速公路连接处（或称匝道-主线连接处）。

第二，匝道车行道。

第三，匝道与相连道路的连接处。

（2）设计要求

对于匝道的设计，通常要求匝道与主线连接处的车辆能以高速汇入或与主线分离，并且使汇入或分离的交通流对匝道相连的高速公路主线交通流的干扰降至最小。

就匝道本身而言，设计要素包括匝道车道数（通常有单车道或两车道），匝道长度，设计速度，平、纵线形参数等。值得注意的是，匝道车行道通常不会引起运行方面的问题，只有在匝道上发生交通事故，才会造成交通紊乱甚至中断。

匝道与相连道路的连接处要设计成从主线驶来的车辆能顺利汇入该连接处，此类连接处一般设计成平面交叉。对于匝道与主线连接处的设计主要强调交通安全。

只有当匝道的所有部分，即匝道与主线连接处、匝道车行道及匝道与相连道路连接处都设计恰当，达到所要求的服务水平或设计通行能力后，匝道上的交通运行效率才能得到保证。如果三个组成部分中的任何一部分交通受阻，都将对整个匝道上的运行产生不利影响。更值得注意的是，匝道上受阻的交通可能延伸到高速公路主线和相连道路中去，这种情况往往会发生在城市立体交叉的匝道上。

可见，匝道与交织区一样，是高速公路上干扰较大，且易发生运行问题的组成部分，并且匝道各组成部分通行能力和服务水平之间存在紧密的联系。因此，对其通行能力和服务水平的分析要谨慎处理。

（3）匝道运行特征

在汇入区中，从驶入匝道来的车辆在相邻的主线车道上寻找交通流可利用的空隙，以便汇入。由于汇入的车流会对过境车流造成影响，因此主线公路中的车辆将在驶入匝道上游位置重新考虑其行进车道，从而使交通量打破原来基本路段中的平衡状态，在主线中重新分布。

2. 匝道服务水平及其标准

各级服务水平描述如下：

一级服务水平，其交通流的运行不受约束。汇入时运行通畅，在进入过境交通流车辆间隙时仅需很小的车速调整。分离出来的车辆对主线交通流没有多大扰动，主线上的过境车辆受到的影响不大。交通流是稳定流，相当于 HCM 的 A 级和 B 级服务水平。

二级服务水平，仍然是稳定流，但汇入车流有小的变化就会产生运行质量的大范围变化。车道和驶入匝道上的车辆都必须调整它们的速度以便流畅地汇入，当驶入匝道上的交通量大时还会有小的车队形成，在分离区车速也会有所降低。驶入车辆和驶出车辆所引起的扰动扩展范围更大，并且这种扰动可能延伸到与车道相邻的主线其他车道上。高速公路总的速度和交通流密度不会有大的变化，相当于 HCM 中的 C 级服务水平。

三级服务水平，在此水平范围内难以达到流畅的汇入，无论要汇入的车辆还是车道 1 中的过境车辆都必须时时调整车速，防止车辆在汇入区发生冲突。分离区附近的车辆车速降低得更多，汇入和分离运行所引起的扰动将影响若干主线车道。在有大交通量的驶入匝道上，匝道车队可能变成对运行造成严重影响的因素，其相当于 HCM 的 D 级服务水平。

四级服务水平，在此水平的上半段交通量达到基本通行能力，汇入行为产生较大的扰动，在主线上仍没有形成明显的车队，但在驶入匝道上则会形成较大的车队。此时，分离运行的车速大大降低，并且在分离区内会形成一些车队。所有车辆均受到扰动的影响，主线上的过境车辆则试图到靠近中央分隔带一侧的车道上行驶，以避免扰动的影响。其相当于 HCM 的 E 级服务水平。该级服务水平的下半段，所有汇入车辆基本上是走走停停，在匝道上广泛地形成车队，车道上的交通运行状况被破坏。许多扰动是由于车道上的车辆改变车道以避开汇入区和分离区产生的。在匝道端部附近，可能在高速公路上游若干距离内，会形成较大的交通延误。此时，交通运行情况变化范围很大，会产生不稳定交通流和强制性交通流交替运行的状态，相当于 HCM 的 F 级服务水平。

在设计过程中，检查点采用的服务水平一般与主线基本路段一致，采用二级服务水平。但在困难情况下，可采用三级服务水平。

三、双车道公路路段通行能力

（一）双车道公路路段车流运行特性

双车道公路是有两条车行道的道路，每条车道用于一个方向的交通。车辆在双车道公路上行驶，最大的特点在于其超车过程，车辆只能在对向车道有足够的超车视距时才能有超车的可能，超车车辆在超车过程中，必须占用对向车道。因此，双车道公路中任一方向的车辆在行驶过程，不仅受到同向车辆的制约，还受到反向车流的影响。这就是双车道公路通行能力和服务水平分析都采用双向同时分析的原因。

双车道公路是我国一般公路网中最长、最普通的一种形式，我国大多数干线及非干线公路均为双车道公路。

（二）双车道公路服务水平

1. 双车道公路的理想条件

双车道公路的通行能力和服务水平分析以理想条件的双车道公路特性为基础，根据我国具体的道路、交通条件，双车道公路的理想条件如下：

第一，设计速度大于或等于 80 km/h。

第二，车道宽度大于或等于 4.00m，但不大于 4.50m。

第三，侧向净宽大于或等于 1.75 m。

第四，公路上无"不准超车区"。

第五，交通流中车辆全部为小客车。

第六，两个方向交通量之比为 50/50。

第七，没有过境交通横向干扰且交通秩序良好。

第八，处于平原微丘地形。

2. 服务水平等级标准

我国地形条件比较复杂，同样是二级路，也会由于地形、地物不同而存在较大的差异，因此，双车道公路有不同的路面宽度。

四、平面交叉口通行能力

（一）平面交叉口通行能力概述

平面交叉即两条以上的道路在同一平面交叉。平面交叉口的通行能力不仅与交叉口面积、形状、入口引道车道数、宽度、几何形状及物理条件有关，而且受相交车流通过交叉口的运行方式、交通管理措施等方面的影响。目前，我国城市道路系统中有 90% 以上的路口仍是平面交叉口，直接影响道路的通行能力，因此对交叉口进行研究是道路通行能力分析的重点。

交叉口一般可分为三大类：第一类为不设任何交通管制的无信号交叉口；第二类为设置色灯的信号交叉口；第三类为设中心岛的环形交叉口。目前，交叉口通行能力计算方法在国际上并未完全统一，即使是同一类型的交叉口，其通行能力计算方法也不一样。我国在引进发达国家计算方法的同时，也在尝试发展符合我国国情和道路交通状况、车辆状况，具有我国特色的通行能力计算方法，使通行能力的计算更加符合实际情况。

由于道路交通组成复杂，各种车型不仅所占道路空间不同，而且其行驶性能也相差很大，相互间的干扰严重。在进行交叉口通行能力分析计算时，应进行车种换算，把车流中各种车型换算成标准车型或某一车型的当量交通量，其当量的比值称为车辆换算系数。

交叉口的车辆换算不同于路段。路段可用连续运行中车辆的临界车头时距之比进行换算，而交叉口则不同。信号交叉口往往要停车之后再次启动，所以信号交叉口的车辆换算系数通常采用停车启动时，连续车流中各类车辆通过停车断面的时间间隔之比作为换算依据；环形交叉口采用各类车辆交织或穿插所需的临界间隔时间之比作为换算依据。因此，不同类型交叉口应采用不同的换算系数。

（二）无信号交叉口通行能力分析

不设信号机控制的交叉口一般可分为两大类：一是暂时停车方式；二是环形方式。

暂时停车方式的交叉口又可分为两路停车和四路停车两种。两路停车通常用于主干道与次干道相交，主要道路上的车辆优先通行，通过路口不用停车；次要道路上行驶的车辆一律停车等待，让主要道路上的车辆先行，利用优先通行方向交通流的间隙通过交叉口或合流。四路停车用于同等重要的道路相交的路口，不分优先与非优先，所有车辆到达交叉口均须停车，确认安全后方可通过。

（三）信号交叉口通行能力分析

当进入交叉口的车辆达到一定数量时，穿插通行有困难，需要在交叉口设置信号灯，从时间上将相交车流分开，保证交通安全。由于交叉口是控制路网通行能力的关键节点，而信号交叉口是交通系统中最为复杂的环节，对其分析要考虑诸多因素，因此，许多国家都对此进行了深入研究，形成了多种计算方法，我国也有多种计算方法，如停车线法和冲突点法等。

五、城市干道通行能力

在城市干道上运行的车辆主要受以下三个因素的影响：

第一，干道环境。包括道路的线性特征，沿线土地的使用性质、车道数、车道宽度、中间分隔带的类型、交叉口的间距，以及停车的有无、行人影响、速度限制等环境因素。干道环境会影响驾驶员的安全行车速度。

第二，车辆之间的相互作用。由交通密度、车种组成和转弯车辆所占的比例决定，车辆之间的相互作用对交叉口上车辆的运行影响极大。

第三，交通信号。交通信号迫使车辆停车，并且等待一定时间后以车队形式放行。由交通信号引起的车辆延误和车速的改变，大大降低了城市干道的通行能力和交通流的运行质量。

以上因素共同决定了干道的通行能力和服务水平。

（一）基本通行能力的确定

基本通行能力是指在理想的道路与交通条件下，由技术性能相同的标准车辆，以最小的车头间距连续行驶时，在单位时间内通过道路断面的最大车辆数，也称为理论通行能力。

（二）可能通行能力的确定

就某一条具体道路而言，其道路与交通条件一般不能完全处于理想状态，各个路段的车速是随着道路纵坡、弯道及车辆和行人的干扰程度不同而变化的，所以道路所能处理的实际交通量将少于该值。可能通行能力是指考虑道路和交通条件的影响，对基本通行能力进行修正后得到的通行能力，实际上是指道路所能承担的最大交通量。

参考文献

［1］ 崔艳梅．道路桥梁工程概预算［M］．2 版．重庆：重庆大学出版社，2012．

［2］ 彭彦彬，张银峰．道路桥梁工程概论［M］．2 版．郑州：黄河水利出版社，2019．

［3］ 安关峰．市政道路桥梁工程质量通病防治指南［M］．北京：中国建筑工业出版社，2019．

［4］ 张忠．道路与桥梁工程施工技术［M］．北京：中国建材工业出版社，2019．

［5］ 王焕东，胡义良，刘印．道路桥梁与交通工程［M］．长春：吉林科学技术出版社，2019．

［6］ 麻文燕，肖念婷，陈永峰．桥梁工程［M］．天津：天津科学技术出版社，2020．

［7］ 申建，慕平．桥梁工程技术［M］．2 版．北京：北京理工大学出版社，2021．

［8］ 丁雪英，陈强，白炳发．公路桥梁建设与工程项目管理［M］．长春：吉林科学技术出版社，2019．

［9］ 潘永祥．公路桥梁与改扩建新技术［M］．昆明：云南大学出版社，2020．

［10］ 方菲菲．市政与路桥工程 CAD［M］．武汉：华中科技大学出版社，2019．

［11］ 王国福，赵永刚，武晋峰．道路与桥梁工程［M］．长春：吉林科学技术出版社，2021．

［12］ 王修山．道路与桥梁工程概论［M］．北京：机械工业出版社，2020．

［13］ 江斗，刘成，熊文斌．道路桥梁工程建设［M］．北京：中国石化出版社，2020．

［14］ 潘中望，牛利珍．市政道路工程施工与养护［M］．上海：上海交通大学出版社，2020．

［15］ 马云峰，石喜梅．道路工程制图与 AutoCAD［M］．天津：天津大学出版社，2020．

［16］ 马国峰，刘玉娟．桥梁上部结构施工技术［M］．北京：北京理工大学出版社，2023．

［17］ 张俊红．道路建筑材料［M］．重庆：重庆大学出版社，2024．

［18］ 刘勇，郑鹏，王庆．水利工程与公路桥梁施工管理［M］．长春：吉林科学技术出

版社，2020.

［19］吴留星．公路桥梁与维修养护［M］．北京：中国纺织出版社，2018.

［20］艾建杰，罗清波，尹紫红．公路工程施工技术［M］．重庆：重庆大学出版社，
2020.

［21］黄煜镔．道路与桥梁工程试验检测技术［M］．重庆：重庆大学出版社，2021.

［22］杭争强，张运山，刘小飞．道路桥梁工程施工与养护维修技术［M］．武汉：华中
科技大学出版社，2021.

［23］杨寿君，刘建强，张建新．城市道路桥梁建设与工程项目管理［M］．长春：吉林
科学技术出版社，2021.

［24］黄延，夏俊吾，刘海涛．道路桥梁工程与维修养护［M］．汕头：汕头大学出版社，
2021.

［25］黄晓明，许崇法．道路与桥梁工程概论［M］．3 版．北京：人民交通出版社，2007.

［26］张小成，黄文理，黄洪发．道路桥梁与城市交通建设研究［M］．长春：吉林科学
技术出版社，2022.

［27］王健，刘亚琼．城市轨道交通建设实践与思考［M］．郑州：黄河水利出版社，
2021.

［28］秦志斌．交通建设工程安全监理［M］．北京：人民交通出版社股份有限公司，
2019.

［29］李双祥．高速公路交通工程建设和养护管理研究［M］．延吉：延边大学出版社，
2024.